Allan Guggenbühl

Männer, Mythen, Mächte

Allan Guggenbühl

MÄNNER MYTHEN MÄCHTE

Was ist männliche Identität?

Kreuz

Alle in diesem Buch enthaltenen Angaben, Daten, Ergebnisse etc. wurden vom Autor nach bestem Wissen erstellt und von ihm mit größtmöglicher Sorgfalt überprüft. Gleichwohl sind inhaltliche Fehler nicht vollständig auszuschließen. Daher erfolgen die Angaben etc. ohne jegliche Verpflichtung oder Garantie des Verlages oder des Autors. Beide schließen deshalb jegliche Verantwortung und Haftung für etwaige inhaltliche Unrichtigkeiten aus, es sei denn im Falle grober Fahrlässigkeit.

Die Deutsche Bibliothek – CIP-Einheitsaufnahme
Guggenbühl, Allan:
Männer, Mythen, Mächte : was ist männliche Identität? / Allan Guggenbühl. – Stuttgart : Kreuz-Verl., 1994
ISBN 3-7831-1304-0

1 2 3 4 5   98 97 96 95 94

Postfach 80 06 69, 70506 Stuttgart, Tel.: 0711/788030
Umschlaggestaltung: Jürgen Reichert
Satz: Buch-Werkstatt GmbH, Bad Aibling
Printed in Germany

ISBN 3 7831 1304 0

Inhalt

1. Kapitel

Der Mann – ein Defizitwesen?

Die Vernachlässigung des Mannes durch die Psychologie

Männer müssen umdenken, lautet die Forderung der Psychologie, sie müssen lernen, ihre Gefühle zu zeigen, das Persönliche wichtiger zu nehmen, auf Macht zu verzichten, über sich zu reden, sich ihrer Gewaltneigung bewußt zu werden und weniger rational zu denken. Für Andersartigkeit ist kein Platz, wird behauptet, sondern die Geschlechter sind psychologisch gleich. Wenn das Umdenken bedeutet, daß auf männliche Vorrechte, gesellschaftliche Bevorteilungen und starre Rollenverteilungen verzichtet werden soll, dann bin ich einverstanden, wenn jedoch damit gemeint ist, daß ich meine Freiheit, Mann zu sein, verlieren soll, dann regt sich in mir Widerstand. Diese Forderungen der Psychologie entlarven sich als Argumente einer Denkweise, die der Seele des Mannes nur zum Teil entspricht. In diesem Kapitel wird dargestellt, daß die Psychologie es bisher versäumt hat, einen Ansatz zu entwickeln, der dem Wesen des Mannes gerecht wird.

»Ich finde es schwierig, mit meinem Mann zu reden. Er hat nicht gelernt, seine Gefühle auszudrücken. Entweder monologisiert er über die Gründe der Wohnungsnot, klagt über die Gesetzesflut des Staates oder erklärt, wieso der FC Zürich in die Nationalliga B abgerutscht ist. Oft ist er unansprechbar, liest die Zeitung, starrt in den Guckkasten oder bastelt an unserem Haus herum. Über sich selber nachzudenken kommt ihm nicht in den Sinn. Beschwere ich mich, so blickt er mich verdutzt an und meint, was denn mit mir los sei, ich hätte doch alles! Seinen Gefühlen, Empfindungen und der Qualität einer Beziehung Worte zu geben, das ist ihm fremd.«

Solche Äußerungen über Männer sind bekannt. Der Mann ist sprachlos, wenn es um ihn selber geht. Ein Defizitwesen, das innere Bereiche seiner Persönlichkeit abspaltet. Scheinbar souverän widmet er sich der Arbeit, hält Vorträge, entwickelt Projekte, sucht Lösungen, kämpft für Ideale[1], doch in Beziehungen und wenn es um seine Gefühle geht, bleibt er merkwürdig stumm.[2] »Der Mann ist der Mensch ohne Sprache, der, der schweigt.«[3] Seine Überlegenheit ist ein Trugschluß, denn wenn er den Blick auf sich selber richtet, dann sieht er unklar und ist irritiert. Seine Hilflosigkeit in bezug auf die eigene Psychologie hat zur Folge, daß er als Phallokrat, Chauvi, Ödipussi, Peter Pan, Don Juan, Casanova, Gefühlsschmarotzer oder Straßencowboy wahrgenommen wird.[4] Der Durchschnittsmann sträubt sich, seine persönlichen Empfindungen auszudrücken, in Beziehungen zuzuhören und nachzufragen.[5] Ist der Mann ein sprachloses Wesen, unterentwickelt?

Mit solchen Feststellungen wird man als Mann immer wieder konfrontiert. Eine Flut psychologischer Bücher zu diesem Thema betont, wie wichtig es ist, daß wir Männer zu unseren Gefühlen stehen, unsere Gewaltneigung beherrschen, unsere persönliche Biographie aufarbeiten[6], Betroffenheit zeigen und das Persönliche an uns herankommen lassen.[7] Haben mehrere tausend Jahre Patriarchat im Mann Spuren hinterlassen, ihn innerlich verkrüppelt, so daß er unfähig ist, diese Qualitäten zu entwickeln? Im Gegensatz zu Frauen interessieren ihn Beziehungsfragen, persönliche Bedürfnisse und Befindlichkeiten weniger.[8] Auch wenn er versucht, seinen Mangel durch Arbeit, Positionen, Abenteuer oder Beziehungswechsel zu kompensieren, innerlich bleibt er trotzdem ein psychologisch unterentwickeltes Wesen. Natürlich trifft dies nicht auf alle Männer zu, doch die meisten Männer sind bei persönlichen Fragen und im Gefühls- und Beziehungsbereich hilflos.

Die Forderung der Zeit an die Männer lautet, daß sie das rationalistische, unpersönliche, oberflächliche, prahlerische Gehabe vergangener Epochen abstreifen.[9] Die uniforme Maske muß abgelegt werden, damit der sich selber bewußte Mann mit echten Gefühlen hervortritt. Der Beziehungsbanause ist passé. Männer sollen sich von ihren liebgewonnenen Rollen lösen, die ihnen ermöglichten, den persönlichen Aspekt des Daseins auszuklammern. »Also, es ist ganz klar, daß ich mit der Zeit anspruchsvoller geworden bin. Da muß so ein Mann schon in der Lage sein, seine Gefühle zu zeigen. Ich kann diese zugeknöpften Typen nicht mehr ausstehen ...«[10] Es geht nicht mehr an, daß ein Mann jahrelang mit einem Kollegen zusammenarbeitet und praktisch nichts über seine persönliche Lebenssituation weiß oder nicht bemerkt, daß es der Kollegin nicht gutgeht. Niemand will Beziehungsanfänger, sondern gefordert wird der Mann, der sensibel und empfindsam ist, seine Launen reflektiert und auch persönlich sein kann. Der Mann, der sich, gemäß der Terminologie der analytischen Psychologie C. G. Jungs, auch an seiner eigenen weiblichen Seite, der Anima, orientiert. Dieser Anima-Mann[11] ist fähig, die Welt nicht einseitig nach Logik und Verstand zu beurteilen, sondern kann Zwischentöne registrieren und persönliche Schwächen eingestehen. Auf Konkurrenzdenken, Aggressivität, den Wunsch nach Größe, Kontrolle, Positionsdenken und Dominanzstreben kann er verzichten. Er kann sich seinen Mitmenschen gegenüber öffnen und der Umwelt gegenüber fürsorglicher verhalten. Der ambitiöse Mann, der von Großwildjagden in Kenia oder einer eigenen Computerfirma träumt, jedoch nicht realisiert, daß seine Frau unglücklich ist, ist überholt. Gesucht wird der sensible, aufmerksame Mann, der über seine Beziehungen und sein persönliches Leben nachdenkt.

Ich bin, wie die meisten meiner Bekannten, mit diesen Forderungen größtenteils einverstanden. Auch ich ärgere mich über Kollegen, die nur über Sport, das Geschäft, die Wirtschaft reden oder glauben, mir durch ihr Auto, ihre Karriere, ihre Bücher, Frauenbekanntschaften oder ihre Position imponieren zu können; den Mann, der sich am Arbeitsplatz als großer Chef inszeniert, gewichtige Aufträge erteilt, auf den Absätzen auf und ab wippt und nicht realisiert, daß seine

Untergebenen unter ihm leiden und ihn als ziemlich lächerliche Figur betrachten. Auch ich rege mich über Männer auf, die nur sich selber, ihre Karriere, ihre Hobbys im Kopf haben und selbstverständlich annehmen, daß die Partnerin seine Großartigkeit unterstützt. Ich glaube, wir Männer müssen an uns arbeiten, auf unsere Schattenseiten achten, sensibler, bezogener, sorgsamer, gefühlsbetonter und weniger gewalttätig werden.

Die Weigerung der Männer, Hilfe anzunehmen

Von diesem Ziel sind wir weit entfernt. Der Anima-Mann ist eine rare Spezies. Ein Grund liegt im hartnäckigen Widerwillen der meisten Männer, Hilfe anzunehmen. Einen Therapeuten oder Berater wegen einer persönlichen Krise aufzusuchen ist den meisten Männern fremd. Sie meiden das Sprechzimmer eines Psychologen oder Psychotherapeuten wie der Teufel das Weihwasser, auch wenn sie mit akuten persönlichen Problemen kämpfen. Wieso auch? »Ich löse meine Probleme selber!« Während der Ratschlag eines Fachmanns über Anlagemöglichkeiten gerade noch akzeptabel ist, bleibt die Vorstellung, daß ein Fremder in der eigenen Psyche wühlt, ein Horror. Die Sprechzimmer der Psychotherapeuten, Erziehungs-, Ehe- oder Familienberater werden durch Frauen gefüllt. Männer markieren Distanz und suchen nur in Notfällen oder auf Druck persönlichen Rat. Sie weigern sich oft, einzugestehen, daß sie Hilfe brauchen. »Es geht gut!« lautet die lakonische Antwort, auch wenn sie unter großen Spannungen in der Ehe leiden und immense berufliche Schwierigkeiten haben. Während viele Frauen fähig sind, Probleme im eigenen Beziehungsfeld auszusprechen, Wünsche, Erwartungen und Hoffnungen an den Partner zu äußern, herrscht bei den Männern Stille. Sie verfügen über weniger Freunde, mit denen sie über persönliche Fragen sprechen, und sich über Gefühle zu äußern ist verpönt. »Sie werden erzogen, ohne ihre Gefühle zu funktionieren.«[12]

Als Psychotherapeut mache ich bei Paartherapien die Erfahrung, daß das persönliche Problembewußtsein der Männer geringer ist als jenes der Frauen. Werden sie von ihren Partnerinnen herangeschleppt, so wirken viele unbeholfen oder wehren ab: »Sie hat das Problem, ist in der Beziehung unzufrieden, ich finde alles normal!«, »Wie wir uns kennengelernt haben, da fragen Sie lieber meine Frau, sie weiß das noch viel besser«, »Ich weiß, ich bin ein schlechter Kerl, das ist halt so« oder »das Problem ist klar: *sie* will ausziehen und die Familie ins Unglück stürzen!« Das eigene Leid tragen Männer lieber mit sich selber herum, spalten es ab. Ängste, Gefühle und persönliche Wünsche zu formulieren fällt ihnen schwer. Vor der unbekannten Barmaid, nach Alkoholgenuß oder gegenüber einem Mitpassagier im Flugzeug sprechen sie vielleicht kurz über sich, im Alltag jedoch selten. Es gibt Ausnahmen: Wenn ein Mann von einer Frau fasziniert oder gar in sie verliebt ist, oder wenn er mit einer Bekannten spricht, die nicht Teil des eigenen Beziehungsfeldes ist, dann schwelgt er in den eigenen Gefühlen und Empfindungen und betrachtet die banalste psychologische Einsicht als großartige Erkenntnis. Die Grundeinstellung ändert sich durch solche Eruptionen nicht. Im eigenen Arbeits- und Lebensfeld ignorieren Männer weiterhin die Psychologie. Persönlichen Analysen können sie oft nichts entgegensetzen: »Es stimmt einfach nicht, daß ich mich damals noch nicht von meiner Familie gelöst hatte. Es waren lediglich ökonomische Gründe, die mich bewogen, bis Dreißig bei den Eltern zu leben!«

Natürlich ist dieses Bild des Mannes überzeichnet. Es gibt viele Männer, die fähig sind, über sich selber zu reflektieren, ihre persönlichen Abhängigkeiten und Bedürfnisse kennen und für ihre Beziehungen Sorge tragen. Die meisten meiner Freunde und Kollegen sind bemüht, nicht nach dem oben beschriebenen Männerbild zu leben. Heute ist es auch einem Mann erlaubt, Gefühle zu zeigen und sich zu öffnen. Er darf zu seinen persönlichen Empfindungen stehen. Wahrscheinlich handelt es sich jedoch um eine Minderheit. Die meisten Männer zeigen immer noch eine eigenartige Scheu vor Beziehungsgesprächen, haben Mühe, ihre persönlichen Gefühle zu formulieren, und erleben das Psychologisieren ihres Daseins als bedrohlich. In Managementkursen wird der psychologische Teil kurz registriert, jedoch gleich als unbedeutend weggeschoben. »Das Reden vom gegenseitigen Verstehen ist schön und gut, ich muß jedoch sehen, daß meine Firma den Konkurrenzkampf überlebt.«

Obwohl ich die Forderungen der Psychologie und des Feminismus verstehe und zum Teil teile, frage ich mich, ob wir nicht mit der ultimativen Forderung an den Mann, er müsse sich ändern, psychologischer sein, auf dem Holzweg sind. Werden wir damit dem Wesen des Mannes gerecht? Könnte sich hinter dem männlichen Widerstand nicht auch eine *grundsätzliche Andersartigkeit des Mannes* verstecken? Liegt das Versagen wirklich beim Mann? Könnte es nicht auch sein, daß der Fehler bei der Psychologie liegt, einer Psychologie, die es noch nicht verstanden hat, den Mann zu erfassen?

Ich erinnere mich an eine Stunde meiner eigenen Psychoanalyse. Ich will einen eindrucksvollen Traum besprechen. In ihm bin ich ein Häftling im Konzentrationslager Dachau. Es gelingt mir, dem unmenschlichen Lager zu entfliehen. Nach einer Odyssee über mehrere Alpenpässe und unter Überwindung diverser Sperren werde ich schließlich wieder eingefangen. Meine Erschießung droht, doch vorher zwingen mich die Nazischergen, Holz zu essen. Am Ende des Traumes werde ich von Alliierten befreit und auf einer Alm in den Bergen freigelassen. Wie reagiert meine Therapeutin?

Sie nickt und beginnt nach persönlichen Assoziationen zu fragen. Mir fallen Bilder aus dem Zweiten Weltkrieg ein, das Schicksal der Juden, die Rolle der Schweiz etc. Meine Therapeutin ist nicht zufrieden. Ich muß anscheinend persönlicher werden. Angestrengt versuche ich den Traum mit meiner persönlichen Lebenssituation in Verbindung zu bringen. Wieso dieser Widerstand? Schließlich kann ich den Zusammenhang mit Spannungen in einer Beziehung herstellen. Das Gespräch mit meiner Therapeutin ist zwar aufschlußreich und wertvoll, doch gleichzeitig habe ich am Ende der Stunde ein eigenartig schales Gefühl. Die Besprechung hat mich nicht befriedigt. Der Traum ist in sich zusammengefallen und wurde banal. Etwas wurde mir weggenommen. War diese psychologische Arbeit wirklich der richtige Ansatz, um über diesen Traum nachzudenken?

Vielleicht müssen wir unsere Perspektive ändern und nach anderen geistigen Werkzeugen Ausschau halten. Der Mann ist kein Seelenkrüppel, sondern eine Psychologie, die ihre Akzente auf Beziehungen, Gefühle und das Persönliche setzt, erfaßt den Mann nur unvollständig. Wir brauchen für den Mann eine andere Seelenbrille als jene, die durch die Psychologie angeboten wird.

Vielleicht kommt das psychologische Denken dem Weiblichen entgegen, während die männliche Seelensprache noch gar nicht entdeckt wurde. Die Forderung an den Mann, sich seiner Gefühle bewußt zu werden, sich aus sich selber heraus zu verstehen und das Persönliche zu pflegen, wird zu einem Versuch, das Männliche zu unterdrücken, wenn die Psychologie nicht der Haupteinstellung der männlichen Seele entspricht. Der psychologische Ansatz wendet sich an eine minderentwickelte Seite des Mannes und berücksichtigt die *mythische Ausrichtung* der männlichen Seele nicht, wie ich es im zweiten Kapitel beschreibe. Da der Mann hauptsächlich in mythischen Bildern lebt, bleibt die Beziehungspsychologie immer nur *Nebenschauplatz.*

Woher kommt aber diese Vernachlässigung des Mannes? Ich möchte als erstes einen kurzen Blick auf die Entstehungsgeschichte der Psychologie werfen und mich dabei von der Frage nach dem Einfluß des Weiblichen leiten lassen. Wird der Mann durch die Psychologie feminisiert? Dieser Gedanke erscheint auf den ersten Blick absurd. Wurden nicht die meisten großen psychologischen Entwürfe von Männern aufgestellt? Neben der großen Schar bekannter Psychologen wie Sigmund Freud, C. G. Jung, Alfred Adler, Gregory Bateson, Cyril Burt oder Jean Piaget nimmt sich die Gruppe bekannter Psychologinnen spärlich aus. Viele Grundaxiome der Psychologie haben Männer konzipiert: die Idee des Unbewußten, der Verdrängung, der Verschiebung, der Komplexe, der Übertragung und Gegenübertragung, der Projektion, die Traumatheorie, die Neurosenlehre, die Bedeutung der Kognition, des Locus-of-control, der Lernprozesse oder des therapeutischen Dialoges. Ist es nicht verwegen zu behaupten, daß die Psychologie den Männern nicht gerecht wird? Ein bekannter Vorwurf geht in die gegenteilige Richtung: Unsere Psychologie ist patriarchal und berücksichtigt die Situation der Frauen zuwenig!

Die heimliche Macht des Konsultationszimmers

Hat es die Psychologie versäumt, das Wesen des Mannes zu erfassen? Um diese Frage zu beantworten, müssen wir die Art und Weise studieren, wie in der Psychotherapie gearbeitet wird. Mit wem, wo und wie diese Männer arbeiteten, hatte einen Einfluß auf die Schlüsse, die sie zogen.

Psychotherapie geschieht größtenteils im Konsultationszimmer. Der Patient oder die Patientin betritt die Praxis, wartet eventuell vorher, bis die Stunde beginnen kann, begrüßt den Therapeuten, blickt ihm oder ihr in die Augen, legt sich auf die Couch oder setzt sich dem Therapeuten gegenüber. Die Tür wird geschlossen. Die Außenwelt wird ausgegrenzt. Niemand darf wissen, was im Konsultationszimmer besprochen wird. Verschwiegenheit herrscht. Der Patient weiß, daß er sich einer Person anvertraut, die bereit ist, die Inhalte des Gespräches nicht zu verraten. Die Öffentlichkeit darf nichts von den persönlichen Ängsten, Schwächen oder Erlebnissen wissen.

Wir müssen die Qualität dieses Ortes, wo die analytische Arbeit stattfindet, berücksichtigen. Diese Szenerie beeinflußt das Denken und bestimmt mit, wie die Seele sich präsentiert. Wir müssen die Erkenntnisse Freuds und Jungs, wie auch der Psychotherapie im allgemeinen, mit diesem Ort in Verbindung bringen. Nach den Geheimnissen des Unbewußten wird fast ausschließlich in der *Intimität eines Konsultationszimmers* geforscht. Was die Gründerväter der Tiefenpsychologie sahen, wurde gefärbt durch den Ort und das Ritual, das sie bei ihrer Arbeit wählten. Ihnen diente die persönliche Begegnung zweier Menschen in einem abgeschlossenen Raum als Mittel zur Erforschung der Seele. Bei geschlossener Tür sitzen sich Patient und Therapeut gegenüber, oder der Patient legt sich auf die Couch, während der Analytiker hinter ihm auf einem Stuhl sitzt. Der Therapeut richtet seine Aufmerksamkeit auf seinen Patienten, hört sich seine Probleme an und versucht sich in ihn einzufühlen. Er möchte ihn verstehen, zeigt Empathie und erforscht dadurch die Hintergründe der Schwierigkeiten seines Patienten. Wieso leidet er unter Selbstzweifeln? Was bedeuten die Angstattacken oder Entfremdungserlebnisse? Anschließend werden gemeinsam Schlüsse gezogen. Meistens wird der Konsens gesucht und eine Geschichte entwickelt, die für beide stimmt. Über den persönlichen Kontakt mit seinem Patienten will der Psychotherapeut herausfinden, woran sein Patient leidet, und ihm zur Heilung verhelfen.

Was sich jedoch in diesem Setting vor dem Therapeut entfaltet, ist einseitig. Die Psychotherapie hat sich ein *bestimmtes Ritual* ausgesucht, um die Seele zu erforschen. Dieses kreiert die entsprechenden Seelenbilder. Wenn in der Abgeschiedenheit eines Sprechzimmers nach Zusammenhängen in der Lebensbiographie geforscht wird, Träume entschlüsselt werden, der Patient seinem Therapeuten sein Vertrauen schenkt und Geheimnisse gelüftet werden, dann präsentiert sich auch eine psychologische Seelenlandschaft. In dieser Privatheit und in der Zweiersituation zeigt sich nur ein Teil der menschlichen Seele. Wenn der Fokus auf Beziehung, Kontakt, Intimität und Wertschätzung des Menschen als Einzelwesen liegt, dann eröffnet sich einem eine ganz bestimmte Seelenlandschaft. Dieses würde ganz anders aussehen, wenn draußen auf dem Feld, bei der Arbeit oder in der Öffentlichkeit Seelenforschung betrieben würde. Nur *ein Teil der menschlichen Seele* offenbart sich im Sprechzimmer. Was sich in diesem Setting zeigt, ist *Psychologie.* So wie sich in einem Freudenhaus erotische Wünsche oder moralische Empörung, vor einem Abhang Lebensängste oder Wagemut und vor Gewaltszenen unsere eigene Aggressivität oder Angst manifestieren, stellt sich im Sprechzimmer unser *psychologischer Persönlichkeitsteil* dar. Diesen möchte ich abgrenzen vom *mythologischen Persönlichkeitsteil,* wie ich ihn im zweiten Kapitel beschreibe. Da sich der Psychotherapeut dem Patienten als Einzelwesen zuwendet und sich als Beziehungspartner anbietet, muß auch der Patient seine Psychologie mobilisieren, damit er diese Situation bewältigen kann. Das Gespräch, die Deutung der Träume, die Reflexion über eigene Gefühle und die persönliche Lebenssituation, die Erforschung unbewußter Motive – diese Grundlagen der therapeutischen Arbeit entlarven sich als *psychologische Werkzeuge,* die dem *mythischen* Bedürfnis des Menschen nicht gerecht werden. Die Mythen brauchen ein anderes Ritual, einen anderen Ort, um sich darzustellen. Sie werden in der herkömmlichen Form psychotherapeutischer Arbeit leicht übersehen. Die Welt der Mythen, für die *Männer* ihr Herzblut geben, wird ausgegrenzt. Statt dessen regiert die Welt der Psychologie, die Frauen näher liegt. Die Befunde von Freud und Jung hätten wahrscheinlich völlig anders ausgesehen, wenn sie an den damaligen Kriegsschauplätzen, in Institutionen, Männerclubs oder in der Politik Seelenforschung betrieben hätten.

Die Seele des Mannes wird in diesem therapeutischen Setting nicht angesprochen, da die Ausgangsbedingungen von der *Psychologie* abgeleitet sind. Mythen werden in diesem konventionellen Setting nicht erscheinen. Die Atmosphäre ist zu persönlich, privat und individuumzentriert, um die mythische Seite anzusprechen. Der Blick richtet sich nach innen, auf das Individuum, und übersieht die großen Mythen, die die Welt dort draußen prägen. Doch auch wenn sie sich andeuten, werden sie meistens rasch wieder abgewehrt, da die persönliche Dimension des Themas gefragt ist. Dies ist es, was mich in der Analysestunde, in der ich meiner Analytikerin meinen Traum über das Gefangenenlager Dachau präsentierte, gestört hat. Die Kraft der mythischen Bilder, die sich im Traum zeigte, wurde durch die persönliche Analyse übersehen. Das Thema wurde in einem psychologischen Kontext abgehandelt und nicht aus mythischer Perspektive betrachtet.

Ich möchte einen weiteren Punkt bei der Beantwortung der Frage, ob die Psychologie dem Mann gerecht wird, erwähnen. Wir müssen bedenken, *wer* die Konsultationszimmer der Psychotherapeuten betrat und wem dieser Ort spontan entsprach. Sowohl Freud als auch Jung gewannen ihre wichtigsten Erkenntnisse in Auseinandersetzung mit *weiblichen Patienten*. Sie entdeckten die Bedeutung der Psychologie über die Arbeit mit *Frauen*. Freud entwickelte seine Theorie der Hysterie und Neurose aufgrund seiner Sitzungen mit Anna O., Emmy v. N., Miss Lucy, Katharina,

Elisabeth v.R[13] und übertrug anschließend, indem er die Diagnose Hysterie auch bei Männern stellte, seine Erfahrungen auf die Männer. Frauen haben ihn auf die Bedeutung des Unbewußten und der persönlichen Traumata hingewiesen. Von Jung wissen wir, daß er zeitlebens durch die Arbeit an Patientinnen geistig angeregt wurde und außerdem mit Toni Wolf, Jolande Jacobi, Marie-Louise von Franz und Aniela Jaffé wichtige Mitgefährtinnen hatte. Mit anderen Worten: Die Befunde dieser großen Psychologen könnten Ausdruck ihrer Auseinandersetzung mit der weiblichen Seele sein. Freud und Jung entdeckten durch ihre Arbeit mit Frauen die *Psychologie,* eine Einstellung, die Frauen schon vorher selbstverständlich war. Was sie zu objektiven Befunden zur menschlichen Natur deklarierten, könnte in Wirklichkeit das Resultat ihrer Bemühungen sein, die weibliche Seele zu verstehen. Als Forscher widmeten sie sich dem, was ihnen fremd und unvertraut war. Sie wandten sich dem Gegenteil ihrer eigenen seelischen Orientierung zu. Sie wählten ein Ritual, das ihnen ungewöhnlich vorkam, und folgten ihrem Faszinosum für das Weibliche, das sie als potente Gegenkraft zu ihrer männlichen Position erlebten. Das Unbewußte wurde so durch eine zusätzliche, mysteriöse Dimension erweitert. Was sie als allgemeine Erkenntnisse über die Seele des Menschen betrachteten, stellt sich bei kritischerer Betrachtung als weibliche Seelenkunde heraus.

Natürlich heißt dies noch nicht, daß sie eine Psychologie entworfen haben, die der weiblichen Psyche gerecht wird. Freud und Jung bewegten sich zwar in einem weiblichen Umfeld, doch sie wandten sich als *Männer* der weiblichen Psyche zu. *Was* und *wie* sie sahen, war also durch ihren männlichen Standpunkt gefärbt. Es ist anzunehmen, daß sie ihre männlichen Referenzsysteme benutzten, um sich in den ihnen unbekannten Gefilden zu orientieren. Sie blickten in die Seele der Frau, doch mit den Augen eines Mannes. In den für sie gültigen Antworten wird ihr männlicher Hintergrund durchdringen.

Freud hat im Rahmen seiner Ödipus-Theorie über den seelischen Unterschied zwischen Knaben und Mädchen beziehungsweise zwischen Mann und Frau geschrieben. Während der ödipalen Phase bemerken die Kinder den genitalen Unterschied der Geschlechter. Während dieser Lebensphase muß sich der Knabe auch mit seinen erotischen Ansprüchen an die Mutter auseinandersetzen. Die Mutter ist jedoch bereits vergeben, da sie dem Vater gehört. Diese übermächtige Gestalt zwingt den Knaben zu einer innerlichen Abwehr seiner Bedürfnisse. Er muß die Mutter als Sexualobjekt aufgeben. Der Knabe spürt die Rivalität des Vaters und befürchtet sogar wegen seiner Phantasien und Ansprüche väterliche Rache. Da er den genitalen Unterschied zwischen den Geschlechtern kennt, folgert er, daß Mädchen wegen der gleichen sexuellen Bedürfnisse eine fürchterliche Strafe erfuhren: die Kastration. Der Schock, der von dieser Erkenntnis ausgeht, führt zur Heranbildung des Über-Ichs.[14] Das »Gewissen und die Moral« wird entwickelt[15], »Charakterzüge, die die Kritik seit jeher dem Weibe vorgehalten hat, daß es weniger Rechtsgefühl zeigt als der Mann, weniger Neigung zur Unterwerfung unter die großen Notwendigkeiten des Lebens, sich öfter in seinen Entscheidungen von zärtlichen und feindseligen Gefühlen leiten läßt, fänden in der ... Modifikation der Über-Ich-Bildung eine ausreichende Begründung«.[16]

Freud erkannte *Wesensunterschiede zwischen Männern und Frauen* an, wenn er auch der Ansicht war, daß »reine Maskulinität und Feminität Konstruktionen mit ungesichertem Inhalt bleiben«.[17] Nach Freud hat das Über-Ich des Knaben eine andere Qualität und Entstehungsgeschichte als das des Mädchens. Es bildet sich, um die Gefahr der Verschmelzung mit dem Weiblichen abzuwehren. Der Knabe rettet sich über die Identifikation mit den Über-Ich-Inhalten aus einer schwierigen Dreieckssituation. Er wendet sich dadurch »den großen Notwendigkeiten des Lebens« und damit dem Außenbereich zu.

Wir können den Konflikt, den Freud durch seine Theorie erfassen wollte, auch anders verstehen. Anstelle einer psychodynamischen Interpretation können wir eine mythologische Betrachtungsweise wählen. Während aus psychologischer Sicht das Über-Ich aus Furcht vor der Rache des Vaters und aus unbewältigbaren Triebbedürfnissen entsteht, verhält es sich aus mythischer Sicht umgekehrt. Das Über-Ich ist nicht eine Folge eines Entwicklungskonflikts, sondern die männliche Seele arrangiert sich eine Situation, damit sie zu den Mythen findet. Gemäß dieser Sicht sind die »großen Notwendigkeiten des Lebens«, die Mythen, das Ziel und nicht die Folge der Entwicklung des Knaben. Freud beschreibt, ohne es zu realisieren, die aufkeimende mythische Orientierung des Knaben. Der Knabe sehnt sich nach Anschluß an die »großen Notwendigkeiten des Lebens«. Seine Seele sucht einen Weg aus dem privaten Labyrinth zur Welt dort draußen. Er will sich vom Persönlichen distanzieren und den Mythen zuwenden. Die Kastrationsangst drückt nicht nur die Angst vor der Rache des Vaters, sondern auch die reale Befürchtung des Knaben aus, seine mythische Potenz zu verlieren. Kastration bedeutet, von den Mythen abgeschnitten zu werden. Wie Parzival muß sich der Knabe seinen Weg zum mythischen Geschehen in der Welt dort draußen freikämpfen. Aus männlicher Sicht droht die Gefahr, im Persönlichen zu versinken. Der Knabe wird kastriert, wenn er sich »verpsychologisieren« läßt. Wenn er sich nur an der Beziehungspsychologie orientiert, dann verliert er seine spezifische männliche Begabung für die Mythen. Er übernimmt die psychologische Perspektive, wenn er sich selber nur als Einzelwesen versteht und von der Mutterbeziehung her definiert. Die seelischen Außenbereiche bleiben für ihn ausgegrenzt. Der Knabe muß darum das Weibliche, das für ihn durch die Mutter symbolisiert wird und Ausdruck einer bestimmten seelischen Einstellung ist, abwehren. Die Kastrationsangst ist aus männlicher Sicht berechtigt. Er würde »verweiblicht«, wenn er den Verschmelzungsphantasien mit der Mutter, der Psychologie, nachginge. Er fände nicht mehr zu den Mythen, wenn er die eigenen, persönlichen Bedürfnisse in den Vordergrund stellte und sich ausschließlich am Mütterlichen orientierte.

Nach dem heutigen Stand der Entwicklungspsychologie ist die ödipale Phase nicht für alle Kinder gültig. Nicht alle Mädchen verlieben sich in ihre Väter, und nicht alle Knaben sehen in ihm den Nebenbuhler. Freud betrachtete jedoch seine Befunde als objektiv. Zur Begründung und Belegung seiner Theorie zitierte er aus der griechischen Geschichte[18] oder stützte sich auf die damaligen ethnologischen Befunde[19]. Er dachte männlich[20] und argumentierte aus seiner *mythischen* Einstellung zum Leben heraus. Er selber glaubte eine psychologische Theorie aufzustellen, die für sein Arbeitsfeld gültig sein sollte, in Wirklichkeit erzählte er Mythen. Der immense Erfolg der Ödipus-Geschichte kam zustande, weil es sich um einen Mythos handelt und Freud als Mythenerzähler auftrat. Der öffentliche Bereich verlangt nach Mythen, um das Mysterium der Seele zu entschlüsseln und wiederkehrende Herausforderungen zu bewältigen. In einem psychologischen Umfeld dachte Freud mythisch.

Freud selber betrachtete die Mythen als einen kollektiven Traum, als Niederschlag der menschlichen Herausforderungen in dieser Entwicklungsphase. Er reduzierte die Mythen zu Psychomythologien[21], die Beziehungskonstellationen widerspiegeln. Er glaubte an die Psychologie und benützte mythologische Bilder nur zur Darstellung seiner klinischen Erfahrungen. Durch diese Fokussierung auf das Persönliche und Biographische als Urgrund der Persönlichkeit wurde die Macht der Mythen und ihre Bedeutung für die männliche Entwicklung ungenügend reflektiert.

Die Einstellung Freuds und anderer Forscher hatte eine nachhaltige Wirkung. Mehr als eine Generation von Psychologen und Psychotherapeuten erhob die Einsichten, die in der Intimität des Konsultationszimmers gewonnen werden konnten, zur einzigen legitimen Quelle der Seelenforschung. Gemäß dieser Auffassung erfährt man die Wahrheit über den Menschen nur im Zweiergespräch. Der Blick für die mythische Ausrichtung der männlichen Seele ging verloren. Die grandiosen Phantasien, die kollektiven Strebungen und Pläne der Männer wurden zum sublimierten Ausdruck ihrer psychischen Biographie und nicht als eigenständige seelische Wirklichkeiten anerkannt. Ein Mann setzt sich in seinem Beruf ein, schmiedet Pläne, kämpft, strebt nach Positionen, erobert oder sammelt, weil er seinen Sexualtrieb sublimiert oder seine Biographie nicht verarbeitet hat. Gemäß dieser reduzierten Sichtweise will er sich immer noch gegen das Väterliche durchsetzen oder weicht auf die Außenwelt aus, um die frühkindlichen Entbehrungen im persönlichen Bereich zu kompensieren. Die genuine Faszination für Mythen, dieser einzigartigen seelischen Felder, wurde nicht erkannt. Wenn die Psychoanalyse aber männliche Ambitionen auf die individuelle Entwicklungsgeschichte zurückführt, droht ein Teil der männlichen Seele ausgeklammert zu werden.

Ich bin der Überzeugung, daß sich die Seele des Mannes in mythischen Bildern, jene der Frau eher in psychologischen Bildern darstellt. Die Grundkonzepte der Tiefenpsychologie, die von Freud, Jung und anderen Psychotherapeuten entwickelt wurden, sind darum einseitig. Der Widerstand des Mannes gegen die Psychotherapie ist verständlich, da er spürt, daß er sich dadurch einem System und einem Ritual unterordnet, die nicht seiner seelischen Hauptausrichtung entsprechen.

Die verführerische Idee seelischer Ganzheit

»Die Anima als ein Femininum ist ausschließlich eine das männliche Bewußtsein kompensierende Figur.«[22]
»Ich bezeichne die äußere Einstellung ... als Persona, die innere Einstellung bezeichne ich als Anima, die Seele.«[23]
C. G. JUNG

Nach der analytischen Psychologie wird der Mann durch die Anima mit seiner Seele konfrontiert. Unter Anima versteht C. G. Jung die weibliche Seite des Mannes, die er dem Animus, der männlichen Seite der Frau, gegenüberstellt. Die Anima ist die Personifikation des Unbewußten[24], ein Psychopompos (Seelenbegleiter)[25] und Archetyp des Lebens[26]. Durch seine weibliche Seite wird der Mann mit den Tiefen des kollektiven Unbewußten verbunden. Durch die Auseinandersetzung mit dem Weiblichen, das er auf die Außenwelt projiziert oder als autonome psychische Regungen in sich erlebt, erfährt der Mann die Wirklichkeit der Seele. Dies stellt eine der größten Herausforderungen dar, die ein Mann in seinem Leben zu bewältigen hat. Seelische Reife erlangt er nur über die Begegnung mit seinem weiblichen Seelenteil.

Die Anima hat jedoch verschiedene Gesichter. Sie offenbart ihre Kräfte über die Projektion – eine verführerische Frau – oder irrationale, schwer kontrollierbare Gefühle, Emotionen oder Launen. Sie fasziniert, regt an, bedroht oder verzaubert. Der Mann lebt in einem Spannungsfeld, ist nicht einfach Mann oder Frau, sondern hat beides in sich und kann überall mit der numinosen Kraft der Anima konfrontiert werden. Das »ewig Weibliche« zieht an, belebt, kann uns jedoch auch in den Abgrund stoßen.

Einzelne Jungsche Psychologen gehen einen Schritt weiter.[27] Für sie ist die Anima nicht nur der minderentwickelte Teil der männlichen Seele, sondern der *Archetyp des Lebens* an sich. Die Anima symbolisiert Seele, das Unbewußte, das Leben und ist nicht vom Geschlecht abhängig. Sowohl in Männern wie Frauen wirkt der Archetyp Anima, ihre geschlechtsspezifischen Eigenschaften sind gemäß dieser Sichtweise soziokulturell bedingt.[28] Für die Gesellschaft gelten wir als Mann oder Frau, vom seelischen Standpunkt aus gesehen sind wir beides. Die Kultur legt fest, was an weiblichen oder männlichen Eigenschaften zugelassen wird. Ob wir uns als Mann oder Frau verstehen, hängt davon ab, mit welchem der Pole wir uns seelisch identifizieren. Die bewußte geschlechtliche Orientierung deckt sich bei der Mehrzahl der Menschen mit dem körperlichen Geschlecht. Der Mann hat jedoch noch immer seine Anima, die er integrieren sollte, während sich die Frau mit ihrem Animus, ihrer männlichen Seite, auseinandersetzen muß.

Die Vorstellung von diesen Polaritäten hat viel zum gegenseitigen Verständnis der Geschlechter beigetragen. Sie half die Frage zu entpolitisieren und zu verhindern, daß mit dem Argument der Geschlechtsunterschiede eine gesellschaftliche Position begründet oder ein Machtanspruch angemeldet wird.[29] Sie hat geholfen, die Trennlinie zwischen Mann und Frau durchlässiger zu gestalten. Die Geschlechter begegnen sich nicht als unbekannte Wesen, sondern nehmen sich gegenseitig als Chance wahr, etwas über die eigene Psyche zu erfahren. Dank dem Anima-Animus-Konzept bauen wir uns unsere Identität nicht einseitig aufgrund unseres Geschlechts auf, sondern können als Mann auch weibliche Verhaltensweisen und Eigenschaften zulassen und uns als Frau in männlichen Lebensbereichen bewegen. In der männlichen Persönlichkeit verbergen sich auch Eigenschaften, die von der betreffenden Kultur als weiblich bezeichnet werden und umgekehrt. Die Animus-Anima-Idee hat zu einer differenzierteren Beurteilung der Erlebnis- und Verhaltensweisen des Menschen geführt und den Blick für seelische Bereiche geöffnet, die aufgrund der Geschlechtsfixierung ausgeschlossen wurden. Sie hat vom einseitigen Biologismus befreit, der einen Mann oder eine Frau nur aufgrund der Geschlechtszugehörigkeit beurteilt.

Mich überzeugt zwar dieser Ansatz, doch gleichzeitig sehe ich in ihm eine Gefahr. Er droht den Blick für die Unterschiede zwischen der Seele des Mannes und der Frau zu vernebeln. Aus Angst, als reaktionär zu gelten oder gegen die Emanzipation der Frauen zu argumentieren, flüchten wir uns in wunderbare Diskurse über das Weibliche und Männliche an sich und drücken uns vor der Aufgabe, Menschen bei der Bewältigung der Unterschiede, die sie erfahren, zu helfen. Die Psychologie wird zu einem schöngeistigen Gerede und distanziert sich von der Lebensrealität. Ich selber muß von mir sagen, daß ich mich *nicht* als Frau fühle, mich vielleicht einfühlen kann, doch bei vielen meiner Reaktionen, Interessen, Empfindungen oder Vorlieben spüre ich, daß sie von vielen Frauen *nicht* geteilt werden. Wenn die Diskussion nur auf einer höheren, philosophischen Ebene geführt wird und die Realität des Alltags ausgeklammert bleibt, dann fühle ich mich betrogen. Über den Mann und seine Persönlichkeit wird nicht nachgedacht, sondern nur über das Weibliche und Männliche an sich, das sich bei den Geschlechtern in verschiedenen Ausprägungen zeigt. In einer Therapie wendet sich der Mann seiner Anima zu, die Frau versucht ihren Animus zu entwickeln. Wie sich jedoch ihre Seelen aufgrund der verschiedenen Biologie und geschichtlichen Tradition unterscheiden, darüber wird nur ungern nachgedacht. Hier zeigt sich eine grundsätzliche Tendenz der Psychologie, um gesellschaftlich brisante Fragen einen großen Bogen zu machen und sich auf das Persönliche zu beschränken.

Wie andere Psychologien unterlag die analytische Psychologie dem Gleichheitsmythos. Sie schloß sich der berechtigten kollektiven Strömung an, die die gesellschaftliche Gleichberechtigung der Frauen fordert. Die Psychologie setzt sich als Wissenschaft für die Emanzipation der Frauen ein. Es ist jedoch an der Zeit, daß wir uns von diesem Mythos lösen und die Unterschiede betrachten, denn wenn wir die Eigenarten der Geschlechter nur als Metaphern für verschiedene Seinsqualitäten verwenden, dann droht auch die Emanzipation zu stagnieren. Wenn die Geschlechterdifferenz, die als anthropologische Tatsache unser Dasein prägt, ausgeblendet wird, verpassen wir es, gesellschaftliche Formen zu entwickeln, die trotz klarer geschlechtlicher Identität Emanzipation ermöglichten. Wir verfallen der verführerischen Idee seelischer Ganzheit und versäumen es, eine männliche Seelenkunde zu verfassen.

Der Untergang der Mythen

Die Archetypen unseres kollektiven Unbewußten disponieren uns zu gewissen seelischen Erfahrungen. Diese Urmuster steuern als Grundmuster der Seele unser Verhalten und Erleben. Mit dieser Idee wollte C. G. Jung ausdrücken, daß sich hinter scheinbar individuellen Verhaltensweisen oft kollektive Muster verbergen: Der Firmenleiter, der sich für alles verantwortlich fühlt, überall Kompetenz markieren muß, sich für das Wohl seiner Untergebenen einsetzt und diesen gegenüber zugänglich, aber auch wütend sein kann, lebt vielleicht den Archetyp des Über-Vaters. Sein Verhalten gründet nicht nur in seiner Persönlichkeit, sondern er lebt ein Urmuster. Er wird erleben, daß seine Untergebenen von ihm abhängig werden, ihn bewundern oder gegen ihn rebellieren. Seine Mitarbeiter werden zu Kindern. Dieser Archetyp gibt ihm Energie und motiviert ihn, sich in seinem Beruf einzusetzen.

Bei den Archetypen handelt es sich um universelle Grundmuster der Psyche. Nach Jung sind die Archetypen in Mythen und Märchen erkennbar. Der Held, der Trickster, die verschlingende Mutter, der strafende Vater, der Krieger, der verstoßene Sohn, die ewige Tochter, die Nymphe, die Hohepriesterin sind einige mögliche archetypische Figuren, die wir in diesen Geschichten erkennen. Archetypische Botschaften und Muster finden wir jedoch auch in den Produkten der Zivilisation, in einem barocken Kirchenbau, einem Hochhaus, einer Jugendstillampe oder einem pompösen Schulhaus aus der Jahrhundertwende. Solche Objekte drücken immer auch eine kollektive psychische Befindlichkeit aus. Was wir erstellen, entwickeln, denken oder erfinden, ist nicht zu trennen vom seelischen Umfeld, in dem wir leben. Seelische Aussage zeigt sich überall, wo der Mensch aktiv etwas in die Welt setzt.

Mit der Idee der Archetypen und des kollektiven Unbewußten hat Jung den Blick für die seelischen Kräfte, die sich in der unpersönlichen Außenwelt manifestieren, geschärft. Wir haben ein geistiges Instrumentarium zur Hand, um die Seelenbezirke außerhalb des Individuums und der persönlichen Lebenssituation zu erfassen. Die Pyramiden von Ramses dem Zweiten wurden nicht nur aus persönlichem Ehrgeiz heraus erstellt, sondern weil eine archetypische Kraft in der Bevölkerung wirkte, die sich in den entsprechenden Symbolen ausdrückte. Die Pyramiden sind Ausdruck der Kraft des Mythos, der damals die Ägypter beherrschte: der Aufbruch zu neuen Sphären des Bewußtseins, die Entwicklung des Willens. Die großartige Leistung Jungs ist, die unpersönliche, kollektive Tiefenschicht im Menschen anerkannt zu haben. Der Mensch kann nicht nur aus sich selber heraus verstanden werden, sondern lebt aus einer archetypischen Tiefenschicht heraus. Er lebt in den Mythen, die von den Archetypen immer wieder erzählt werden.

Gleichzeitig betont Jung jedoch, daß das, was uns draußen fasziniert, erschüttert oder beängstigt, Abbild einer inneren

Wirklichkeit ist. Wir projizieren unsere Seele auf die Außenwelt. Unsere Seele besetzt die Welt mit Bedeutungen. Wir gestalten die Welt nach unserem Innern. Die Quelle dieses seelischen Prozesses sind die Archetypen. »Alle mythisierenden Naturvorgänge sind … symbolischer Ausdruck für das innere und unbewußte Drama der Seele, welches auf dem Weg der Projektion, das heißt gespiegelt in den Naturereignissen, dem menschlichen Bewußtsein faßbar wird.«[30]

Obwohl es vielleicht von Jung nicht beabsichtigt war, führte das Zusammengehen der Idee der Projektion und jener der Archetypen zu einer Abwertung der Kräfte im Außenbereich. Die Archetypen wurden verpsychologisiert, indem sie ins Innere des einzelnen Menschen versenkt wurden. Die Welt wurde zu einem Spiegel der Seele. Es kam zu einer Kolonialisierung der Außenwelt im Namen der Psychologie. Durch diese Trennung zwischen Subjekt und Objekt droht jedoch die mythische Einheit mit der Welt verlorenzugehen. Anstelle mythischer Teilhabe an den Dingen dort draußen wird der Mensch zu einem Wesen, das die Welt aus sich heraus beseelt. Die Welt wird zu einem Selbstbedienungsladen für unsere seelischen Befindlichkeiten. In egozentrischer Überheblichkeit glauben wir dann, daß die Außenwelt nur auf uns wirkt, weil wir ihr Bedeutungen zuschreiben. Wir verlieren den Respekt vor der Autonomie der Kräfte der Außenwelt. Ein Mann wird Pilot, weil er als Puer, dem Archetyp des ewigen Jünglings, dem Leben entflieht und Mühe hat, sich persönlich festzulegen. Er projiziert gemäß dieser Interpretation seine psychischen Bedürfnisse auf den Pilotenberuf. Sein Motiv liegt in seinem Innern. Mythisch betrachtet verhält es sich jedoch umgekehrt: Durch das Fliegen partizipiert er an einem Mythos. Die Fliegerei ruft ihn, beseelt ihn und weckt neue Kräfte. Nicht nur persönliche, vom eigenen Leben ableitbare Motive sind dann entscheidend, sondern die mythische Substanz, die sich in den Flugzeugen, dem Flughafen und dem Bild der weiten

Welt verbirgt, hat sich auf ihn übertragen. Er fühlt sich dazu berufen, einem Mythos zu dienen – für ihn »eine der großen Notwendigkeiten des Lebens«.

Durch die psychoanalytische Sichtweise werden auch die Mythen auf innere Befindlichkeiten zurückgeführt und ihre Macht »dort draußen« übersehen. Das Erlebnis der Einheit zwischen Objekt und Subjekt geht verloren. Die Teilhabe an der Schönheit einer Landschaft, die Partizipation an neuen Kräften, die sich in einer Gruppe manifestieren, oder die Ergriffenheit, die sich bei der Betrachtung einer Kirche einstellt, wird nicht als eigenständige seelische Wirklichkeit gedacht. Die Welt wird zum Epiphänomen reduziert. Unsere Umwelt, Gesellschaft und Kultur wird zu einer gigantischen Szenerie, die uns Bilder für persönliche Befindlichkeiten liefert. Wir sollten uns jedoch nicht von den Mythen der Welt freistellen und Nabelschau betreiben. Wenn in der Abgeschiedenheit des Sprechzimmers ausschließlich psychologisch gedacht wird, dann übersehen wir leicht die Dämonie, Kraft und Faszination der Mythen, die durch unser Eingebundensein in die Gesellschaft und Umwelt im Hintergrund weiter auf uns einwirken.

Die Betonung der Projektion hat uns auch den Blick für die Qualitäten der männlichen Seele verstellt. Der Mann wurde verpsychologisiert, seine Teilhabe an den seelischen Kräften der Öffentlichkeit übersehen. Der Beginn einer Psychotherapie konnte so gleichbedeutend mit einer seelischen Kastration sein. Unterwarf der Mann sich der Privat- und Abgeschiedenheit einer psychologisch orientierten Therapie, so drohte er den Kontakt zu den Mythen dort draußen zu verlieren. Er widmete sich brav seiner Innerlichkeit und ließ sich nicht mehr durch die »großen Notwendigkeiten des Lebens« beleben.

Eine männlich orientierte Therapie darf sich nicht der Illusion hingeben, nur über die Zweierbeziehung und den therapeutischen Topos zu heilen, sondern muß die Augen offenhalten für die mythischen Kräfte, an denen der Patient in der Außenwelt partizipiert. Den Einfluß solcher Kräfte erlebte ich bei einem eigenen Patienten. Als Krankenpfleger litt er darunter, daß er sich in seiner Arbeit nicht durchsetzen konnte. Immer wieder wurde er von Ärzten ausgetrickst oder von Kolleginnen ausgenützt. Er wurde von der Umgebung als gutmütiger Trottel mißbraucht. In der Therapie reflektierten wir die Hintergründe seines mangelnden Durchsetzungsvermögens. Es stellte sich heraus, daß er schon als Kind das Gefühl hatte, alles müsse für ihn geregelt werden. Als liebes Muttersöhnchen nahmen ihm die Eltern die Verantwortung für die Außenwelt ab. Seine Mutter wollte ihn zudem als persönlichen Intimus behalten, während der Vater eine schwache Figur blieb. Das mangelnde Durchsetzungsvermögen ließ sich plausibel aus dieser Biographie ableiten, die es aufzuarbeiten galt, wenn sich ein Fortschritt einstellen sollte. Wir verbrachten Stunden, in denen wir über seine Rolle als Muttersöhnchen, seine Beziehung zu Frauen und einzelne Erlebnisse sprachen.

Eines Tages wirkte mein Patient plötzlich anders. Er blickte grimmiger drein, wirkte bestimmter und selbstsicherer. Er war der betrieblichen Gewerkschaftsgruppe beigetreten und begann, sich aktiv für die Rechte der Pfleger einzusetzen. Durch die Mitarbeit in dieser Organisation spürte er neue Kräfte, die ihn belebten und das Gefühl von Sinn vermittelten. Plötzlich war er entschlossen, die Probleme an seiner Arbeitsstelle anzugehen. Sein mangelndes Durchsetzungsvermögen war verflogen.

Dank der Gewerkschaftsgruppe kam er mit einem Mythos in Kontakt: dem Mythos der Arbeitnehmer, die sich solidarisieren und dadurch zu einer ernsten Gegenkraft gegenüber den Mächtigen werden. Die psychologische Arbeit war wichtig, deckte jedoch nicht seine ganze Seele ab. Da es sich bei Psychologie und Mythologie um zwei getrennte Welten handelt, half ihm erst die Partizipation an einem heute aktuellen und lebendigen Mythos weiter. Er brauchte Anschluß an einen Mythos, damit er individuierte.

Ich habe dargelegt, daß sowohl Freud als auch Jung die Bedeutung der Mythen spürten. Freud wirkte selber als grandioser Mythenerzähler, während Jung versuchte, die Interaktionen zwischen den Mythen und unserer Psyche aufzudecken. Während Freud die Naturkräfte zu den eigentlichen Mythen erhob, die sich im Rahmen der Psychologie des einzelnen ausdrücken, ist Jung mit der Idee der Archetypen von dieser personenzentrierten Haltung abgewichen. Das Setting oder die Methodik, die beide für die Arbeit empfahlen, führte jedoch dazu, daß die Psychologie ins Zentrum rückte und wir das Sensorium für das Mythische verloren. Die Psychologie hat überhandgenommen und das mythische Denken an den Rand gedrängt.

Durch diese Entwicklung haben wir jedoch den Blick für die seelischen Qualitäten des Mannes verloren. Wenn Vorstellungen von Empathie und Ganzheit, von der Einheit von Seele und Körper vorherrschen, fühlen Männer sich weniger angesprochen. Die Männer meiden Konsultationszimmer, langweilen sich bei überlangen Reflexionen über die persönliche Biographie und werden nervös, wenn nur von Harmonie und Konsens die Rede ist. Dieser Ansatz trifft nur einen Teil ihrer seelischen Wirklichkeit. Sie leben weniger von der Psychologie, sondern ein Teil ihrer Seele verwirklicht sich in den Mythen. Unser Verständnis des Mannes darf also nicht nur von psychologischen Ideen ausgehen, sondern hat seine Sehnsucht nach mythischer Teilhabe zu berücksichtigen. Ein Teil seiner Seele lebt in den Mythen, die sich in der Gruppe, der Gesellschaft, im öffentlichen Leben oder in kollektiven Geschichten zeigen. Die Betonung des Individuellen entspricht der weiblichen Psyche. Aus diesem Grund zieht die Psychologie Frauen ungemein stärker an als Männer und sind Frauen auch fähiger, über sich zu reflektieren. Frauen besitzen ein Sensorium für Psychologie, Männer locken die Mythen.

2. KAPITEL

Von Mythen erfaßt in Nation, Kultur, Berufswelt und Familie

Der Mensch im Spannungsfeld zwischen Mythos und Psyche

Von seelischen Geschlechtsunterschieden zu reden ist verpönt. Wenn ein Mann solche Unterschiede zwischen den Geschlechtern hervorhebt, dann muß seinen Worten mißtraut werden: Psycho-Floskeln, durch die die alten Männervorrechte zurückverlangt werden. Gleichheit ist das Losungswort, andere Gedanken drohen die Emanzipation der Frauen wieder in Frage zu stellen. Ich plädiere trotzdem für eine Besinnung auf die psychischen Geschlechtsunterschiede, jedoch nicht, weil ich dadurch der Emanzipation der Frauen einen Stein in den Weg legen möchte, sondern weil ich überzeugt bin, daß wir auch bei der Frage der Emanzipation der Frauen nur weiterkommen, wenn wir die unterschiedlichen Wahrnehmungen, Reaktionen und Empfindungen von Mann und Frau reflektieren. Die Idee der Gleichheit war wichtig, damit die Frauen sich aufrafften, die Positionen der Männer zu beanspruchen, und die Männer keine Argumente hatten, ihnen dies zu verwehren. Nun bricht jedoch die zweite Phase an: Die Gleichstellung der Geschlechter wird erst vollendet, wenn die unterschiedlichen seelischen Orientierungen anerkannt sind, Männer sich gemäß ihrer seelischen Orientierung verwirklichen können und die Seelensprache der Frauen anerkannt wird. In diesem Kapitel zeige ich, daß in der Seele des Menschen zwei Haupteinstellungen erkennbar sind: einerseits die psychologische, andererseits die mythologische. Frauen orientieren sich an der Psychologie, während für Männer die Mythologie im Zentrum ihres seelischen Interesses steht.

Der Mensch ist ein zwiespältiges Wesen. Er lebt in einem Spannungsfeld von zwei seelischen Kräften: einerseits der Psyche, die als autonome Kraft unsere Befindlichkeit, unsere Wünsche und Phantasien von innen her beeinflußt, andererseits der Mythen, die die Außenwelt regieren und uns in ihren Bann ziehen. Wir können den Menschen aus seiner Psychologie heraus verstehen, von einer *Innenschau* auf das Umfeld und Verhalten schließen, oder aber das *Außen* ins Visier nehmen, die Mythen betrachten, zu denen der Mensch sich hingezogen fühlt. Die Seele äußert sich sowohl im psychischen, *persönlichen Raum* als auch über *mythische Schauplätze.* Das Wort Psyche reserviere ich für die Individualseele: jenen Teil der Persönlichkeit, der sein Zentrum in der privaten Lebenssituation, der persönlichen Geschichte und in Beziehungssituationen hat. Unter mythisch verstehe ich die seelische Kraft, die über das Kollektive, das öffentliche Leben und die Werte unserer Zivilisation Macht ausübt. Psyche und Mythos: Welches sind die Unterschiede dieser Grundtendenzen der menschlichen Seele? Wie äußern sich diese zwei Seelenkräfte? Welches sind ihre Qualitäten?

Als Ausgangspunkt meiner Überlegungen wähle ich ein eigenartiges Erlebnis, das ich bei den Verwandten eines Freundes aus der Innerschweiz hatte und das mir nicht aus dem Kopf gegangen ist. Mein Freund führte mich zu seinen Eltern und seinem Onkel, einem Bauern und einem Inhaber eines kleinen Elektrogeschäftes. Ich war eingeladen, einen kleinen Imbiß mit ihnen einzunehmen. Zusammen mit einem zweiten Onkel saßen wir im engen, dunklen Wohnzimmer des Bauernhofs. Im Radio hörten wir einen Aufruf des Bundesrats. Er erließ den dringenden Appell, der kommenden EWR-Vorlage zuzustimmen.

»Ich werde ein Nein in die Urne legen, Europa kann warten!« meinte der vierzigjährige Geschäftsmann barsch, und die anderen nickten. Gemäß der Argumentation der Regierung, der Parteien und der Gewerkschaften werden Randregionen wie die Innerschweiz von Ausgleichszahlungen und Subventionen der Gemeinschaft profitieren. Wenn der Souverän, das Volk, nicht zustimmt, so kommt es zur wirtschaftlichen Katastrophe, verkündeten sowohl das Fernsehen wie die Zeitungen. Allen ist klar, daß es eigentlich keine

Alternative gibt. Trotz dieser Drohungen bleibt dieser Innerschweizer unbeeindruckt. So leicht ist er nicht beeinflußbar. Wenn alle gleicher Meinung sind, dann stimmt etwas nicht, denkt er vielleicht. Etwas in ihm wehrt sich. Die Regierung, die Parteien und Fachleute betonen, daß der Anschluß an die EG unausweichlich und wirtschaftlich logisch sei. »Wenn die da oben jedoch meinen, sie können uns vorschreiben, wie wir stimmen müssen, dann haben sie sich tüchtig getäuscht!« meint dieser Mann trotzig.

Wieso reagiert dieser Mann so widersinnig und irrational? Was geht in ihm vor? Seine dezidierte Haltung machte mich stutzig. Ich spürte, wie er in seiner Haltung nicht von Argumenten ausging, sondern andere Kräfte ihn beeinflußten. Seine Reaktion ging mir nicht aus dem Kopf. Ist sein Verhalten Ausdruck seines Charakters? Vielleicht muß ich in der Kindheit, dem Milieu und der persönlichen Lebensgeschichte suchen, um eine Erklärung für diese trotzige Reaktion zu bekommen. Nach Aussagen meines Freundes war dieser Mann in seiner Kindheit ein lieber und umgänglicher Knabe. Als anhänglicher und pflichtbewußter Sohn hat er seinen Eltern nicht viele Schwierigkeiten bereitet. Aufgefallen ist jedoch sein Eigensinn. Ein Trotz, der sich vor allem vor Autoritäten äußerte. Als ein Lehrer in der Volksschule verlangte, daß er nach Hause zurückkehren solle, um ein fehlendes Schulbuch zu holen, hat er diesen Befehl ignoriert und den ganzen Tag die Schule geschwänzt. Obwohl der Lehrer mit scharfen Sanktionen gedroht hatte, zog der neunjährige Knabe es vor, den Tag an einem nahegelegenen Weiher zu verbringen. Die Anweisung des Lehrers war in seinen Augen ungerechtfertigt und der Ton unangebracht. Das autoritäre Gebaren des Schulmeisters mißfiel dem Knaben zutiefst. Der Mann scheint heute ähnlich zu reagieren. Wird die Obrigkeit übermütig, so gilt es, ihr zu trotzen. Dieses Gefühl, daß man bei »denen da oben« aufpassen muß, ist ihm bis heute geblieben. Wenn Autoritäten zu selbstsicher auftreten, Forderungen stellen, ohne auf Alternativen hinzuweisen, dann reagiert er mit Widerspruch. Er wittert die Gefahr, als willenloses Objekt behandelt zu werden. In solchen Fällen müssen die Anweisungen der Mächtigen ignoriert werden, auch wenn sie sinnvoll sind.

Ich möchte dieser trotzigen Haltung auf den Grund gehen. Wieso kann dieser Mann nicht besonnen und sachlich reagieren und sich den Empfehlungen der Regierung fügen, wenn sie logisch und plausibel sind? Als Psychologe und Psychoanalytiker habe ich gelernt, daß die Persönlichkeit des Menschen durch die Kindheit geprägt wird. Ich muß mich also der persönlichen Vergangenheit zuwenden, um mehr über die Ursachen des Verhaltens und den Charakter dieses Mannes zu erfahren. Nach Aussagen meines Freundes litt dieser Mann als Kind unter einem strengen und unnahbaren Vater, der sich nicht groß um seine Kinder kümmerte. Der Hof, die Dorfpolitik, die Musikkapelle und die samstägliche Gesprächsrunde im Wirtshaus waren dem Vater wichtig. Vergeblich habe der kleine Knabe die Nähe seines Vater gesucht. Der Vater war unfähig, sich seinem Sohn gegenüber zu öffnen und seine Gefühle und Empfindungen zu zeigen. Zwar war er stolz auf seinen Sohn, doch hielt er ihn emotional auf Distanz. Ist die trotzige Reaktion bei der Abstimmung ein Ausdruck dieser problematischen Vaterbeziehung? Rächt er sich statt am Vater am Staat, der Regierung? Vielleicht trägt er als erwachsener Mann die Verbitterung über den abwesenden Vater immer noch in sich. Er reagiert gemäß dem Skript, an dem sein Vater mitgeschrieben hat. Aufgrund einer solchen psychologischen Analyse könnte ich jetzt einen Autoritätskomplex und einen leichten Milieuschaden diagnostizieren.

Die Zurückführung einer politischen Haltung auf die Erziehung und Kindheit hat Tradition. Nach Lloyd de Mause, Alice Miller, A. Mitscherlich lassen sich Diktaturen und autoritative Systeme durch harmonische, unproblematische Kindheiten verhindern. A. Miller ortet die Ursachen des Nationalsozialismus Adolf Hitlers in seiner Kindheit.[1] Trifft dies jedoch auf diesen Mann zu? Mich befriedigt diese Analyse nicht. Habe ich das Wesen dieses Mannes wirklich erfaßt, wenn ich seine Kindheit, seine Beziehung zu den Eltern und seine persönliche Biographie kenne? Wie steht es bei anderen Männern, sind auch ihre Haltungen, ihre Bestrebungen, ihre Ziele Spiegel ihrer Kindheit?

Mir kommen die Aussagen eines Bekannten in den Sinn, der als Leiter einer wichtigen Kulturinstitution von einem Journalisten nach seinen Wünschen in bezug auf seine Tätigkeit gefragt wurde. Seine Antwort: »In mir lebt das Bild des Emmentals weiter. Ich sehe die Hügel und Wälder vor mir. Als Knabe durchstöberte ich sie, empfand sie als endlos, sie beseelten mich und gaben mir das Gefühl, man könne dort unendlich viel tun. Dieses Gefühl habe ich heute noch, ich sehe mich in einer unübersichtlichen Umgebung, ich muß meine Orientierung selber finden, doch ich weiß, daß man viel tun kann.« Dieser Bekannte beschwört die Landschaft, aus der er stammt, um die Motivation seiner Tätigkeit zu begründen.

Ich sollte den Charakter des anderen Mannes daher von einer anderen Warte als der psychologischen analysieren, vielleicht liegt der Schlüssel zu ihm ebenfalls in seiner geographischen Umgebung?

Wenn ich vor das Haus trete, wo die Diskussion um die EWR-Abstimmung stattfand, dann präsentiert sich mir eine umwerfende Landschaft. Steile, furchterregende Felswände erheben sich hinter dem Dorf, in der Ferne ist eine Paßstraße erkennbar, die sich kurvig einen Berg hinaufschlängelt, und auf halber Höhe erkenne ich einen kleinen Weiler, der trotzig auf einem kleinen Plateau steht. Die Landschaft wirkt auf mich beeindruckend. In diese Landschaft wurde der Mann also hineingeboren, in einem solchen Dorf ist er aufgewachsen. Liegt hier die Erklärung seines Verhaltens? Ich wende mich von seiner persönlichen Geschichte ab und konzentriere mich auf das Umfeld. Vielleicht verstehe ich seine Reaktion, wenn ich einen Blick auf die Region werfe, aus der er stammt. Das

Tal, das Dorf, die Berge, die Häuser und die Geschichte enthalten seelische Botschaften, die auf den Knaben einwirkten. Ich muß die Mythen studieren, in die er hineingeboren wurde. Die hohen Bergspitzen, die in den Himmel hinaufragen, und die kleinen Dorfgemeinschaften, die auf kleinen Plateaus gnädigst von der Natur geduldet werden, müssen zu Symbolen geworden sein für diese Bevölkerung. Man trotzt den widrigen Umständen und mächtigen Naturgewalten. Dieser Abwehrwille zeigt sich auch in der Geschichte des Tales. Vor zweihundert Jahren wurde ein Repräsentant der Regierung, als er höhere Steuern einfordern wollte, kurzerhand in den Dorfbrunnen geworfen. Die Geschichte ist allen präsent. Vor dreihundert Jahren kehrten Soldaten aus dieser Gegend, nachdem sie den Sinn der Kämpfe nicht mehr einsahen, trotz Strafandrohungen ihrer Vorgesetzten nach Hause zurück, lautet eine andere der regionalen Geschichten. Vorher hatten sie sich noch tapfer für das Land geschlagen. Die leicht anarchistische Haltung dem Staat und Autoritäten gegenüber zieht sich wie ein roter Faden durch die Geschichte dieser Region. Instinktiv wehren sich die Bewohner dieser Gegend gegen eine Vereinnahmung durch die oberen Instanzen – Eigenschaften, die sich in der Landschaft offenbaren.

Die Reaktion dieses Mannes bei der Abstimmung bekommt eine ganz andere Färbung, wenn wir die Region berücksichtigen, aus der er stammt. In ihr wird Selbstbestimmung groß geschrieben. Gegen Sklaverei, willkürliche Anweisungen und obrigkeitliche Anordnungen hat man sich schon immer zur Wehr gesetzt. Man will nichts von »oberen« oder »besseren Leuten« wissen. Nicht die problematische Beziehung zu seinem Vater steht hinter seinem trotzigen Nein, sondern die *Haltung seines Tales.* Lebt in ihm ein alter Innerschweizer Unabhängigkeitswille auf, wenn er nein zur Forderung der Regierung sagt? Er wittert staatlichen Übermut und will ihn frühzeitig abblocken. Das gleiche Verhalten bekommt je nach Perspektive eine andere Bedeutung.

Vielleicht darf ich diesen Mann nicht über die Psychologie zu verstehen suchen, sondern muß eine ganz andere Brille aufsetzen, um ihn seelisch zu erfassen. Nicht die Psychologie ermöglicht mir, die Hintergründe seiner Einstellung zu erhellen, sondern eine Seelensprache, die auch das kollektive Umfeld, in das dieser Mann hineingeboren wurde, berücksichtigt. Dieser Mann ist nicht nur ein psychisches Wesen, sondern die Psychologie oder Seele seiner Region spricht durch ihn.

In jedem Menschen wirken zwei seelische Kräfte: einerseits die *psychischen*, andererseits die *mythischen Motive*. Jede dieser Seelenkräfte eignet sich ihre spezifischen Bilder und Symbole an und kreiert eigene Geschichten, um sich auszudrücken und durchzusetzen. Die psychischen Symbole unterscheiden sich von den mythischen Bildern. Die Psyche sucht sich ihre Symbole im persönlichen Lebensraum. Als *psychische Wesen* sind wir geprägt durch die individuelle Geschichte, die persönliche Lebenssituation und das persönliche Beziehungsnetz, *gleichzeitig* sind wir jedoch das Produkt der Geschichte einer Region und eines Zeitgeistes. Die zivilisatorischen Herausforderungen, die das weitere Umfeld zu bewältigen sucht, wirken auf uns ein. Wir erleben uns als Kämpfer im Großstadtdschungel New Yorks, weltoffener Bürger einer Hansestadt, redegewandter Berliner oder bescheidener Bretone mit einem Sinn für das Wesentliche im Leben. Dieses äußere seelische Feld stellt sich im *Mythos* dar. Wir sind somit auch *mythische Wesen*, leben von den Energien und Botschaften, die das Umfeld und der öffentliche Raum an uns richten. Als mythische Wesen sind wir nicht das Produkt der persönlichen Herkunft, der Familie, sondern Ausdruck des Geistes, der Symbole und Rituale der Gemeinschaft und Region, in der wir aufgewachsen sind oder der wir uns zuwenden. Unser Charakter wird also einerseits von psychischen Kräften geprägt, andererseits durch mythische Kräfte geleitet.

Diese Doppelnatur kennzeichnet sowohl die männliche als auch die weibliche Seele. Unterschiedlich ist jedoch die Ausprägung der mythischen und psychischen Dimension bei den Geschlechtern. Männer wollen sich als mythische Wesen realisieren, Frauen orientieren sich am Psychischen. Dieser grundsätzliche Unterschied in der seelischen Ausrichtung der Geschlechter führt dazu, daß Männer eher in Mythen leben, während sich Frauen über die psychische Dimension im Leben zurechtfinden.

Die psychische Dimension

Um eine Handlung, Aussage, Reaktion und einen Denkakt eines Gegenübers oder von uns selber zu verstehen, brauchen wir eine Erklärung. Wir suchen nach einem Bild, einer Theorie oder einer Ursache, so daß das barsche Auftreten eines Arbeitskollegen oder die Unzufriedenheit eines Partners einen Sinn bekommt. Was wir sehen, fühlen oder spüren, wollen wir mit einem Hintergrund verbinden. Wieso reagiert meine Kollegin schnippisch? Warum zittere ich, wenn ich meine Arbeit vor Besuchern vorstelle? Wir wollen uns selber und unsere Mitmenschen verstehen, damit wir einerseits sie und uns selber akzeptieren, andererseits ihnen und uns helfen können. Ein Blick hinter die Fassade eines Menschen gibt Aufschluß über verborgene Zusammenhänge. Ein Kollege prahlt, weil er sein Minderwertigkeitsgefühl kompensieren will, oder eine Kollegin ist permanent kritisch-aggressiv, weil sie ihre Bewunderung und Überschätzung der anderen Menschen relativieren möchte. Wir suchen nach Bildern, Metaphern, Phantasien und Geschichten, die helfen, das Verhalten und die Eigenarten fremder Menschen, unserer Freunde, Partner und unser selbst in einem anderen Licht zu sehen. Die Hoffnung ist, daß uns durch diese mentalen Vorstellungen der Umgang mit uns selber und anderen Menschen leichter fällt. Wir akzeptieren Bizarrheiten und störende Charakterzüge, wenn wir die hintergründige Dynamik kennen.

Die Psychologie geht davon aus, daß der Mensch aus einer inneren Dynamik auf sein Umfeld einwirken will. Einschneidende Erlebnisse der persönlichen Biographie werden aufgespürt, Zusammenhänge aufgezeigt und Bilder aus der persönlichen Vergangenheit beschrieben, damit das Verhalten eines Menschen verständlich wird. Frauen haben Mühe mit Männern, wenn sie als Kind von ihrem Vater schlecht behandelt und von der Mutter ignoriert wurden. Aus psychologischer Sicht zeigen sich in unserer Persönlichkeit einerseits die Lebensgeschichte, andererseits die Auswirkungen unserer Anlagen. Unsere Vergangenheit wirkt in uns nach und drängt danach, sich zu inszenieren: Frauen heiraten Männer, die ihren Vätern gleichen, Männer rächen sich am Chef statt am Vater oder übernehmen die Ängste ihrer Mütter. Wollen wir uns selber oder andere Menschen verstehen, so müssen wir mit der persönlichen und der Familienanamnese beginnen und das aktuelle Beziehungsnetz analysieren. Vielleicht werden typische Schemata oder geheime Skripte entlarvt, die uns durch die Kindheit mitgegeben wurden. »Meine Mutter führte einen konstanten Kleinkrieg mit mir und meinem Vater«, besinnt sich eine dreißigjährige Frau während einer Therapiestunde, »später merkte ich, daß ich mich meinem Mann gegenüber ebenso nörgelnd verhielt. Meine Mutter wirkte in mir nach.«

Dank der Tiefenpsychologie rückte die persönliche Dimension in den Vordergrund. Die Psychoanalyse sucht in der Kindheit nach dem Schlüssel der Persönlichkeit. Vater, Mutter und die Geschwister sind prägende Größen der persönlichen Entwicklungsgeschichte. Als Gestalter des Charakters leben sie in unseren Komplexen weiter. Eine ungelöste ödipale Problematik macht es für eine fünfunddreißigjährige Frau schwierig, den richtigen Mann zu finden, oder eine symbiotische Mutterbindung verhindert, daß sich ein Mann wirklich in eine Beziehung zu einer Frau einläßt. Dank der Psychologie haben wir gelernt, den Menschen im Zusammenhang mit seiner Kindheit und dem Wirken der Eltern zu sehen. Wir operieren darum mit Begriffen wie Mutterbild, Vaterimago, Trauma, Übertragung, Widerstand, Abwehr, Projektion und versuchen dadurch das Wesen des Menschen auf seine persönliche Lebensgeschichte zurückzuführen.

Durch dieses geistige Instrumentarium identifizieren wir *Kernereignisse* der persönlichen Vergangenheit. Persistierende Angstattacken können Spätfolgen eines Brandtraumas, sexueller Ausbeutung[2] oder einer traumatischen Scheidung der Eltern[3] sein. Die Psychologie entwirft mit Hilfe dieser identifizierbaren Geschehnisse eine *Psychographie,* die als Richtschnur dient, um den einzelnen Menschen zu verstehen. Es ist dabei einerlei, ob die prägenden Ereignisse und Beziehungen in der näheren Vergangenheit liegen oder aber – wie es Melanie Klein[4], Miller[5] oder Bowlby[6] postulieren – im Dunkel der frühen Kindheit erahnt werden müssen. Die Unfähigkeit der Mutter, dem Kind adäquaten Widerstand zu leisten[7], Double-bind-Situationen oder frühkindliche emotionale Karenz[8] werden als Ursachen eines Leidens oder neurotischen Verhaltens gesehen. Die Psychologie sucht nach Traumata, Beziehungsmißbräuchen, Mißhandlungen, problematischen Eltern und schwierigen Lebensumständen, um ein Ereignis zu finden, das eine psychische Störung erklärt.

Eine Patientin erzählte mir, daß sie als kleines Mädchen oft Sehnsucht nach ihrem Vater hatte. Da er beruflich häufig abwesend war, verbrachte sie oft Wochen, ohne ihn zu sehen. Sie malte sich dann aus, wie er sie begrüßen würde. Als er einmal, nachdem sie ihn lange vermißt hatte, nach Hause zurückkehrte, stürzte sie hinaus und rannte auf ihn zu. Der Vater blieb jedoch merkwürdig kühl und breitete nicht einmal die Arme aus, um sie zu empfangen. Dieses Erlebnis hat sich ihr eingeprägt. Sie hat heute noch das Gefühl, daß sie trotz ihrer persönlichen Anstrengungen von Männern nie in die Arme genommen und akzeptiert wird. Dieses Bild aus ihrer Kindheit spiegelt ein aktuelles Lebensgefühl.

Nach Hillman[9] entwirft die Psychologie Seelengeschichten. Diese persönliche Geschichte hilft, eigene problematische Seiten zu ertragen, Begrenzungen anzunehmen und Stärken zu erkennen. Eine solche psychologische Haltung geht von einem bestimmten Menschenbild aus. Sie gründet in der Vorstellung, daß der Mensch von und in *Beziehungen* lebt. Nur dank seiner Beziehungen kann er überleben. Nach der Psychologie versucht der Mensch, die Welt seinen Vorstellungen und Wünschen anzupassen. Das Gespräch und eine gute Beziehung sind aus der Sicht der Psychologie der wichtigste Zugang zu einem anderen Menschen. Der Kontakt zum Mitmenschen steht im Zentrum. Man braucht ihn, um seine existentielle Hilflosigkeit zu kompensieren. Dank der Aufmerksamkeit, Hinwendung und Liebe des Vaters und der Mutter kann sich ein Kind in die Welt einbringen. Die Beeinflussungen und die affektiven Zuwendungen der anderen Menschen bestimmen die Stärke des Selbstwertgefühls. Beziehungen sind unser Lebenselixier, denn nur über sie spüren und entwickeln wir uns.

All dies ist sicher richtig, doch es betrifft nur einen Teil der Seele des Menschen. Wenn wir sie ausschließlich aus der Psychologie heraus verstehen, dann übersehen wir einen wichtigen Bereich der menschlichen Persönlichkeit. Wir sind nicht *ausschließlich* psychische Wesen, sondern denken, erleben und handeln auch aus einem *mythischen Persönlichkeitsteil* heraus. Diese mythische Seite paßt jedoch nicht in das Bild, das die Psychologie vom Menschen entwirft. Wenn wir einen Menschen nur aus seiner persönlichen Dynamik, seiner Beziehungsgeschichte heraus zu verstehen suchen, dann bleibt eine wichtige Seite von ihm verborgen. Eine individuelle Biographie ist beschränkt, wenn der mythische Kontext ausgeblendet wird. Der Mensch lebt nicht nur aus seiner Psyche heraus, sondern verwirklicht sich in den Mythen, die sein weiteres Umfeld prägen. Wenn wir etwas über Motive und Ziele eines Menschen erfahren wollen, müssen wir einer psychologischen Analyse eine mythische Schau anschließen. Genau wie unsere Psychographie Motive aus der persönlichen Vergangenheit aufdeckt, könnte eine mythologische Betrachtung des Menschen etwas über die mythischen Identifikationen aussagen. Wie wir handeln, was wir anstreben und woran wir leiden, läßt sich nicht nur von unserer Psychologie herleiten, sondern kann auch Ausdruck der Mythen sein, an denen wir partizipieren. Die Persönlichkeit des Menschen drückt auch den *mythischen Kanon* aus, an dem er teilhat.

Die mythische Perspektive

Am Anfang schuf Gott Himmel und Erde.
Die Erde war wüst und leer. Finsternis lag
über der Urflut, und der Geist Gottes
schwebte über den Wassern.
DIE SCHÖPFUNGSGESCHICHTE

Ich werde nie meinen Besuch des Wasser-
kraftwerkes vergessen, das über einem
blauen See lag, der den fantastischen armenischen
Himmel spiegelte. Als ein Journalist
mich fragte, wie mir die altehrwürdigen
armenischen Kirchen und Klöster gefielen,
antwortete ich: die Kirche, die mir am besten
gefallen hat, ist das Wasserkraftwerk,
ein Tempel neben einem wunderbaren See.
PABLO NERUDA[10]

Beim Wort Mythos denken wir an eine Fiktion, Unwahrheit oder ein Produkt der Phantasie.[11] Ein Mythos sei ein Glaube oder eine Auffassung, an dem oder der trotz besseren Wissens festgehalten wird, zum Beispiel, daß Frauen schlechtere Autofahrer sind, Kaffee der Gesundheit schadet, Männer weniger Angst haben oder Schwarze sich durch größere rhythmische Begabung auszeichnen. Ansichten also, die einer rationalen Analyse oder empirischen Überprüfungen nicht standhalten. Wenn wir eine Meinung als Mythos bezeichnen, so nehmen wir dieser Aussage die Kraft. Mit Mythen soll man nicht argumentieren. »Nur ein Mythos« ist gleichbedeutend mit unbedeutend.

In zweiter Linie denken wir beim Wort Mythos an das Treiben der Götter, an die Mythologien: an Hermes, der Apollos Schafe stiehlt, Aphrodite, die aus dem Meeresschaum geboren wird, oder an den Tanz des Dionysos. Göttergeschichten der Griechen, der Germanen oder Inder kommen uns in den Sinn. Die Asen der germanischen Mythologie, die in Asgard, der Götterwohnung, leben und die Vanen bekämpfen, oder Vishnu, der den Schlangenkönig Kaliya verjagt.[12] Das Wort Mythos löst auch unheilvolle Assoziationen aus: Wir denken an die Vereinnahmung der germanischen Mythen durch die Nationalsozialisten während des Dritten Reiches, an den Chefideologen der Nationalsozialisten, Alfred Rosenberg (1893–1946), der im »Mythos des 20. Jahrhunderts«[13] die rassische Überlegenheit der Germanen beweisen wollte, oder den Ausspruch Mussolinis vor dem Marsch auf Rom: »Wir haben unseren Mythos geschaffen. Der Mythos ist ein Glaube, ein edler Enthusiasmus. Es ist nicht notwendig, daß er eine Wirklichkeit sei …«[14]

Wenn ich hier von Mythen spreche, so ist von *keiner* der obigen Auffassungen die Rede. Mythen sind für mich weder fadenscheinige Legitimationen für eine bestimmte Ideologie noch Göttergeschichten, noch eine Bezeichnung für Irrglauben, sondern numinose, archetypische Erklärungsgeschichten, an denen sich der Mensch orientiert. Ich spreche von Mythen in ihrer Bedeutung für die Seele des Menschen, von Geschichten, die weder aufgeschrieben noch bewußt reflektiert werden. Mythen werden als mächtige seelische Wirklichkeiten verstanden, an denen wir uns orientieren. Über sie offenbart sich ein Teil der Seele. Ich verstehe unter Mythen kollektive Erklärungsmuster, die wir in uns tragen, die von der Gesellschaft vertreten werden und durch die wir versuchen, unser Leben zu verstehen und zu bewältigen.

Ein Freund von mir besuchte zwei Wochen die Insel Bali. Begeistert berichtete er mir von der Friedfertigkeit, die die Gesichter der Balinesen ausstrahlen. Im Gegensatz zu uns kenne diese Inselbevölkerung weder Hetze noch Streß und zeichne sich außerdem durch eine unglaubliche Sensibilität aus. Während ich seinen beeindruckenden Schilderungen lauschte, fragte ich mich, ob er mir nicht einfach einen Mythos erzählte, eine wundersame Paradies-Geschichte, in die er durch seinen Inselaufenthalt eintauchen konnte. Er erlebte seinen Ferienaufenthalt mit Hilfe eines Erklärungsmusters, das unsere Gesellschaft offeriert.

Solche lebendige Mythen sind für die *Seele des Menschen* bedeutsam – omnipräsente Geschichten, die meistens weder aufgeschrieben noch bewußt reflektiert werden, jedoch trotzdem vom Unbewußten aus ihren Einfluß ausüben. Sie setzen uns eine Brille auf, durch die wir den Außenraum wahrnehmen. Unsere Sichtweisen und Interpretationen sind von den Mythen beeinflußt, die sich unser bemächtigen. Wir brauchen solche Geschichten, um Neues einzuordnen. Wir orientieren uns an diesen mächtigen seelischen Wirklichkeiten. Wir leben in ihnen, tragen sie in uns herum, und sie werden zitiert, wenn wir uns bedroht oder herausgefordert fühlen. Kennzeichnend für solche Geschichten ist, daß sie nicht begründet, sondern nur *gelebt* werden können.[15] Eine Geschichte wird zum Mythos, wenn sie uns ganz erfaßt hat, unsere Gefühle und Wahrnehmungen steuert: Die Bewohner Balis sind völlig aggressionslos. Die Geschichte beherrscht uns von innen wie von außen. Wir brauchen solche Mythen, denn der Mensch »sucht nach einer anderen Wirklichkeit, weil er in der Erfahrungswelt immer nur vorläufige Antworten, Demütigungen findet, nicht aber existentielle Orientierung, Bestimmung und Sinn«.[16]

Mythen sind Begründungsgeschichten. Als *axiomatische Erklärungen* werden sie von einer Gruppe von Menschen als Wirklichkeit betrachtet. Sie sind Geschichten, durch die versucht wird, ein Phänomen zu erklären, ein Mysterium zu erhellen oder eine Gefahr zu beseitigen. Sie bilden die Handlungs- und Orientierungsgrundlage einer Nation, eines Volkes, einer Region, einer Berufsgruppe oder größerer, sich zusammengehörig fühlender Gruppen von Menschen. Mythen sind die Antworten dieser Menschengruppe auf *existentielle Herausforderungen* und *Bedrohungen*. Sie definieren die unbewußten Voraussetzungen des Verhaltens- und Reaktionsspielraumes, der der Gruppe zur Verfügung steht. Der Mythos ist die Art und Weise, wie die Seele auf kollektiver Ebene reagiert. Er vermittelt ein Symbol, das einer Menschengruppe, einem Land oder einer Region die Kraft gibt, Herausforderungen zu meistern. Die Gruppe findet ihre gemeinsame Leitvorstellung in Mythen. Sie ermöglichen den seelischen Zusammenschluß, bestärken somit Haltungen und vermitteln Mut und Energie, damit sich die Gruppenmitglieder für das gemeinsame Ziel einsetzen.

»Ob sich ein Produkt durchsetzt, ist nur eine Frage des Designs«, erklärte mir ein Bekannter dezidiert. Gemäß seiner Sichtweise muß sich die Wirtschaft auf die äußeren Formen, das Erscheinungsbild konzentrieren, da die qualitativen Unterschiede der verschiedenen Industrieprodukte heute nicht mehr ins Gewicht fallen. Design ist alles. Er steht mit seiner Ansicht nicht allein, Scharen von Unternehmern und Werbefachleuten haben diese neue Philosophie übernommen, durch die wieder Bewegung in die Wirtschaft kommen soll. Erzählt er mir einen Mythos, eine Begründungsgeschichte, durch die wirtschaftliche Unsicherheiten gemeistert werden?

Mythen sind nicht das Resultat bewußter Denkprozesse oder rationaler Entscheidungen. Wir können Mythen nicht dekretieren, sondern sie werden unabhängig von unserem Willen erschaffen. Der Gruppenprozeß, die Psychologie der Öffentlichkeit, die Politik oder die Medien kreieren Mythen. Die Wahl des Mythos erfolgt nicht aufgrund unserer Entscheidung, sondern der Mythos wählt uns. Wir werden von den Mythen ergriffen, mit denen wir über unsere Bezugsgruppen, unsere Vergangenheit und aufgrund unserer persönlichen Neigungen konfrontiert werden. Als autonome Kräfte ergreifen sie uns von außen und drängen ihre Wirklichkeiten auf: die Geschichte von den friedlichen Inselbewohnern von Bali oder die Allmacht des Designs.

Mythen sind wertvoll und wichtig, denn nur dank ihrer können wir uns handelnd und denkend in unser Umfeld einbringen. »Der Mensch kann ohne Mythen nicht leben«[17], da sie eine Orientierung in der Welt »dort draußen« ermöglichen. »Der Mythos ist eine Erzählung, die mit der Darstellung der Natur eine Begründung auch der sozialen Wirklichkeit zu geben versucht, und zwar so, daß der Mensch dabei mit seinen Gefühlen und in seinem Denken in die umgebende Natur wie Kultur eingebettet wird.«[18]

Diese Teilhabe an einem Mythos vermittelt das Gefühl von *Sinn*. Eine Kraft fließt auf uns über, die uns belebt und das Gefühl vermittelt, daß es sich lohnt, sich für etwas einzusetzen oder gegen etwas zu kämpfen. Durch den jeweiligen Mythos sind wir in eine kollektive seelische Wirklichkeit eingebunden, in der wir uns geborgen fühlen und die uns aktiviert. Die Phänomene »dort draußen« werden verständlich und faßbar. Mythen strukturieren unsere Umwelt.

Die versteckten Mythen

Nach verbreiteter Auffassung glauben höchstens weniger entwickelte Völker an Mythen – wir haben sie gegen wissenschaftlich gesicherte Erkenntnisse und die Fähigkeit objektiver, nüchterner Beobachtung eingetauscht. Mythen haben für uns ausgedient, da wir unser Leben nicht nach diffusen Geschichten ausrichten, sondern uns an überprüfbarem Wissen und an Logik orientieren. Die Aborigines, Ureinwohner Australiens, versuchen die Welt über Mythen zu erklären. »Die primitive Geisteshaltung *erfindet* keine Mythen, sondern sie *erlebt* sie.«[19] Bei der Frage nach dem Sinn des Todes erzählen die Aborigines ihren Kindern von dem Gespräch, das die Spinne Adambara und das Insekt Artapudapuda[20] führten, und in eindrücklichen Naturlandschaften wie dem Ayers Rock sehen sie das Resultat eines Kampfes zwischen den Sonnenkräften Mala und den Schattenkräften Kunia.[21] Wir, so die verbreitete Auffassung, erzählen keine solchen phantastischen Geschichten, wenn wir etwas begreifen oder erklären wollen.

Die Vorstellung, an Mythen zu glauben, weisen wir von uns. Wir haben uns von den Mythen befreit. Jedoch hat schon Karl Jaspers darauf hingewiesen[22], daß der moderne Mensch neben seiner naturwissenschaftlichen Einstellung *auch mythisch* denkt. Logik und Wissenschaft ersetzen den Mythos nicht[23], sondern bieten nur verschiedene Auffassungen der Wirklichkeit. Durch das rationale Denken analysieren wir die Welt, durch den Mythos beteiligen wir uns an ihr. Wir täuschen uns, wenn wir glauben, die Welt entmythologisiert zu haben. Unsere Mythen haben nur das Erscheinungsbild geändert. Sie sind darum für uns schwierig zu erkennen. Wir begegnen ihnen hinter vermeintlich objektiven Tatsachen, kollektiven Meinungen und logischen Überzeugungen. Sie beeinflussen uns, ohne daß wir es realisieren. Während wir glauben, logisch und rational zu beurteilen, »denken« wir mythisch. Unter Umständen halten wir an der Überlegenheit unseres Denkens und der Unwiderlegbarkeit der Tatsachen weiterhin fest und realisieren nicht, daß die Mythen, diese grundlegenden Seelengeschichten, die wir in uns tragen, unsere Wahrnehmung schon vorher beeinflußt haben.

Die Schwierigkeit ist, daß wir, wenn ein Mythos uns erfaßt, Teil des Mythos werden. Die Geschichte bemächtigt sich unser, interpretiert und bringt uns in die Umwelt ein: Der Geschäftsmann aus der Innerschweiz vermutet bei der Regierung finstere Absichten, mein Freund spürt die Friedfertigkeiten der Balinesen, und der Werbefachmann sieht den Einfluß, den die Produktgestaltung ausübt. Die Welt präsentiert sich mit mythischen Vorgaben. Die Betreffenden sehen, fühlen, empfinden ihre Umwelt und sich selber gemäß der mythischen Wirklichkeit, in der sie stehen. Da viele unserer Mythen nicht klar ritualisiert sind, die Kulthandlungen fehlen, durch die ein Mythos dargestellt wird, übersehen die meisten das mythische Element. Sie merken nicht, daß sie in einen Mythos eingetaucht sind, da der Mythos nicht durch eine identifizierbare kollektive Handlung eingefangen wird, wie bei den bereits erwähnten Aborigines, die bei den Mannbarkeitsriten die Rukutas, die Initianden, über Lieder in die Welt der Mythen einführen[24], sondern unsere Mythen üben ihren Einfluß im geheimen aus. Wir partizipieren über unsere Bezugsgruppen an Mythen, sehen uns selber jedoch als unabhängiges Individuum.

Ich selber spürte den Konflikt zwischen meinen schweizerischen mythischen Vorgaben und meiner schottischen Seite anläßlich eines Besuches in Glasgow. Mein Hotel lag etwas außerhalb des Stadtzentrums. Direkt aus Zürich eingeflogen, suchte ich herauszufinden, welche Buslinie mich ins entsprechende Quartier führt. Auf dem kleinen Plan, den ich an einer Haltestelle zu entziffern suchte, waren die Routen völlig chaotisch angeordnet, und die Fahrpläne bestanden nur aus Ausnahmen. Die Busse, die ich besteigen wollte, hielten entweder fünfzig Meter weiter unten an der Straße oder fünfzig Meter hinter mir. Ich ärgerte mich und verlangte nach vernünftiger, schriftlicher Information und sauberer graphischer Darstellung der Busrouten. Erst mit der Zeit dämmerte mir, daß ich einen *mentalen* Fehler begangen hatte. Ich versuchte mich aufgrund eines schweizerisch-deutschen Mythos zu behaupten. In mir lebte die Vorstellung, daß eine Reise planbar und berechenbar sei und vorher schriftlich entworfen werden könne. Gemäß dieser Vorstellung bewältigen wir eine Reise über Karten und Fahrpläne. Im keltischen Schottland, so mein Eindruck, wird das Problem des Reisens anders angegangen. Man orientiert sich nicht primär an Plänen und Karten, sondern das *gesprochene, persönliche Wort* ist entscheidend. Der richtige Weg wird gefunden, wenn ich mich den Menschen zuwende. Sie verraten die Richtung, und nicht die Karten. Nicht die Fahrpläne wissen Bescheid, sondern das Wissen wird mündlich weitergegeben. Hinter diesem Detail schimmert ein keltischer Mythos auf, an dem sich die Menschen in Schottland orientieren. Das gesprochene ist wichtiger als das geschriebene Wort. Ich werde an die alten Clangesetze des schottischen Hochlands erinnert, die alle nur mündlich festgehalten und weitergegeben wurden.

Unsere Mythen schimmern nicht nur durch solche Handlungen hindurch, sondern auch *diverse Objekte* unserer Zivilisation verweisen auf die Mythen, an denen wir uns orientieren. Wir gestalten unsere Städte, Dörfer, Institutionen, Schulen und unsere Arbeitsstätten nach mythischen Vorgaben. Entsprechend reagieren wir auf die mythische Botschaft, die ein solcher Ort auch ausstrahlt. Wenn ein Fahrer seinen Lastwagen sorgfältig putzt, von ihm träumt und darauf achtet, daß kein Fremder ihn mißbraucht, so dringt durch dieses Sachobjekt ebenso ein Mythos durch wie beim Fabrikarbeiter, der für eine Maschine verantwortlich ist, die keiner seiner Kollegen berühren darf. Pablo Neruda schwärmt von einem Wasserkraftwerk in Armenien. Das Wasserkraftwerk hat eine besondere Ausstrahlung. In seiner Wahrnehmung handelt es sich um einen »Tempel«. Der Fortschrittsmythos dringt durch. Er braucht bei ihm keine speziellen Zeremonien, weil er sich im Kraftwerk bereits machtvoll darstellt. Das Kraftwerk, das Neruda beschreibt, hat darum eine doppelte Bedeutung: Einerseits dient es der Produktion von elektrischer Energie, erfüllt eine wirtschaftliche Aufgabe, andererseits erzählen seine Turbinen, seine hohe Fassade und sein imposantes Dach auch von einer seelischen Funktion. Das Werk verweist auf eine Geschichte. Es ist also ein Symbol für einen Mythos, der begeistert, aufregt oder den wir bekämpfen: ein Mythos, der in unserer Zivilisation eine zentrale Stellung einnimmt.

Solche Verweise auf diesen zentralen Mythos erleben wir natürlich nicht nur im fernen Armenien: Wir lassen uns von einem neuen CD-Spieler oder einer besseren Videokamera begeistern und sind überzeugt, daß das neue Modell immense Vorteile mit sich bringt. Durch das neue Produkt hören wir den Fortschrittsmythos, er erzählt seine Geschichte durch den neuen, besseren CD-Player, das neueste Automodell oder die bessere Waschmaschine.

Der Fortschrittsglaube, aufgrund dessen wir das Gefühl haben, daß das Neue auch das *Bessere* ist, ist ein Mythos. Ein anderer zentraler Mythos ist die Vorstellung von der Reinheit oder der harmonischen Existenz, durch die man mit sich und der Umgebung völlig im Einklang lebt. Waldo Frank schrieb nach einem Besuch in einer sowjetischen Fabrik:

»Der Mechaniker ... ist ein echter sowjetischer Proletarier. Sein durch die Arbeit gezeichnetes Gesicht weist feine, edle und sensible Züge auf ... Alle Männer in der Halle arbeiten intensiv und konzentriert, lassen jedoch gleichzeitig eine vornehme Zurückhaltung bei ihrer Arbeit spüren. Sie führen die Handgriffe nicht mechanisch, bezuglos aus, wie die amerikanischen Arbeiter ... wenn der Leiter eine Gruppe arbeitender Männer anhält, um sie etwas zu fragen, dann scheinen sie aus einer fernen Welt aufzutauchen, wie Dichter, die sich plötzlich in einer prosaischen Welt finden ...«[25]

In dieser verklärenden Beschreibung des sowjetischen Industriearbeiters als Inbegriff der Reinheit erkennen wir eine Variation des Mythos vom edlen Wilden. Frank hat nicht phantasiert, sondern er erlebte diese Arbeiter *wirklich* so. In seiner Wahrnehmung drückten sich in den Gesichtszügen dieser Proletarier tatsächlich Entrücktheit und Begeisterung aus. Er schrieb nichts Falsches, auch wenn sich später herausstellte, daß viele dieser Arbeiter zwangsverpflichtet waren und unter dem stalinistischen Terror zu leiden hatten, sondern er partizipierte an einem Mythos, der sich die Fabrik und die Arbeiter zur Darstellung seiner Botschaft ausgesucht hatte. Franks mythisches Denken drückte sich über diese Objekte und Personen aus, ohne daß er sich dessen bewußt war.

Pablo Neruda wurde vom Fortschrittsmythos erfaßt, Frank lebte den Mythos der Reinheit oder des edlen Proletariers. Mythen wirkten auf sie ein und bestärkten sie in ihrer kritischen Position der westlichen Gesellschaft gegenüber. Beide lebten einen Mythos, nahmen die Welt über ihn wahr und wurden aufgrund ihrer Seelengeschichte politisch aktiv.

Wie entstehen die Mythen? Mythen konstellieren sich bei Lebensübergängen, Ängsten vor Naturgewalten, vor dem Tod, vor Krankheiten oder aus einer Ursehnsucht nach der Erlösung von unseren problematischen Seiten. Sie konstellieren sich, wenn wir mit einem wiederkehrenden Problem konfrontiert werden oder die Grenzen unseres eigenen Handelns spüren: bei Geburt, Gefahren, Krieg, Haß, Katastrophen, Krankheiten, Trennungen, jedoch auch in der Liebe und Glückserlebnissen. Die großen Mysterien unseres Seins gebären Mythen. Sind wir in unserer Existenz bedroht oder durch ein Problem stark herausgefordert, dann reagieren wir mythisch. Wir brauchen eine »muthus«[26], eine Geschichte, die uns weiterhilft. Mythen bieten sich als mächtige Stützen an, ohne die wir solche existentiellen Herausforderungen nicht bestehen könnten. Wir tauchen in den Mythos ein, wenn wir keine Antwort wissen, im Lebenskampf stehen oder von Emotionen überwältigt werden. Sie befreien uns von der Ohnmacht und den Unsicherheiten des menschlichen Seins, indem sie eine Geschichte erzählen, die uns Kraft und das Gefühl von Sinn schenkt.

»Ich finde, daß das freie Unternehmertum die einzig sinnvolle Tätigkeit ist«, erklärt ein Ökonom, nachdem er zum zweitenmal eine lukrative Stelle aufgeben mußte. Wegen

Schwierigkeiten mit dem Firmeninhaber wurde seine Situation unerträglich. Er möchte nun selber etwas aufbauen, hilft sich weiter, indem er sich einem neuen Mythos anschließt, seine Situation und sein Versagen gemäß einem neuen Mythos umdeutet.

Zentrale Handlungssysteme unseres Lebens basieren auf Mythen: Erziehung, Ernährung, Berufe, jedoch auch unser Umgang mit Tod, Krankheit oder unser Einsatz gegen die Kriminalität. Unsere Antworten auf diese lebenswichtigen Fragen wachen auf mythischem Boden.

Was in der Erziehung wirkt und wie unsere Kinder in unsere Gesellschaft eingeführt werden sollen, ist umstritten. In den sechziger und frühen siebziger Jahren orientierte man sich an der antiautoritären Pädagogik: Das Kind sollte möglichst selbständige Lernerfahrungen machen dürfen, nicht zur Anpassung gezwungen werden, und die Lehr- oder Erziehungsperson mußte zurücktreten. »Leben nach eigenen Gesetzen, das ist das Recht des Kleinkindes auf freie Entfaltung, ohne äußere Autorität in seelischen und körperlichen Dingen.«[27] Der Glaube an die Selbständigkeit des Kindes dominierte, und an den pädagogischen Fachhochschulen ließen sich die Studenten und Studentinnen für die Ideen Summerhills begeistern. Heute taucht ein anderer Mythos auf: Mit Werthaltungen haben wir den Kindern zu begegnen. Dies ermöglicht ihnen, sich in einer unübersichtlichen, pluralistischen Welt eher zurechtzufinden. Wir werden aufgrund dieses Mythos aktiv. Die Idee von der Bedeutung der Vermittlung von Werten motiviert uns heute, wenn wir uns den Kindern widmen.

Mythen sind *seelische Wirklichkeiten* und dürfen nicht mit der Realität verwechselt werden: Das leere Whisky-Glas vor mir, das Geratter eines vorbeibrausenden Zuges oder die Tatsache, daß die Donau durch Wien fließt, sind Dinge, die Anwesende bestätigen. Real sind die Informationen, die sich unseren Sinnesorganen als unwiderlegbare Tatsachen präsentieren. Die Realität ist jedoch nicht immer das, was auch auf uns wirkt. Wir registrieren eine Bauruine, ohne weiter über sie nachzudenken, oder betrachten ein Bild, ohne daß große Emotionen in uns aufsteigen. Nur wenn einer Information seelische Bedeutung verliehen wird, steigt sie auch zu einer Wirklichkeit auf. In einer Bauruine sieht ein Architekt einen untrüglichen Beweis für die Auswirkung restriktiver Baugesetze, ein Politiker für die Spekulationswut gewinnsüchtiger Unternehmer, und ein Beamter sieht sie als ein Exempel schlechter Planung. Je nach der Erzählung, auf die der Betreffende hört, offenbart sich die Welt anders. Bei den Mythen handelt es sich um seelische Gestalten, die mit der Außenwelt korrespondieren. Als gigantische kollektive Erzählungen steuern sie das Seelenleben.

»Das hier ist mein Traum. Ich pflege die Erde, aber ich beute sie nicht aus ... Dieses Stück Land ist unser Garten Eden«, meint Hans Lehr, der 1987 von Unterfranken ins Takaka-Tal nach Neuseeland ausgewandert ist. Zu Deutschland fallen ihm nur graue Ämter, mieses Wetter, lächerliches Politgezänke und frustrierte Gesichter ein.[28] Die Vorstellung, so etwas wie einen Paradies-Garten zu finden, wo er im Einklang mit der Natur leben kann, hat ihm die Kraft gegeben, sein Heimatland zu verlassen.

Große Entscheidungen treffen wir mit Hilfe der Mythen, an denen wir teilhaben. Während wir Alltagsentscheidungen in der Regel dank rationaler Überlegungen fällen, sind wir bei großen existentiellen Herausforderungen rasch überfordert. Wir brauchen zusätzliche Energien, damit die Entscheidung möglich wird. Ob wir in einem Buch lesen, einen Spaziergang unternehmen oder die Wohnung staubsaugen, läßt sich – außer wir leiden an einer neurotischen Blockade – mit Hilfe einfacher kognitiver Überlegungen entscheiden. Aber welcher Partner zu uns paßt, welchen Beruf wir wählen, ob wir ein Haus kaufen, auswandern oder eine eigene Firma gründen sollen – solche Herausforderungen können wir nicht mehr nur nach rationalen Kriterien und Denkschritten meistern. Dank der Ratio erkennen wir vielleicht die verschiedenen theoretischen Möglichkeiten, sie gibt jedoch nicht den inneren Stoß, damit wir uns für eine Variante entschließen. Das logische Denken allein bietet eine zu schwache Grundlage für große Entscheidungen. Es enthält noch nicht die notwendige Kraft. Wie Freud erwähnt hat, muß man bei großen Entscheidungen »das Unbewußte auch sprechen lassen«.[29] In meinen Worten: Wir müssen von einem Mythos erfaßt sein, damit wir das Gefühl haben, das Richtige zu tun. Unsere Seele braucht den Anschluß an das größere System, damit wir solche Probleme bewältigen. »Ich habe mich für den Beruf des Lehrers entschieden, weil die Jugend das wertvollste Gut ist, das wir haben! Den Kindern gehört die Zukunft!« lautete die Begründung eines Studenten an einer pädagogischen Fachhochschule. Er wählte diesen Beruf, obwohl Lehrerüberfluß besteht und seine Aussichten, eine Stelle zu bekommen, alles andere als rosig sind. Er folgte einem Mythos, der an das göttliche Kind, einen urchristlichen Mythos, den wir aus der Bibel kennen, erinnert. Seine scheinbare Erklärung verweist bei genauerer Betrachtung auf eine mächtige, kollektive seelische Kraft.

Die Psychologie tragen wir mit uns herum, die Mythen entfalten ihre Kräfte jenseits der persönlichen Barrieren. Wenn wir von einem Mythos ergriffen sind, dann verhalten wir uns nicht nach der eigenen Geschichte, sondern so, wie der Mythos es verlangt.[30] Der Mythos ruft uns an, entfesselt uns, so daß wir uns jenseits der persönlichen Befindlichkeit einem Thema widmen. Die Hingabe zum Mythos entpersonalisiert.

Als nächstes möchte ich drei Kategorien von Mythen vorstellen. Beginnend bei den nationalen Mythen, werden wir uns den Berufsmythen und anschließend den Mythen, die in Familien herrschen, zuwenden.

Nationale und regionale Mythen

Ich möchte die Mythen aufspüren, die sich hinter unseren Tätigkeiten, Institutionen, Ambitionen und gesellschaftlichen Werten verbergen. Es gilt die mythischen Grundlagen unseres Lebens aufzudecken. Als erstes wende ich mich den *nationalen Mythen* zu, den axiomatischen Erklärungen, an denen sich ein Volk orientiert. Nationale Mythen kontaminieren meistens mit der Geschichte, an der sich ein Volk oder eine Nation orientiert; der Geschichte, die beim betreffenden Volk Widerhall findet und spontan erzählt werden kann. Eine solche Geschichte braucht sich nicht an Fakten zu halten, sondern stillt das seelische Bedürfnis des betreffenden Volkes nach Herkunft, Abstammung, Legitimation aktueller Werte und einer gewissen Einzigartigkeit. Sie spiegelt die Mythologien, die für das betreffende Land oder Volk von Bedeutung sind. Bedrohungssituationen und existentielle Herausforderungen gebären kollektive Leitgeschichten, auf die das Volk seine Identität abstützt. Erinnerungsbilder und historische Fakten werden zu einer ganzheitlichen Gestalt geformt, damit die Volksgruppe sich als eigenständige Wirklichkeit erlebt. Die Seele des Landes entnimmt der verflossenen Zeit bedeutende Ereignisse, interpretiert oder korrigiert sie und schafft gemäß ihren archetypischen Bedürfnissen einen Mythos. Diese kollektiven Leitgeschichten widersprechen oft den Befunden der Geschichtswissenschaft, da sie primär der seelischen Orientierung dienen.

Nach dem Ersten Weltkrieg verbreitete sich in Deutschland die Meinung, die Niederlage hätte vermieden werden können, wenn die Führung nicht versagt hätte. Die Einsicht Hindenburgs und Ludendorffs im September 1918, daß der Krieg nicht zu gewinnen war, die Abdankung des Kaisers am 9. November 1918 und die Ausrufung der Republik führten zur Dolchstoßlegende. Die Niederlage wurde nicht verkraftet, und darum wurden die faktischen Ereignisse umgeschrieben. Aus dem Bedürfnis nach Größe und dem Wunsch, das eigene Überlegenheitsgefühl zu bewahren, entstand der Novembermythos: Wir hätten gewonnen, wenn wir nicht verraten worden wären. Die Entscheidung für das Leben und »gegen das Nibelungen-Finale«[31] wurde später als Schandtat betrachtet. Ein ähnlicher Mythos kursiert um die Niederlage gegen Rußland im Zweiten Weltkrieg: Militärisch hätten die Deutschen gesiegt, heißt es, wenn das Zepter in den Händen der Wehrmacht gelegen hätte, die politische Führung habe durch ihre wahnwitzigen Ideen versagt. Nach diesem Mythos hat sich die Wehrmacht auch nicht an den Greueltaten in Polen und Rußland beteiligt, diese werden der SS zugeschrieben. Obwohl die erste Aussage sehr zweifelhaft und die zweite klar widerlegt ist, entstehen solche kollektiven Leitgeschichten. Wir können den Kopf schütteln, entsetzt sein über solche Geschichtsklitterung und die vorurteilslose Darstellung der eigenen Geschichte fordern, doch besser wäre es, die seelischen Ursachen dieser gängigen Erklärungen zu studieren. Welches sind die tieferen Hintergründe solcher Darstellungen der Vergangenheit, die von vielen als felsenfeste Tatsachen hingestellt werden?

Deutschlands kollektive seelische Situation ist schwierig. Die Katastrophe des Zweiten Weltkrieges und die Verbrechen der Nationalsozialisten wiegen schwer. Wie kann Deutschland einen positiven, grandiosen Mythos entwikkeln, nachdem die nationalen Mythen des Zweiten Weltkrieges in die Katastrophe führten? Das Streben Deutschlands nach einem »Platz an der Sonne« und der Griff nach mehr Lebensraum endeten in den Abscheulichkeiten Auschwitzs und in den Nürnberger Prozessen. Betrachten wir die damaligen Mythen genauer, dann erkennen wir, daß sie eine Mischung aus *Heilserwartungen* und *Obrigkeitsglauben* darstellten. Erlösung und Größe wurden in der Pflichterfüllung gesucht. Um das Heil zu bekommen, mußte man, gemäß diesem Mythos, zu verbrecherischen Handlungen bereit sein und Leiden ertragen können. Das Land mußte das Schreckliche und Unaussprechliche ausführen, da es eine höhere Bestimmung so wollte. Die Vernichtung der Juden wurde als Heldentat betrachtet. Selber waren die Deutschen vom Gefühl getragen, der Welt eine Last abzunehmen. Dies zeigte sich auch darin, daß die Nationalsozialisten die Ermordung der Juden des Warschauer Ghettos genau aufzeichnen und filmen ließen. Sie wollten, daß die Nachwelt wußte, zu welch großartigen Abscheulichkeiten sie im Namen des Reiches fähig waren. Die Erlösung durch die Hölle wurde inszeniert. Gleichzeitig war das Führerprinzip wichtig, eine Vorstellung, an der man sich, schon bevor Adolf Hitler auf die Bühne trat, orientierte. »Das Beste auf der Welt ist ein Befehl!« schrieb Carl Schmitt bereits 1932[32] und drückte damit den Mythos aus, daß eine Nation nur durch strikte Gefolgschaft mächtig wird. »Nicht das Lebensglück zählt, sondern die Pflichterfüllung.«[33]

Die grauenhaften Leitbilder des Zweiten Weltkrieges sind verabschiedet worden. Die Mythen, an denen sich die Bevölkerung damals orientierte, tauchen jedoch heute wieder auf, wenn auch in völlig neuer Kleidung. Eigenartig waren das Interesse und die Sympathie, die anfänglich der Baader-Meinhoff-Gruppe entgegengebracht wurden. Schriftsteller wie Böll und Intellektuelle wandten sich interessiert dieser Terrorgruppe zu, der in den Medien breiter Raum zugestanden wurde. Die Vorstellung, daß der höhere Zweck Terroranschläge legitimiere, berührte einen alten nationalen Mythos, wonach im Rahmen des politischen Kampfes Gewalt »notwendig« ist.

Daß der Glaube an die Bedeutung der Obrigkeit noch sehr stark ist, fiel mir bei der Fernsehsendung eines deutschen Privatsenders auf. In einer Satire wurde eine Pressekonferenz des Bundeskanzlers im Jahre 1996 gemimt. Der Kanzler war völlig vom Volk abgeschirmt, das ihn wutentbrannt an seine Versprechungen anläßlich der Wiedervereinigung erinnerte und ihm die Schuld für die desolate Wirtschaftslage gab. Die Sendung berührte mich eigenartig. Die massive Kritik war ziemlich einseitig auf die Person des Bundeskanzlers ausgerichtet. Dieser »Führer« war schuld, daß es wirtschaftlich nicht bergauf ging. Ich spürte die Kehrseite des Obrigkeitsglaubens, nämlich eine notorische Kritiksucht an Autoritäten, durch die man sich aus der persönlichen politischen Verantwortung stehlen kann.

Jedes Land braucht einen nationalen Mythos, der die Vergangenheit ordnet und sagt, wie neue Herausforderungen bewältigt werden können. Damit Deutschland seine östlichen Bundesländer integrieren kann, seine inneren Spannungen meistert, Extremgruppierungen nicht den Ton angeben und sich das Land positiv der Zukunft stellen kann, braucht es einen *neuen Mythos*, der der Nation Kraft gibt, sich als eigenständiges Land in die Welt einzubringen. Jenseits der Heilsverbrechen[34] und des Obrigkeitsglaubens gilt es, eine gemeinsame Geschichte, ein gemeinsames Bild zu finden, das den Deutschen ermöglicht, sich als Volk zu erleben. Dieser Mythos muß auch ein Bild jenseits des »häßlichen Deutschen« entwerfen, als den sich viele Bürger der Bundesrepublik empfinden, und soll sich nicht hinter Qualitätsmerkmalen deutscher Produkte verstecken, sondern dem Land eine Geschichte schenken, ohne daß dadurch Überheblichkeit entsteht und das Dämonische überhandnimmt oder abgespalten wird.

Wenden wir uns einem anderen Land zu: Schottland. Die seelische Lage dieses Landes im Norden Großbritanniens unterscheidet sich von jener Deutschlands grundsätzlich. Anders als bei Deutschland handelt es sich nicht um eine unabhängige Nation, sondern ein Land, das mit England und Wales zu Großbritannien vereint wurde. Die Schotten selber verstehen sich jedoch als eigenständiges Volk. Diese etwas komplizierte nationale Situation führt zu speziellen Mythen, Geschichten, durch die der Autonomiewunsch und die Tatsache der Vereinigung mit England dargestellt werden. Anders als beim deutschen Novembermythos von 1918 reagieren die Schotten auf die kriegerischen Niederlagen gegen die Engländer.

1745 landete Charles Stuart, der Bonnie Prince[35], in Moidart, im Norden Schottlands, und forderte die Clanführer auf, sich dem Kampf gegen die Engländer anzuschließen. Selbstlos hatte Charlie sein Vermögen veräußert, das sorglose Leben an den Höfen Frankreichs und Italiens aufgegeben, weil ihm die Befreiung seines Heimatlandes wichtiger war. Schottland dürfe nicht von Engländern beherrscht werden, forderte er. Ein unabhängiges Schottland war das Ziel des Prinzen.[36] Sein Unternehmen endete jedoch am 16. April 1746 in einer Katastrophe. Mehr als tausend Hochländer mußten bei der Schlacht in Culloden ihr Leben lassen, die anderen wurden schmählich in die Flucht geschlagen und anschließend jahrelang verfolgt. Nach zuverlässigen historischen Quellen[37] hat der Bonnie Prince den Kampf äußerst stümperhaft organisiert, träumte von einem eigenen Reich und hat sich für die Schotten selber nicht interessiert. Schottland lag ihm nicht am Herzen, sondern war ihm Mittel zum Zweck. Nur mit großem Widerwillen arbeitete er mit den wilden, primitiven Hochländern zusammen. Der Bonnie Prince soll zudem außerordentlich häßlich gewesen sein. Diese letzte Auflehnung der Schotten gegen die englische Vorherrschaft gebar jedoch einen Mythos. Von den Lowlands bis zu den äußeren Hebriden werden heute noch die Heldentaten des Bonnie Prince Charlie besungen, und auch in vielen Geschichtsbüchern Schottlands werden sie geschildert. Schottland braucht jedoch diesen Mythos als kollektive Orientierung, damit die Schmach, keine eigene Nation zu sein, überwunden werden kann. In Bonnie Prince lebt der Autonomiewunsch der Schotten weiter.

In der kollektiven seelischen Orientierung wird von den Schotten das Hochland romantisiert. Der Mythos des Hochländers wird hochgehalten, um die nationale Identität abzustützen. Hintergründig wirkt dieser Mythos nach und ermöglicht es, für Schottisches einzustehen.

Aufgefallen ist mir dies auf einem Kongreß britischer Psychologen in York, im Norden Englands. Der Kongreß diente dem Austausch von Arbeitserfahrungen der britischen Psychologen, die in verschiedenen Institutionen arbeiteten. Die Vorträge der diversen britischen Referenten trugen gescheite Titel wie »Die Idee der sozialen Dissonanzen und therapeutische Stipulationen« oder »Die Aufgaben der sozialen Mikro-Einheiten im Bereich der Gesundheitsplanung«. Lediglich ein schottischer Psychologe betitelte sein Referat mit »Porridge«[38]. Er wählte dieses nationale Essen als Titel, weil er mehr Planungsfreiheit für die schottischen Schulpsychologen forderte. Er zitierte ein Bild des Hochlands, um seinem Anliegen Gewicht zu verleihen, obwohl er selber in der Großstadt Glasgow lebte und persönlich das Hochland nur von gelegentlichen Ausflügen kannte. Vor den vornehmen Engländern inszenierte er sich als wilder, aufbegehrender Hochländer.

Jedes Land hat seine Mythen, auf die es seine Identität stützt. In der Schweiz kennen wir den Mythos Arnold Winkelrieds, der 1386 mit den Worten »He, wend irs gniessen lan min fromme kind und frouwen, so will ich ein frevel bstan!«[39] (Sorgt für mein Kind und meine Frau, so will ich die kühne Tat bestehn) in der Schlacht bei Sempach sich in die Lanzen der Soldaten Leopolds III. geworfen haben soll. Dank seiner selbstlosen Tat gelang den Schweizern der Durchbruch, und sie konnten die Habsburger abwehren. Obwohl wahrscheinlich nie eine Person namens Arnold Winkelried existierte, wird seine Heldentat 1533 erstmals schriftlich festgehalten.[40] Sie ist »urbildlich«[41] und taucht auch bei der Schlacht bei Bicocca (1522) auf. Bei Winkelried handelt es sich nicht um eine reale Figur, sondern eine »mythische Gestalt«, von der »frei schaffenden Volksphantasie ersonnen«.[42] Die Gestalt Winkelrieds gebar der Wunsch, den Opfertaten der Ritter eine Heldenfigur entgegenzusetzen.[43] Das kollektive Unbewußte spürte diese Legende auf und erhöhte sie zu einem Mythos, so daß die nationale Identität gestärkt wurde. Winkelried wurde zum Symbol einer kollektiven Orientierung und drückte einen Wert aus, den die Nation hochhielt. Wie beim Tell-Mythos betont er, daß der einzelne Bürger in einem nationalen Kontext etwas bewirken kann. Sein Einsatz ist für das nationale Wohl wichtig. Nicht die Führer werden hervorgehoben, wie in den schottischen oder deutschen Mythen, sondern der unbekannte Bürger.

Die Mythen können sich im Laufe der Jahre wandeln oder durch neue Mythen abgelöst werden. Der Mythos Tells oder Winkelrieds ist heute verblaßt. In der Schweiz wird darüber gestritten, ob das Land 1291 oder 1815 entstanden ist, ob es eine Willensnation oder eine Gruppe selbstsüchtiger Menschen ist, die nur wegen des Profits zusammenleben. Verschiedene Mythen prallen aufeinander, Hintergrundgeschichten zu Haltungen, die sich in einer Bevölkerung konstellieren. Im Mythos des Rütlischwures von 1291 oder Winkelrieds wird das Bild einer basisdemokratischen Schweiz beschworen, die sich gegen äußere Mächte abgrenzen muß. Im Mythos einer Schweiz von 1815 dringt ein anderes Bild durch: eine europäisch geprägte, durch äußere Mächte gestaltbare Nation, die keinen Sonderstatus beansprucht. Beide Mythen sind sowohl falsch wie richtig. Es ist irrelevant, welcher Mythos aus historischer Sicht bewiesen werden kann. Entscheidend ist, welche Geschichte sich durchsetzt und als Mythos anerkannt wird.

Beide Mythen, sowohl jener von 1291 wie von 1815, sind heute in der Schweiz bemerkbar. Wie schon mein Großvater Adolf Guggenbühl-Huber (1896–1971) beschrieb, zeichnet den Schweizer eine Abneigung gegenüber Führergestalten aus.[44] Inszeniert sich jemand zu direkt als Führer, der bestimmt, wo es langgeht, so stößt er rasch auf Ablehnung. Die Bürger, wie beim Mythos Winkelrieds, bestimmen.

Ich selber erlebte diese Seite in mir anläßlich eines psychotherapeutischen Fortbildungskurses in Wiesbaden. Zwei Schweizer Kollegen und ich nahmen an einem Ausbildungskursus einer anerkannten amerikanischen Familientherapeutin teil; wir hatten großes Glück, in diesen Kurs aufgenommen zu werden, waren die Plätze doch äußerst begehrt. Die Therapeutin galt als Koryphäe auf ihrem Gebiet, und ihr Programm war entsprechend intensiv. Am Ende des zweiten Morgens bedeutete sie den Kursteilnehmern, daß man nur eine Stunde Mittagspause machen dürfe, da sie früh zur Eisenbahn müsse und ihr Programm durchziehen möchte. Beim Mittagessen merkten wir, daß eine Stunde zu kurz war: Wir beschlossen zu dritt, erst um halb zwei zu erscheinen, und waren überzeugt, daß die anderen Teilnehmer eine ähnliche Entscheidung treffen würden. Unter den 60 Kursteilnehmern waren wir jedoch die einzigen, die zu spät erschienen. Die anderen hatten widerspruchslos die allzu kurze Mittagspause hingenommen und nicht gewagt, den Zorn dieser berühmten Amerikanerin auf sich zu ziehen.

Die Weltoffenheit der Schweizer zeigt sich in ihrer enormen Sprachbeflissenheit und ihrer Bereitschaft, schweizerische Eigenarten zu kritisieren. »Typisch schweizerisch« heißt soviel wie ungelenk, bieder, während in England »how very unbritish« primitiv, unzivilisiert bedeutet. Diese Herabwürdigung eigener Charakterzüge setzt Energien frei für die Aufnahme der Eigenarten anderer Nationen.

Die Geschichte der Vereinigten Staaten begann früher mit den ersten Einwanderern. Die Indianer, die den Kontinent schon lange vorher bevölkerten, wurden kaum erwähnt. Weder ihre Religion noch ihre genaue Lebensweise wurden von der Masse der Bevölkerung reflektiert. Die Geschichte begann mit der Mayflower, die von Plymouth in ein Land aufbrach, wo ein Leben in Freiheit und Gerechtigkeit möglich wäre. Das kleine Häuflein wagemutiger Engländer bildete den Kern des amerikanischen Mythos. Er wurde angereichert durch Bilder von harten, tief religiösen Menschen, die bereit waren, mit ihrer Familie in die Wildnis zu ziehen und ihr Schicksal selbst in die Hand zu nehmen. Dieser Mythos bildete die Grundlage der amerikanischen Nation. In den letzten zehn bis zwanzig Jahren wurde diese Erzählung umgeschrieben. Die Vereinigten Staaten entstanden in heutiger Sicht nicht nur dank des Geistes der Immigranten der Mayflower, sondern auch durch das Mitwirken der Sklaven aus Ostafrika und in Auseinandersetzung mit der indianischen Urbevölkerung. Die Indianer und Schwarzen wurden in die Geschichte aufgenommen. In der Geschichte der Vereinigten Staaten treten nicht mehr nur die tapferen Weißen auf, sondern andere Ethnien erhalten den ihnen gebührenden Platz. Dieses Land identifiziert sich nicht mehr nur einseitig mit dem Mythos der Pilgrim Fathers, sondern entwickelt einen multikulturellen Mythos. Durch das Anerkennen der Urbevölkerung und der anderen Ethnien drückt sich ein verändertes Selbstverständnis aus.

Sowohl Prince Charlie, die Pilgrim Fathers wie auch Winkelried und Wilhelm Tell sind mythische Gestalten, an denen sich die jeweiligen Nationen orientieren. Figuren, die Emotionen auslösen, aufregen, ärgern oder von denen man sich bewußt distanziert. Meistens ist die persönliche Stellungnahme einer mythischen Gestalt gegenüber unerheblich. Ob wir für oder gegen Wilhelm Tell, Jean d'Arc oder die sentimentalen Lieder auf Bonnie Prince Charlie sind, ist unwichtig; entscheidend ist, ob die betreffende Figur vom Volk weiterhin als mythische Gestalt erinnert und akzeptiert wird.

Unsere Identifikation mit Mythen geschieht auf verschiedenen Ebenen. Neben den nationalen gibt es die regionalen und lokalen Mythen, an denen wir partizipieren. Die Basken oder Katalonen in Spanien, die Bretonen oder Korsen in Frankreich, die Südtiroler oder Langobarden in Italien, die Berner oder Walliser in der Schweiz haben alle eine eigene Geschichte, eigene Traditionen, eine eigene Sprache oder einen eigenen Dialekt. Sie verstehen sich als selbständige Körperschaften, die sich von anderen unterscheiden. Ein Mythos beseelt die Gegend und Lebensweisen und drückt sich nicht nur folkloristisch aus, sondern belebt auch die politischen Institutionen.[45] In allen diesen Regionen existieren spezielle Mythen, die die Bevölkerung als Grundlage ihrer Identität betrachtet.

Als Zürcher, der in Bern arbeitet, werde ich immer wieder mit den spezifisch bernischen Mythen konfrontiert. So ist mir aufgefallen, daß ich in der Bundeshauptstadt anders argumentieren muß, wenn ich mein Gegenüber überzeugen will. Während in Zürich erwartet wird, daß man die eigenen Argumente mit einem Schuß Aggression sogleich auf den Tisch legt, ist dies in Bern ungehörig. Zuerst muß das Gegenüber begrüßt werden. Dies geschieht durch ein Gespräch über Belanglosigkeiten oder bei einer gemeinsamen Tasse Kaffee. Bevor man zur Sache kommt, muß genügend Zeit eingeräumt werden, damit man das Gegenüber kennenlernt. Woher kommt er oder sie? Welcher Familie entstammt er oder sie? Wessen Vertrauen genießt er oder sie? Die Sachargumente stehen zu Beginn einer Verhandlung im Hintergrund, da man zuerst wissen will, wen man vor sich hat. Die soziale Position und die Herkunft spielen dabei eine Rolle. In diesem kleinen Detail dringt der aristokratischere Hintergrund durch, der Bern im Gegensatz zu Zürich, das von industriellen Mythen geprägt wird, auszeichnet.

Für Außenstehende sind solche regionalen Mythen meistens nicht ersichtlich. Sie offenbaren sich erst bei entsprechenden Herausforderungen. Im einleitenden Beispiel reagierte der Innerschweizer aus einem regionalen Mythos heraus. Seine Orientierung zeigte sich mir erst, als wir über die kommende Abstimmung sprachen. Um sich für oder gegen den Beitritt zur EG zu entscheiden, stützte er sich auf seinen lokalen Mythos. Dieser diente ihm zur Orientierung bei einem Entscheid, der zu bedeutend war, um rational gefällt zu werden.

Berufsmythen

Als nächstes möchte ich mich den Mythen der verschiedenen Berufsgruppen zuwenden. Etliche Berufe oder Kategorien von Berufen legitimieren sich mythisch. Sie partizipieren durch ihre Tätigkeiten an einer seelischen Wirklichkeit, über die die entsprechenden Herausforderungen und Aufgaben angegangen werden. Ärzte partizipieren durch ihre Tätigkeit in Kliniken am »Mythos des Krankenhauses«[46] mit einer speziellen »Liturgie«: Bei der Arztvisite müssen weiße Kittel angezogen und lateinische Vokabeln benützt werden, als erster Schritt gegen den Dämon Krankheit. Lehrer schreiben Noten und sprechen vom tiefen Bildungsstand, der nur dank großer Anstrengungen ihrerseits behoben werden könne, und Angestellte der Bank markieren durch eine makellose Kleidung und entpersonalisiertes Auftreten, daß sie sich als Diener des Kunden verstehen und auf keinen Fall persönlichen Phantasien oder Ideen über das Geld folgen werden. Solche Äußerlichkeiten oder Handlungen können Hinweise auf die Mythen sein, an denen die Berufsgruppe teilnimmt. Damit eine Berufsgruppe oder eine Firma Sicherheit und Kompetenz ausstrahlt und Handlungssicherheit gewinnt, muß sie neben technischen Kompetenzen über ein Ensemble von Überzeugungen verfügen. Sie braucht diesen seelischen Urgrund, um Energie und das Gefühl von Sicherheit zu bekommen. Meist werden bestimmte Berufsgruppen von einem Mythos getragen:

»In der Szene habe ich schon viel mehr echte, menschliche Begegnungen erlebt als irgendwo in unserer Gesellschaft, dort, bei allem Elend, herrscht noch Kameradschaft und gegenseitige Hilfe« – so die Meinungsäußerung eines Sozialarbeiters auf einer Versammlung von in der Drogenszene arbeitenden sozial Tätigen, die heftigen Applaus bekam.

Diese Bemerkung verweist auf einen Mythos, an dem diese Berufsgruppe partizipiert. Die Behauptung, daß in der Gosse noch »echte Kameradschaft« herrscht, wird sicherlich von vielen Außenstehenden bestritten. Sie ist jedoch nicht falsch, sondern verweist auf den Mythos, von dem diese Berufsgruppe lebt. Wenn sie im Elend Wertvolles erkennt, Randfiguren unserer Gesellschaft Bedeutung gibt, sie als Träger göttlicher Botschaften betrachtet, dann orientiert sie sich unbewußt an dem Gleichnis vom reichen Mann und vom armen Lazarus[47]. Der Sozialarbeiter zitiert die kollektiven Erklärungs- und Begründungsgeschichten, durch die diese Berufsgruppe ihre Herausforderung seelisch bewältigt. Dieser Mythos färbt die Wahrnehmung, das Denken und das Handeln der Mitglieder. Der Applaus zeigt, daß in dieser Berufsgruppe nur diejenigen Erklärungen überzeugen, die in diesen Mythos passen.

Solche gemeinsamen Wahrheiten werden nicht durch Abstimmungen ermittelt oder über Diskussionen gefunden, sondern sie *konstellieren* sich. Damit ist gemeint, daß *unbewußte Prozesse* einem Mythos zum Durchbruch verhelfen. Diese kollektiven seelischen Mechanismen entziehen sich unserer direkten Beeinflussung. Solche seelischen Prozesse ereignen sich in Auseinandersetzung mit dem Zeitgeist, ohne daß der einzelne sie steuern kann. Ein neuer Mythos kann darum auch nicht durch einen einzelnen Menschen bewußt eingeleitet werden. Die Gruppe lebt im Mythos, um so die Kraft zu haben, eine existentielle Herausforderung zu meistern. Die Sozialarbeiter richten sich nach dem romantischen Mythos von der göttlichen Botschaft der Ausgestoßenen, damit sie die triste Realität ihrer täglichen Arbeit ertragen können. Früher orientierten sie sich an dem Mythos der verlorenen Kinder, denen der gutmütige Vater oder die umsorgende Mutter ein Heim gab.

Auffallend ist die seelische Bedeutung der Bahn. Vor allem Männer sind oft von der Eisenbahn fasziniert, studieren Fahrpläne, wollen die verschiedenen Lokomotivtypen kennen und geraten in Ekstase, wenn sie endlich das langersehnte »Krokodil« (eine starke Lokomotive der Schweizerischen Bundesbahnen), den »Roten Pfeil« oder den »Pendolino« erleben dürfen. Die Berufsgruppe der Eisenbahner wird durch einen bestimmten Mythos getragen. Sie lebt von dem Bild, daß das Chaos auf der Welt und die ungestümen Triebkräfte in uns und um uns durch die Technik und eine gute Planung bezwungen werden können. Die Eisenbahner leben im Mythos des Naturbezwingers, des Helden, der durch seinen Einsatz der Natur seinen Willen aufzwingt und die Gesetze der Zivilisation einführt. Dem Chaos wird durch ein geregeltes System beigekommen. Der Weg ist planbar, vorbestimmt und die Zeiten festgelegt. Nichts wird dem Zufall überlassen, sondern die Kontakte sind voraussehbar. Zentrale Ereignisse in der Vorstellung der Eisenbahner sind perfekte Abfahrten und gemeisterte Stoßzeiten – »fünf Extrazüge mußten bei Ferienbeginn eingesetzt werden«. Sabotagen oder Naturkatastrophen regen die Phantasie der Eisenbahner zusätzlich an. Wenn das gigantische Regelsystem in Gefahr ist, werden über den Mythos neue Kräfte mobilisiert. Unter Angestellten der Bahn wird mit einer spürbaren Faszination von Beinahekatastrophen, Brückenüberschwemmungen, außergewöhnlichen Stürmen oder Fahrleitungsunterbrechungen erzählt. Solche Ereignisse beleben die Eisenbahner. Der Mythos des Kampfes mit der unberechenbaren Natur muß immer wieder zelebriert werden.

Wenn wir behaupten, daß die Eisenbahner von Katastrophen leben, dann sprechen wir von der Wirklichkeit, die Eisenbahner bei ihrer Arbeit erleben. Bahnangestellte werden in ihrer Arbeit auch von der Vorstellung motiviert, daß sie für die Verbindung verschiedenster Regionen verantwortlich sind. Siedlungen, durch die Landschaft voneinander getrennt, werden zusammengebracht. Diese Passagier- und Materialbewegungen werden dank der Schienen und der Organisation bewältigt. Die Schienen symbolisieren einen Weg, der schon vorher bekannt ist, einen Blick in die Zukunft.

Der Mythos, von dem die Eisenbahn lebt, ist eine Mischung aus Hermes und Hephaistos. Hermes, dieser quicklebendige, schillernde, schlaue Gott des Reisens und der Grenzüberschreitungen, verbündet sich mit dem praktisch begabten Gott der Schmiedekunst. Dank seiner Erfindungen dienen Naturkräfte dem Menschen. Beide Archetypen stellen sich im Mythos der Eisenbahner dar. Die Bewegungen der ungeheuren Massen und Passagiere sind nur möglich aufgrund der raffinierten Technik.[48]

Jede lebendige Berufsgruppe hat ihren Mythos. Sie lebt von einer Geschichte, die die Tätigkeit begründet. Die Berufsgruppe der Lehrer und Lehrerinnen lebt zum Teil vom Mythos des göttlichen Kindes.[49] Mancher Lehrer oder Erzieher sieht in den Kindern die Träger der Hoffnungen auf eine bessere Welt. Das Kind wird unbewußt als »Retter der Welt«[50] betrachtet. Dieses Kind muß beschützt werden vor den verderblichen Einflüssen unserer Zivilisation. Wir Erwachsenen sind schon verdorben, darum können wir von den Kindern nur lernen. »Selbst wie das Kind zu werden, ist die erste Voraussetzung, um Kinder zu erziehen.«[51] Lehrer oder Erzieher, die sich diesem Mythos anschließen, hoffen unbewußt, über das Kind die Gesellschaft zu erneuern, oder hören bei den Kindern Botschaften von tiefer Bedeutung. Ein Lehrerkollege äußerte mir gegenüber mit leuchtenden

Augen: »Stell dir vor, was mir ein Kind heute gesagt hat, es meinte, als zwei Knaben in einen Streit verwickelt waren und davon nicht loslassen konnten: ›Wenn wir die Probleme unter uns nicht lösen, wie können wir dann die Probleme anderer Menschen lösen?‹« Vom Mythos des göttlichen Kindes wurde schon Rousseau beseelt. Die Ursprünglichkeit des Kindes zu bewahren war sein Ziel, da die Zivilisation die Kinder verderbe.[52] Die Pädagogen Neil[53], Mallet[54] oder die Psychologin Miller[55] argumentieren ebenfalls kraft dieses Mythos.

Identifiziert sich ein Lehrer oder Erzieher ausschließlich mit dem Mythos des göttlichen Kindes, so hat er das Gefühl, immer zuwenig Stunden für sein Fach zu haben, sieht überall verderbliche Einflüsse und möchte den Kindern ein spezielles Territorium auf der Welt reservieren. Oft glaubt er auch, daß er der einzige ist, der »seine« Kinder wirklich versteht. Bei Gewalttätigkeiten oder Disziplinlosigkeiten der Kinder wird die Schuld dann oft einseitig auf das Verhalten der Eltern oder den Einfluß der Medien geschoben, das Kind bleibt unbefleckt.[56]

Familienmythen

Auch Familien leben in Mythen. Eine genauere Betrachtung der Werte und Ziele einer Familie fördert oft Geschichten zutage, die als Legitimation der eigenen Haltung dienen, unhinterfragte Wahrheiten, die alle Familienmitglieder teilen. Familienmythen drehen sich oft um bestimmte Epochen der Familiengeschichte: retrospektiv goldene oder schwierige Zeiten, an die sich alle zurückerinnern und die den Familienmitgliedern das Gefühl einer eigenen Identität vermitteln. Der Mythos kann die Familienmitglieder zu besonderen Leistungen anspornen – man will es den Ahnen nachmachen – oder aber zu bewußter Distanzierung führen. Er enthält Energie, die die Mitglieder herausfordert zu reagieren. Eine Kollegin erzählte mir: »In meiner Abstammungsfamilie hält man den Wert körperlicher Arbeit hoch. Den ganzen Tag an einem Schreibtisch zu sitzen gilt nicht als anständige Arbeit. Meine Familie glaubte zu wissen, was arbeiten heißt. Die Großmutter verlor mit acht Jahren ihren Vater durch einen Baumschlag und mußte mit der Mutter zusammen für ihre vier Geschwister sorgen. Dank eisernem Willen, großem Einsatz und tiefer Gottesgläubigkeit war es ihr möglich, diese entbehrungsreiche Zeit gut zu überstehen. Sie war eine Frau, die wußte, daß nur Ausdauer und harte Arbeit hilft, Not zu ertragen.« Das Leben dieser Frau wurde von der Familie mythologisiert. Ihr Mythos schwebte über der Familie und erinnerte immer wieder daran, daß das Leben schwierig und mühsam ist, daß man es dank der richtigen Haltung aber meistert.

Vielfach haftet solchen Familienmythen auch etwas Wundersames an. Sie künden von Heldentaten von früher und den großartigen Leistungen der Ahnen: »Onkel Albert emigrierte nach Amerika, kaufte sich einen alten Volkswagen und fuhr von Osten nach Westen. Schließlich erreichte er Kalifornien. Dort gründete er eine Artischockenfarm und wurde zum Millionär.«

Die andere Seite solch großartiger Familienmythen ist, daß Scheitern eher möglich wird. Die Geschichten stützen Axiome ab, die meist nicht reflektiert werden, sondern als selbstverständliche Begründung der familiären Position herhalten müssen. Vor einer glorreichen Ahnengalerie verblassen jedoch oft die eigenen Tätigkeiten: Was bedeutet es schon, Hochbauzeichner zu sein, wenn der Großvater Bundesrat oder die Tante eine bekannte Schriftstellerin war?

Im Gegensatz zur Psychologie einer Familie überträgt sich die Kraft von Familienmythen auch auf Außenstehende. Mythen sind unpersönlich, daher können auch Fremde teilnehmen. Sie spüren die Faszination der vergangenen Taten, identifizieren sich mit dem Ensemble von Überzeugungen, werden von der Kraft des Mythos angesteckt oder grenzen sich von vergangenen Epochen und den axiomatischen Erklärungen einer Familie ab. Außenstehende können Erfolgen der fremden Ahnen nachstreben und ihre Lebenshaltung auf den entsprechenden Mythos stützen.

Als bekannter Publizist und Schriftsteller setzte sich mein Großvater dezidiert für bestimmte politische Positionen und Lebenshaltungen ein. Seine Ansichten und Taten haben sich zu einem Familienmythos verdichtet, der auch im Roman »Alles in Allem« Willy Guggenheims beschrieben wird. Etliche Außenstehende eiferten unbewußt diesem Mann nach, dachten wie mein Großvater oder schwärmen noch heute von der »besonderen Zeit«, als die Familie Guggenbühl-Huber einen Kreis von Künstlern und Schriftstellern am Mythos der Familie teilhaben ließ.[57]

Familienmythen entstehen vor dem Hintergrund eines erweiterten Verständnisses der Familie. Nicht nur die Kernfamilie gehört zusammen, sondern auch die Großeltern und näheren Verwandten sind seelisch miteinander verbunden. Gemäß dieser Vorstellung bilden sie eine Einheit, auch wenn der Kontakt zwischen den Familienmitgliedern spärlich bleibt. Die Verwandten und die Ahnen bilden das seelische Umfeld, aus dem ein Mythos entstehen kann. Dieser dringt oft bei Familienanlässen oder Festlichkeiten durch oder verrät sich in den Tätigkeiten der Familienmitglieder. Wenn die Mitglieder einer Familie vom Gesundheitsmythos beseelt sind, werden sie entweder Arzt, Krankenpfleger oder eröffnen einen Reformladen, während eine andere Familie sich vielleicht eher an einem sozialen Mythos orientiert, so daß etliche Familienmitglieder den Pfarrberuf wählen, als Psychologe praktizieren oder Sozialarbeiter werden.

Ich mache die Erfahrung, daß viele Paare und Eltern versuchen, dieser mythischen Bedeutung der Familie aus dem

Weg zu gehen. Eine Hochzeit wird nicht als mythisches, öffentliches Ereignis verstanden, sondern als psychologisches, persönliches Erlebnis aufgefaßt. Den unliebsamen Verwandten möchte man nicht zuviel Raum geben. Entsprechend langweilig und fad werden die Zeremonien. Statt die Spannungen, die Kräftefelder und die Werte zu erleben, die durch die Konfrontation der verschiedenen Familienmythen auftauchen, will man sich bei einem privaten Essen freuen, daß Hans Bärbel gefunden hat.

In Immigrantenfamilien vermischen sich oft die Familienmythen mit den nationalen Mythen der Heimat. Wenn diese Mythen nicht auch in der Außenwelt präsent sind, leben sie innerhalb der Familie weiter. Die fremde, aus der Perspektive der Familie mythisch unbeseelte Umgebung verhindert, daß die nationalen oder regionalen Mythen in der Öffentlichkeit plaziert werden können. Oft haben diese Mythen wenig gemeinsam mit den Mythen, die im Heimatland aktuell sind, sondern es handelt sich um Reminiszenzen oder Zerrbilder früherer Mythen.

»In meinem Heimatland wird Gastfreundschaft großgeschrieben. Kommt ein Fremder in mein Heimatdorf, so begegnen ihm die Bewohner freundlich, hilfsbereit, und er wird sogleich zu einem Essen eingeladen.« Bericht einer Türkin, die seit über fünfzehn Jahren in der Schweiz lebt. Was sie nicht realisierte, war, daß in ihrem Dorf inzwischen die Medien Einzug gehalten haben und die Dorfbewohner sich heute wenig um Fremde kümmern, sondern ihr Bedürfnis nach Neuem durch amerikanische Spielfilme im Fernsehen stillen.

Ich möchte nochmals kurz den Unterschied zwischen Psychologie und Mythologie rekapitulieren. Unter einem Mythos verstehe ich eine axiomatische Erklärungsgeschichte, mit der eine Grunderfahrung oder eine existentielle Herausforderung gemeistert wird. Wir stützen unsere Überzeugungen auf solche Axiome. Ein Mythos ist eine Geschichte, die kraft ihrer Bilder und Symbole in unserer Seele Widerhall findet. Durch den Mythos erschließen sich uns neue seelische Kräfte. Ein Mythos ist nicht das Produkt der individuellen Psychologie, sondern er konstelliert sich autonom, dank kollektiven seelischen Prozessen. Mythen sind darum keine privaten Erzählungen, sondern kollektive Seelengeschichten. Sie werden durch die archetypischen Kräfte der Seele erschaffen, die wir in der Tiefe des Unbewußten vermuten. Mythen beseelen die Außenbereiche unseres Lebens, das Nicht-Private. Sie bilden den Kitt einer Nation oder Region, eines Betriebes, einer Berufsgruppe oder einer Großfamilie. Der entsprechende Mythos verleiht den Mitgliedern der Gruppe Energie – mythische Substanz –, so daß sie in ihren Tätigkeiten einen Sinn sehen. Der Mythos ersetzt nicht das bewußte Denken und empirische Beobachtungen, sondern er verleiht unseren rationalen Schlußfolgerungen Energie, macht Entscheidungen und Konfrontationen möglich. Logische Überlegungen, durch die ein Problem gemeistert werden soll, haben nur Konsequenzen, wenn sie in einen Mythos eingebettet werden können, denn nur für Mythen sind wir bereit zu kämpfen.

Die Distanz zu einem eigenen Mythos ist schwierig, da er uns beherrscht und nicht wir ihn. Wir werden durch ihn beseelt, tauchen in ihn ein, so daß wir uns und die Umgebung durch die Brille des Mythos sehen. Wir erleben die Mythen als Wirklichkeiten im Außenbereich des Lebens, nicht als Projektionen, sondern als *autonome Kräfte*, die sich nicht auf die Individualpsychologie reduzieren lassen. Während aus der Sicht der Psychologie die Außenwelt erst durch den einzelnen Menschen Bedeutung erlangt, lehnt der mythologische Standpunkt diesen egozentrischen Standpunkt ab. Wir geben der Welt nicht nur von innen heraus Bedeutung, sondern das Außen ist eine eigenständige Wirklichkeit. Wir kolonialisieren die Außenwelt durch unsere persönlichen psychologischen Komplexe, wenn wir glauben, daß ein Objekt nur durch unsere Bedeutungszuschreibung wichtig wird. Beim Mythos sprechen wir von einer *Identität zwischen Subjekt und Objekt*. Nicht der Mensch verlegt einen inneren seelischen Inhalt nach außen, sondern das Objekt korrespondiert mit einer inneren, archetypischen Bereitschaft. Ein Mythos erscheint in der entsprechenden Umgebung, dem entsprechenden Ritual oder der existentiellen Herausforderung. Es sind eigenständige Kräfte, die sich in der Außenwelt oder in der Gruppe offenbaren und uns einladen, an ihnen teilzuhaben. Wir können uns auch *ohne persönlichen Bezug* einem Mythos hingeben: Beim Besuch eines Museums über die Arbeiterbewegung oder der Lektüre eines Buches, wie jenem von Ralph Glasser über die Gorbals, ein Arbeiterquartier in Glasgow[58], ergreift uns vielleicht der Mythos der Arbeiterbewegung, auch wenn wir selber keinen proletarischen Hintergrund haben. Wir glauben zu spüren, was die Arbeit für jene Leute bedeutete, und leiden mit, wenn sie von Kapitalisten ausgebeutet werden. Wir können von diesem Mythos erfaßt werden, auch wenn wir einen gutbürgerlichen Hintergrund haben, so wie der amerikanische Intellektuelle Waldo Frank bei seinem Besuch in der UdSSR vom Mythos der Proletarier ergriffen wurde.

Mythische Schauplätze

Mythen wirken über Schauplätze auf uns ein: die Temenoi. Darunter verstand man in der Antike heilige Bezirke. »Es handelt sich also um einen ausgegrenzten, umfriedeten und geweihten Ort, an dem eine Gottheit gegenwärtig ist. Allgemeiner aber ist jede Stelle ein Temenos, wo ein Gott wohnt. Das kann eine Quelle sein, eine Grotte, ein Berg, ein Hain, eine Wiese … Selbst Haus und Besitz, sofern sie mit mythischer Substanz besetzt sind, können solche heiligen Orte sein.«[59] Temena sind Territorien, wo die Kraft der Götter spürbar ist. Eine Gegend, wo Apollon, Aphrodite oder Poseidon nachwirkt. Ein Temenos ist einem Gott geweiht. Dieser wählt ihn aus, um dort zu erscheinen und seine Kraft zu entfalten. In diesen heiligen Bezirken herrschen die Rituale und Symbole, die den Gott kennzeichnen. Ein Gott wiederum symbolisiert eine Arché: ein Urmuster menschlichen Verhaltens. An einem Temenos partizipiert man an der numinosen Ausstrahlung eines Gottes oder eines Archetyps. Wir erschaudern, erschrecken, sind fasziniert, erfreut oder fürchten uns. Temenoi zeigen die transzendente Qualität der Archetypen, die so versuchen, auf den Menschen Einfluß zu nehmen. An diesen »heiligen« Orten überträgt sich mythische Substanz. Wir werden eingeladen, am jeweiligen Mythos teilzunehmen.

Über die mythischen Schauplätze treten wir mit den Göttern in Kontakt. Die Griechen plazierten das Wirken von Zeus, Hera und den anderen Göttern auf den Olymp, in der Bibel tritt Moses auf dem Berg Sinai mit Gott in Kontakt. Die heiligen Orte, wo der jeweilige Mythos durchdringt, können jedoch auch von Menschenhand gestaltet und errichtet worden sein. Die Azteken bauten in Tenochtitlan zwei riesige Pyramiden. Sie widmeten sie Tlaloc, dem Gott des Regens. Vor der Pyramide wurde ein künstlicher Wald gepflanzt, in dessen Mitte ein besonderer Baum stand. Einmal jährlich wurde in einer Zeremonie dieser Baum gefällt und ein achtjähriges Mädchen geopfert.[60] Dieses grausame Ritual diente dem Gott, der für den Regen verantwortlich war. Gemäß ihrem Mythos mußten die Menschen etwas für die Fruchtbarkeit tun, jemanden opfern, damit die Ernte gut wurde und sie dem irdischen Paradies näher kamen.

Jede Menschengruppe errichtet ihren Mythen Tempel oder reserviert ihnen Zonen, so daß sie sich seelisch erneuern kann und sich durch die entsprechenden Rituale etwas von der Kraft des Mythos überträgt. Wahrscheinlich diente

Stonehenge, das megalithische Monument in England, das ca. 3500 vor Christus erbaut wurde, ebenso einem Mythos wie der Tempelkomplex Tarxien in Malta (ca. 3000 vor Christus erbaut), die Externsteine im Teutoburger Wald oder der konische Hügel bei Glastonbury, England. Nach der Christianisierung wurden im Mittelalter Pilgerorte und Kathedralen zu mythischen Schauplätzen: Santiago de Compostela in Spanien oder Chartres in Nordfrankreich. Später errichteten sich auch die kleinsten Dorfgemeinden eine Kirche, durch die Gott geehrt wurde. Diese Kirchenräume sind mythische Schauplätze, die Dorfbewohner wurden eingeladen, an den großen christlichen Mythen teilzunehmen, an die die Fresken erinnerten. Heute noch sind in Europa in vielen Dörfern die Kirchen die größten und hervorstechendsten Gebäude. Sie symbolisieren die christlichen Mythen, die Grundlage des Lebens der Gemeinde sein sollen. In Bittprozessionen durchquert die ganze Gemeinde das Dorf in Zweierkolonnen und betet um gute Ernte und gutes Wetter. Wie die Azteken versuchen solche Gemeinden heute noch, durch den christlichen Mythos eine existentielle Herausforderung zu meistern.

Wir kennen keine den Mythen geweihten Hügel wie den Ayers Rock bei den Aborigines oder Tempelstädte wie Palenque bei den Maya Mittelamerikas. Auch hat sich bei uns die Bedeutung der Kirchen als mythische Schauplätze verringert. Das Gemeindeleben spielt sich selten in den Kirchen selber ab, die Kirchen haben sich entvölkert. Die Bedeutung der mythischen Schauplätze ist bei uns jedoch nicht geringer, sie haben sich nur verlagert: Sie verschmelzen mit *prominenten Objekten unserer Zivilisation*. Wir wollen weiterhin von mythischer Substanz besetzt werden, und unsere Seele sucht die Spannung und Herausforderung der Mythen. Durch scheinbar profane Objekte dringt die Faszination der Mythen durch: Werke der Architektur, der Technik oder Kultur enthalten mythische Substanz, auch wenn wir nur an ihre funktionelle Bedeutung glauben. Pablo Neruda schwärmt vom armenischen Wasserkraftwerk, weil er in ihm einen Mythos vorfindet, an dem er sich orientiert. Mythischen Schauplätzen begegnen wir in Krankenhäusern, Flugplätzen, Bahnhöfen, Sporthallen, Einkaufszentren, Fernsehanstalten oder Restaurants. Sie enthalten eine Doppelbedeutung: Einerseits erfüllen sie eine bestimmte, rationale Funktion, andererseits können wir durch sie an einem Mythos, der unsere Zivilisation prägt, teilhaben.

Das Wasser klatschte mächtig über den Bug, dumpf hallte der Aufschlag des Bootes auf der sturmgepeitschten See wider, und gebannt blickten wir auf die riesigen Wellen, die sich immer wieder vor uns auftürmten. Als junger Mann faszinierten mich Frachtschiffe, Passagierschiffe, Kreuzer und Flugzeugträger. Auf einer zweitägigen Seereise zu den Shetland-Inseln im Norden Schottlands hatte ich das Glück, einen Nordseesturm erleben zu dürfen. Alle Luken des Frachtschiffes wurden abgeschottet und lose Gegenstände angebunden in Erwartung der Wellen, die sich über das Boot ergießen würden. Während des Sturmes blickte ich aus dem oberen Fenster, sah das Wasser hinunterrinnen, hörte das Krachen des Bootes und das Tosen des Meeres. Sicher hatte ich Angst, doch ich genoß diese Fahrt als den erhabensten Moment meiner damaligen Reise. Ich war beseelt.

Das Boot stellte für mich das Symbol eines Mythos dar, der für mich bedeutsam war. Durch die Bootsfahrt partizipierte ich an einem mythischen Schauplatz. Unsere Zivilisation kennt viele solcher Objekte und Tätigkeiten, durch die wir an unseren Mythen teilhaben können. Die Handlungen, die mit dem entsprechenden Objekt, der entsprechenden Institution oder der jeweiligen Dienstleistung verbunden sind, erfüllen einen vorgeschriebenen Zweck, zelebrieren aber auch oft rituelle Handlungen an einem Mythos, der ihnen zugrunde liegt. Oberflächlich gesehen, geht es beim Boot um den Transport von Menschen und Gütern über eine Wasseroberfläche, mythologisch betrachtet hat ein Boot auch eine seelische Bedeutung. Dies gilt für viele unserer Tätigkeiten. Beobachtet man zum Beispiel das Verhalten der Broker im Börsenring, so geht es nicht nur um Kaufen und Verkaufen, Angebot und Nachfrage, sondern alle partizipieren an einem Mythos. Das Schreien im Ring zeugt vom göttlichen Funken, der die Makler erfaßt hat. Gewinn bedeutet mehr Energie, Leben und Bedeutung. Der Mythos Erfolg hat sich konstelliert.

Auch Geld hat eine mythische Qualität. Wir werden belebt, verärgert oder deprimiert durch die Veränderung auf unserem Bankkonto, entwickeln Phantasien von Glück und Macht bei der Vorstellung von Reichtum. »Durch Geld ist alles machbar«, »alles hat seinen Preis« glauben die einen, »Reichtum allein macht noch nicht glücklich«, betonen andere. Der diskrete Umgangston und die konservative Kleidung der Bankangestellten teilt mit, daß sie nicht der mythischen Ausstrahlung des Geldes erliegen werden. Durch Zahlen, Statistiken, graphische Darstellungen und Berechnungen wird vorgegeben, daß das Geld ein felsenfester Wert sei, etwas, das man völlig im Griff habe. Geld entzieht sich uns jedoch immer wieder, ist schillernd, verändert seine Größe und kann Zaubereien bewirken. In Banken spürt man den Respekt vor der unfaßbaren Qualität des Geldes durch die imposanten Bankgebäude, die Computer, die Hierarchien, genau festgelegte Abläufe und Transferregeln. Der quicklebendigen, Hermes-artigen Qualität des Geldes muß etwas entgegengesetzt werden. Die Flüchtigkeit des Geldes ist unheimlich. Geld kann zu viel bewirken, als daß man es freilassen dürfte. Banken werden vom Mythos des Zaubertranks getragen, einem magischen Geist, von dem man nicht genau weiß, was er anstellen wird. Angestellte einer Bank sind in einem gewissen Sinn Magier, die sich strengen Gesetzen unterordnen müssen, damit der Geist, den sie zu beherrschen suchen, kein Unheil anrichtet. Banken sind Temena, Tempel, durch die die merkuriale Qualität des Geldes nutzbar gemacht werden soll.

Mythische Schauplätze sind unpersönlich. Jeder ist eingeladen, sich durch den jeweiligen Mythos ansprechen zu lassen. Um Börsenmakler zu werden, braucht es keine bestimmte persönliche Psychologie, sondern der entsprechende mythische Schauplatz spricht uns an oder läßt uns kühl. Unabhängig von unserer Herkunft, Rasse oder Schicht können wir an Mythen partizipieren, da es sich bei den Mythen um Kräfte handelt, die von außen auf uns einwirken. Das Außen konstituiert eine innere, archetypische Disposition. Das äußere Objekt, der mythische Schauplatz strahlt auf uns ein und verbindet sich mit einer inneren Möglichkeit. Wir nehmen am Mythos teil, ohne entsprechende Vorbildung oder persönliche Geschichte: Auch ein Bauernsohn kann vom Mythos der Banken oder eine Kaufmannstochter vom Mythos der Welterlösung durch die Mission beseelt werden.

Oft zeigt sich die Hingabe an einen Mythos in einer speziellen Leidenschaft. Der Temenos verbirgt sich hinter einer Passion. Ein Beispiel sind die Monsterforscher Schottlands. Zwischen Fort Augustus und Dochgarroch bei Inverness erstreckt sich ein langgezogener See, das Loch Ness. In den Tiefen dieses dunklen, meist kalten Wassers soll ein prähistorisches Untier herumschwimmen: das Loch-Ness-Monster. Dieses schwer identifizierbare Wesen wurde von der lokalen Bevölkerung etliche Male gesichtet – was den neugierigen Touristen selten mitgeteilt wird, da sich diese über solche Berichte lustig machen. Leider wurde das Loch-Ness-Monster nur selten fotografiert oder gefilmt. Immer wieder fühlen sich jedoch Männer dazu aufgerufen, dem Geheimnis dieses Monsters nachzugehen. Sie harren monatelang allein in einem Wohnwagen oder Schäferhaus aus und starren auf die Seeoberfläche, immer in der Hoffnung, das Mysterium zu entschlüsseln. Unter großen persönlichen Opfern – der Monster-Jäger Steve Feltham verkaufte dazu sein Haus und gab seinen Beruf auf – wird nach Nessie geforscht. Das Engagement ist total. Diese Männer partizipieren an einem Mythos, so wie es auch ein passionierter Banker, ein begeisterter Pilot oder ein motivierter Arzt tut. Das Loch Ness ist ein *mythischer Schauplatz*, der die Forscher beseelt. Diese Männer leben nicht einfach eine romantische Heldenphantasie aus, sondern leben den Mythos des Drachenfinders oder -töters. Sie suchen nach der Unterwelt, in der chthonische Wesen hausen. Sie werden vom Mythos beseelt, gemäß dem es mehr auf der Welt gibt, als sich zeigt. Die Welt hat unheimliche Gebiete, in die nur mit Hilfe von Mut, Kraft, viel Geduld und Kampfgeist eingedrungen werden kann. Ohne das Loch-Ness-Monster, ohne Beseelung durch diesen Mythos, würden diese Männer kaum monatelang in der Öde verharren.

Die Monsterforscher folgen einem Archetyp, so wie es der leidenschaftliche Arzt oder der begeisterte Geschäftsmann tut. Diese Urmuster menschlichen Verhaltens und Erlebens liegen als Dispositionen in der Tiefe der menschlichen Seele. Archetypisches Verhalten erkennen wir sowohl in der Psychologie wie auch in der Mythologie. Diese Grunddispositionen des menschlichen Verhaltens äußern sich jedoch verschiedenartig: Während sie sich im psychischen Bereich über die persönliche Geschichte und über individuelle Symbole und Bilder manifestieren, drücken sie sich im mythischen Bereich über das Kollektiv und die mythischen Schauplätze aus. Lebt jemand einen Mythos, so wird er durch die versteckten mythischen Kräfte, die sich am entsprechenden mythischen Schauplatz ausdrücken, angesprochen: Der Bibliothekar, der stundenlang hinter seinem Pult sitzt, Überstunden leistet und mit Hingabe die neuen Bücher registriert, wird ebenso von einem Mythos erfaßt wie der Kanalarbeiter, der mit Sonden die Abwassersysteme durchforscht. Beide partizipieren durch ihre Tätigkeit an einem Mythos. Sowohl die Arbeit des Kanalarbeiters wie jene des Bibliothekars können wir vom psychologischen Standpunkt aus wie auch aus mythologischer Sicht verstehen.

Am Seminar, an dem ich unterrichte, bereitete die Besetzung der Bibliothekarstelle große Mühe. Zweimal verließ eine frischangestellte Bibliothekarin die Stelle nach ein paar Monaten: Der Kontakt zu den Studenten und Studentinnen sei zu spärlich, die Einbettung ins Lehrerteam mangelhaft und die Arbeit eintönig. Schließlich wurde ein Bibliothekar angestellt. Im Gegensatz zu seinen Vorgängerinnen entwikkelte er große Begeisterung für seine Arbeit: Stundenlang dachte er sich neue Registraturmöglichkeiten aus, sinnierte über die richtigen Stichworte zum Einordnen der Bücher und machte sich Pläne für eine bessere Aufstellung der Bücher. Er verstand seine Arbeit nicht psychologisch, sondern sie wurde zu einem mythischen Schauplatz: Er erlebte sich als Diener und Partizipant des menschlichen Geistes.

Ein mythischer Temenos kann sich auch in einem Hobby verstecken. Oft sind diese ziemlich ausgefallen. Es gibt Männer, die lassen sich von Uniformen und Gradunterschieden der verschiedenen Armeen begeistern. Stundenlang studieren sie in ihrer Freizeit die entsprechenden Bücher, legen Sammlungen mit Bildern der verschiedenen Gradabzeichen an und tauschen bei Clubtreffen ihr Wissen aus. Dieses ausgefallene Hobby mag man ablehnen oder gar pathologisieren, doch es entspricht einem genuinen Interesse. Die Intensität und Freude an diesem Hobby verrät den Temenos, einen mythischen Schauplatz. Diese Männer werden innerlich berührt. Vielleicht partizipieren sie in ihrer Phantasie an weltumspannenden Männergruppen, spüren die Armeen und bringen sich durch die Grade in ihrer Vorstellung in diese hinein. Für andere kann sich in der Faszination für Länderkunde, der Kenntnis aller Inseln auf der Erde, der Automarken oder Flugzeugtypen ein Mythos erschließen.

Das brennende Interesse kann eine Brücke zu einem Mythos sein, der in unserer Zivilisation aktuell ist.

Im Gegensatz zur mythischen Perspektive versteht die Psychologie den Menschen aus sich selber heraus, glaubt ihn aufgrund seiner Hauptbezugspersonen, seines sozialen Umfeldes und der persönlichen Lebensgeschichte zu erfassen. Das Individuum steht im Zentrum. Die Psychologie beendet den mythischen Kontext. Ihr Fokus richtet sich auf das Persönliche; das mythische Umfeld, in das ein Mensch hineingeboren wird und an dem er teilnimmt, interessiert sie selten. Die Psychologie hat keinen Sinn für die kollektiven Seelenkräfte. Die Beziehungen zwischen den Menschen sind ihr wichtig, mythische Partizipationen führt sie auf das Persönliche zurück.

Wir können den Charakter, das Verhalten und die Tätigkeiten eines Menschen aber sowohl vom Standpunkt der Psychologie wie aus mythischer Perspektive betrachten. Je nach Fokus zeigt sich uns ein anderer Teil der Persönlichkeit. Eine mythische Betrachtung des Menschen schließt eine psychologische Analyse nicht aus, denn im Alltag vermischt sich oft das Mythische mit dem Psychologischen. Ein Mann liest die Zeitung, weil er sich so der Hausarbeit entziehen will und weil er den Kontakt zu den Mythen seiner Zivilisation sucht, die in den Medien zelebriert werden. Eine Depression kann durch eine Trennung von den Mythen, das Gefühl, keine Herausforderungen im Leben zu haben, oder aber durch ein Beziehungstrauma verursacht sein. Das Unbewußte spricht zu uns über unsere Psyche wie auch über die Mythen. Während die Psyche sich uns über Ereignisse in unserem privaten Lebensbereich zeigt, erleben wir die kollektiven Seelenkräfte an mythischen Schauplätzen.

Denken wir nochmals an den Innerschweizer zurück, von dem ich am Anfang dieses Kapitels schrieb. Er hatte sich bei der Abstimmung über den Beitritt zum europäischen Wirtschaftsraum zu einem Nein entschlossen. Mit seinem Entscheid partizipierte er an einem Mythos seiner Region. Er identifizierte das Abstimmungsthema mit dem Mythos, der sich in verschiedenen Geschichten seiner Gegend spiegelt: Widerstand als eine Möglichkeit, sich Respekt bei den Oberen zu verschaffen. Dieser Innerschweizer ist innerlich diesem Mythos, der sich bei politischen Versammlungen, in der Geschichte, der Architektur und in Tausenden von Gesprächen darstellte, treu geblieben. Das gleiche Verhalten sieht aus psychologischer Perspektive anders aus: Eine Vaterproblematik, persönliche Ohnmachtsgefühle, Lebensängste oder eine Selbstwertproblematik könnten als Ursachen ins Auge stechen.

Seelische Kernereignisse

Wir spüren sowohl das Mythische wie auch das Psychische als Dimension des Lebens. Die Bedeutung der Psychologie respektive der Mythologie variiert je nach Persönlichkeit. Seelische Kernereignisse geben uns Aufschluß darüber, ob wir uns eher an der Psychologie oder an der Mythologie orientieren. Unter seelischen Kernereignissen verstehe ich Erlebnisse oder Begegnungen, durch die wir in der Tiefe unserer Seele berührt werden und denen wir nachträglich eine große Bedeutung zuschreiben. Ereignisse, die unsere seelische Ausrichtung beeinflussen, unsere Lebenshaltung und unsere Ziele prägen. Seelische Kernereignisse gibt es sowohl in der Psychologie wie auch der Mythologie. Wir können durch einen Mythos ergriffen werden oder sind psychisch betroffen. Im psychologischen Bereich handelt es sich oft um bedeutsame Erlebnisse innerhalb der eigenen Biographie:

»Ich kann mich genau erinnern, wie mein Vater mir als vierzehnjährigem Mädchen gewaltsam die Haare abschnitt.

Es gab einen fürchterlichen Kampf. Ich schrie, zappelte und wehrte mich. Mein Vater war jedoch unnachgiebig. Mit tatkräftiger Hilfe meiner Mutter wurden meine langen, dunklen Haare, auf die ich mächtig stolz war, brutal vom Kopf entfernt. Für meine Eltern waren lange Haare unzüchtig und führten zu einem lockeren Lebenswandel. Dieses Erlebnis ist mir nachgegangen. Es ist für mich ein wichtiges Bild, das meine Beziehung zu meinen Eltern ausdrückt. Während mein Vater meine Autonomiebestrebungen fürchtete, erblickte meine Mutter in mir eine Rivalin, die man bekämpfen mußte.« So der Bericht einer 32jährigen Frau.

Ob sich dieser Vorfall wirklich so abgespielt hat oder nachträglich dramatisiert wird, ist sekundär. Für diese Frau ist dieses Kindheitsereignis ein Schlüsselerlebnis, durch das ihr vieles über sich selber und ihre Eltern klar wurde. Der Vorfall spiegelt für sie ihre Kindheit wider. Die Gewalttätigkeit des Vaters und die Komplizenschaft der Mutter sind wichtige Faktoren ihrer persönlichen Geschichte. Die Erinnerung drückt jedoch auch den großen Selbständigkeitsdrang dieser Frau aus, einer Frau, die sich gegen Vaterfiguren durchsetzen möchte. Weiter spiegelt sich in dieser Erinnerung auch das starke, moralisierende Über-Ich dieser Frau, eine innere Instanz, die ihre spinnigen und erotischen Seiten bekämpft. Das Erinnerungsbild steht somit auch für einen inneren Kampf, in dem sich diese Frau wieder befindet. Die selbständige, autonome Frau mit einer guten Beziehung zum Unbewußten und gut entwickelter Erotik kämpft mit einer strengen Vernunft, die Anpassung fordert. Bei der Haarschneideszene handelt es sich um ein psychologisches Kernereignis, einen Vorfall im Rahmen des persönlichen Lebensbereiches und Beziehungsfeldes. Die Eltern treten auf, und die Kindheit dient als Austragungsort. Die Tatsache, daß die Frau diesen Vorfall als Kernereignis auswählt, könnte ein Hinweis darauf sein, daß sie sich in ihrem Leben an der Psychologie orientiert.

Mythische Kernereignisse haben eine andere Qualität. Im Gegensatz zu den psychischen Kernereignissen treten sie nicht im persönlichen Lebensbereich auf, sondern im Außenbereich des Lebens: den mythischen Schauplätzen. In solchen Territorien, Gesellschaften oder an solchen Objekten erleben wir, wie eine Kraft uns erfaßt, wie ein Mythos uns von außen ergreift. Solche Kernereignisse erleben wir als umwerfend, faszinierend, schrecklich oder heilig. Sie fordern heraus und stellen uns eine Aufgabe. Die mythischen Schauplätze finden sich jenseits der persönlichen Seelenlandschaft, in den Tempeln unserer Zivilisation.

Im Rahmen einer Veranstaltung an der Universität hatte ich zusammen mit meinen Kommilitonen eine heilpädagogische Schule zu besuchen. Ein Heilpädagoge präsentierte seine Arbeit. Er klopfte für eine Schar behinderter Kinder Rhythmen auf den Boden. Ich erblickte ein taubblindes Mädchen, das beide Hände platt auf den Boden legte. Als es den Rhythmus spürte, begann es plötzlich zu strahlen und im Kreis zu tanzen. Dieses Erlebnis hat mich zutiefst gerührt. Es bewog mich unter anderem, den Beruf eines Kinderpsychologen zu ergreifen.

Im Gegensatz zur Haarschneideszene der 32jährigen Frau spielen in diesem Kernereignis das persönliche Lebensumfeld, die aktuellen Bezugspersonen und die persönlichen Wünsche und Motivationen keine Rolle. Das Ereignis stellte sich ein, obwohl ich persönlich keinen Bezug zur Heilpädagogik und zu taubstummen Kindern hatte.

»Während des Krieges, als ich achtzehn Jahre alt war, hörte man immer wieder von den Greueltaten im Dritten Reiche. Ich erfuhr, daß Hitler die Juden systematisch ausrotten wollte. Ich fühlte mich ohnmächtig und wütend, da ich nichts für dieses arme Volk tun konnte. Schließlich entschloß ich mich, Hebräisch zu lernen, so würde wenigstens durch mich die Sprache dieses Volkes überleben.« Erinnerung meines Vaters.

Mythische Kernereignisse stellen sich oft bei politisch wichtigen Geschehnissen, sozialen Eruptionen ein. Der 68er Aufstand haftet bei vielen im Gedächtnis. Der Generalstreik in Frankreich, Rudi Dutschke, die Anti-Vietnam-Demonstrationen und der universitäre Protest sind Marksteine der Vergangenheit einer Generation. Es ist müßig, darüber zu streiten, ob sich durch die 68er Ereignisse wirklich viel verändert hat, Tatsache ist, daß dieses Jahr zur Grundlage eines Mythos wurde, an dem sich Hunderte von Menschen orientieren. Der Backstein auf dem Pult sollte demonstrieren, daß die Herkunft nicht vergessen wurde. Ein mythisches Kernereignis, an dem Millionen partizipierten, obwohl viele damals nicht gleich merkten, daß sie ein außergewöhnliches Jahr miterlebten. Heute dringt in den Vorstellungen über die Studentenrevolte, Hyde Park oder Haig Ashbury in San Francisco der Mythos einer besseren, durch die Jugend beseelten Zeit durch. Der Mythos der 68er drückt sich in der Musik und den Bildern dieser Zeit aus, die als Temena sorgfältig in der Erinnerung bewahrt und hochstilisiert werden. Die Temena, durch die dieser Mythos ausstrahlte, umfaßten basisdemokratische Versammlungen, Protestmärsche, Musikstücke, politische Manifeste und die ersten Rockfestivals. Typisch ist der New Yorker Immobilienhändler, der unter Glas sein ungebrauchtes Billett für das Woodstock-Konzert ausstellt. Er erzählt jedem Besucher stolz, wie er damals über den Zaun gestiegen sei, um die Who, Arlo Guthrie, Crosby, Stills, Nash & Young, John Sebastian, Richie Havens, Jimi Hendrix, Joan Baez, Janis Joplin, the Grateful Dead und Joe Cocker zu erleben. In seiner Erinnerung ist dieses Konzert ein Kernereignis, durch das er an den Mythos seiner Zeit und Generation angeschlossen wurde. »Woodstock war ... die verwirrende, chaotische Gründung von etwas Neuem, von etwas, mit dem unsere Welt nun umzugehen lernen mußte.«[61] Durch solche Bilder werden auch spätere Generationen in den 68er Mythos eingeführt und profitieren von seiner Kraft. »Mich erreichte die frohe Woodstock-Botschaft 1978. Ich war damals ein widerspenstiger, vierzehnjähriger Rockmusikenthusiast. Flower-Power-Musik-Platten, auf Rockmusik-Geschichte spezialisierte Sendungen des Südwestfunks und Teenagerpostillen verankerten den Begriff Woodstock mitsamt einer diffusen Utopie in meinem pubertierenden Gefühlshaushalt. Die Saga von freundlicher Kollektivität, von Hippie-Lifestyle, langen Haaren und die Aussicht auf eine friedliche, bessere Welt ergriffen von mir Besitz ... Woodstock steht für eine kulturelle und mentale Dynamik, welche die westliche Gesellschaft in einem Ausmaß umgepflügt hat, das zu Beginn der Sechziger undenkbar gewesen ist.«[62]

Ein weiteres Beispiel: Ein dreißigjähriger, suchtgefährdeter Mann berichtet von einem überwältigenden Erlebnis, das ihn bei einer politischen Versammlung ergriffen hat: »Seit einigen Jahren litt ich immer wieder an Phasen, in denen ich völlig absackte. Ich verlor die innere Orientierung, nahm Drogen und wußte nichts mit meinem Leben anzufangen. Als der Golfkrieg ausbrach, beteiligte ich mich an einer Demonstration. Ich hörte einen Dienstverweigerer, der gegen das Vorgehen des Westens sprach. Ich spürte etwas: Diese Auseinandersetzung war gewaltig. Unheimliche Kräfte waren im Vorderen Orient entfesselt. Die Frage, wie man gegen einen solchen machthungrigen Diktator vorgehen konnte, ohne zu Gewalt zu greifen, ließ mich nicht mehr los. Ich war geheilt.«

Dieser Mann partizipierte an einer mythischen, kollektiven Herausforderung, die sein individuelles Schicksal in den Hintergrund treten ließ. Der Golfkrieg wirkte bei ihm als Kernereignis.

Mythische Temena sind, im Gegensatz zu jenen in der Psychologie, mit einer Herausforderung und Konfrontation verbunden. Beim 68er Mythos ist es die Vorstellung, sich gegen die Gesellschaft, den Vietnam-Krieg und das Establishment aufzulehnen. Da Mythen sich bei existentiellen Herausforderungen der Menschen bilden, erleben wir Kernereignisse, wenn etwas verlangt wird, wir bedroht werden oder bei Extremerlebnissen: politischen Umwälzungen, Katastrophen, aber auch Gipfelerlebnissen, extremen Sportarten, Bungee-Jumping oder der Fahrt mit dem Schlitten durch Alaska. Durch solche Erlebnisse oder Bilder drückt sich der jeweilige Mythos aus – oder umgekehrt: Er sucht sich das Bild oder Erlebnis, um den Menschen einzuladen, an ihm zu partizipieren.

Mythische Kernereignisse konzentrierten sich früher auf Erlebnisse in Kirchen oder im Zusammenhang mit der Religion. In einer Kirche, einem Gottesdienst oder beim Studium der Bibel offenbarte sich unter Umständen die Kraft der christlichen Mythen. Eine äußere, transzendente Macht ergriff die Gläubigen und ließ sie die Welt anders sehen. Sie wurden während einer Liturgie, durch die Predigt, durch die Erhabenheit des Chores, die Heiligenbilder oder christliche Symbole angesprochen und spürten eine Kraft im Kirchenraum. Sie partizipierten an einem mythischen Temenos. Die Menschen wurden dadurch in der Tiefe ihrer Seele berührt, auch ohne persönlichen Bezug.

Natürlich kann ich mich an Kirche und Religion auch aus persönlichen Motiven wenden. Es sind dann weniger die Mythen, die ich suche, sondern Trost und Besinnung. Die Kirche wird dann zu einem Gefäß der persönlichen Religiosität. Sie wird so zu einer Domäne der Psychologie umfunktioniert oder zu einem Projektionsträger für psychologische Anliegen. Ihre mythische Ausstrahlung hat sie dabei für den Betreffenden verloren.

Ob wir uns mehr an unserer psychologischen Seite oder an den Mythen orientieren, wird durch die Kernereignisse beeinflußt. Über sie werde ich entweder der Psychologie oder der Mythologie zugeführt. Beides kann eine Basis der Persönlichkeit bilden. Die Kernereignisse der entsprechenden Temenoi sind die Schaltstellen, durch die sich zeigt, ob ich mich von einem Mythos erfassen lasse oder mich an meiner Psyche orientiere.

Mythen, die Seelensprache der Männer

Die Seelensprache der Männer ist die Mythologie. Sie lassen sich eher von Mythen ansprechen als Frauen. Sie spüren schon als Kind die mythische Kraft, die von den entsprechenden Temenoi ausgeht. Ihrem Wesen entsprechend wollen sie sich über die Mythen verwirklichen, während für Frauen die Psychologie die Lebensbasis bildet.

Männer werden beseelt von einer »potenza spirituale«[63], die sich durch die Dinge auf sie überträgt. Sie erleben ihre Seele im öffentlichen Leben, bei einem Sachthema oder einer antizipierten Bewegung. Wenn sie sich der Arbeit widmen, wegen der Politik aufregen oder für einen Sport ereifern, so begegnen sie der Faszination, dem Schrecken und der Kraft eines Mythos, der sich im betreffenden Thema darstellt. Die existentielle Herausforderung, die das entsprechende Arbeits- oder Tätigkeitsgebiet zu bewältigen versucht, hat einen kollektiven Mythos produziert. Ein seelisches Bild präsentiert sich, das den Mann auffordert, teilzunehmen.

Hinter den verschiedenen traditionellen Tätigkeitsfeldern des Mannes verbergen sich Mythen. Beim Militär geht es nicht nur um die Möglichkeit, mit kriegerischen Geräten zu hantieren, sondern über das Militärwesen spüren Männer den Mythos von Gut und Böse.[64] Gemäß den Bildern der griechischen Mythologie begegnen sie Ares, dem Kriegsgott, der versucht, das Böse, das die Gemeinschaft bedroht, abzuwehren, jedoch auch Freude an Gewalt entwickelt. Wenn Männer sich stundenlang ihrem Geschäft, der Firma widmen, sich über Marktregelungen aufregen, so partizipieren sie am Mythos des Hermes, dem Gott des Handels. Die Transaktionen faszinieren sie ebenso wie die Vorstellung, sie vom Telefon oder Computer aus zu dirigieren. Es ist nicht immer nur das Streben nach persönlicher Bereicherung, das Männer motiviert, ihre Energien für Wirtschaft und Handel einzusetzen, sondern der jeweilige Mythos verleiht auch Kraft. Die Sachthemen und sozialen Bewegungen sind mythisch besetzt. Ob Politik, Wirtschaft, Handel, Bildung, Forschung, Militär oder Technik, ein geistiges Konstrukt bietet sich an, über das der Mann mit einem Mythos in Verbindung treten kann. Der Mythos dient der Rechtfertigung der jeweiligen Handlung.[65]

3. KAPITEL

Banden, Gewalt und Sehnsüchte

Warum die moderne Pädagogik bei Jungen scheitert

Die ganze Straße sprach von dem Luftgewehr, das mir ein Freund vor seiner Abreise ins Ausland überlassen hatte. Ich war stolz und ein Held in meiner Bande. Jahre später hatte ich beim Militär trotzdem große Hemmungen beim Schießen. Was bedeutete mein damaliges Interesse? Die Begeisterung für die Feuerwehr, für Autos, Flugzeuge und das Engagement für die Bande, das ich mit meinen Kameraden teilte, weist auf eine männliche Urfaszination hin. Jungen bringen sich anders in die Welt ein als Mädchen. Sie sind lärmender, gewalttätiger, wilder, expansiver, äußerlich unangepaßter und suchen den Kontakt zu den Symbolen unserer Zivilisation. In diesem Kapitel werden die seelischen Hintergründe dieses Verhaltens beleuchtet. Es wird darauf hingewiesen, daß der Junge während seiner Kindheit Anschluß an die großen Mythen unserer Zeit sucht und dabei etliche Hindernisse und Ängste überwinden muß. Die Forderung der Pädagogik, daß Mädchen und Jungen gleich behandelt werden sollen, führt zu einer Vernachlässigung dieser männlichen Bedürfnisse nach Auseinandersetzung, Spannung und Teilhabe an den existentiellen Herausforderungen unserer Zeit.

Ich bin im Gespräch mit einer Mutter. Sie wirkt jung, ist emanzipiert und eine Angehörige der Generation, die ihre Kinder nicht nach tradierten Rollenklischees erzieht: »Mein Sohn und meine Tochter erhielten dieselben Spielsachen, und wir waren stets bestrebt, beiden gleich viel Aufmerksamkeit zu schenken. Mein Mann und ich teilen uns die Hausarbeit und die Erziehung. Für uns ist die Vorstellung, daß ein Knabe nicht weinen darf, tapfer sein muß und sich mehr für Technik interessieren soll, überholt. Aber was macht unser Sohn jetzt mit vier Jahren? Er schwärmt von allem, was Räder hat, ist begeistert von Kriegsspielen und will im Gegensatz zu unserer Tochter überall hinaufklettern. Die Spielzeugautos entlehnt er aus Nachbarwohnungen, und als Gewehre dienen ihm Holzstöcke.«

Solche und ähnliche Äußerungen kommen mir immer wieder zu Ohren. Mütter und Väter erleben, wie ihre Kinder geschlechtsspezifische Verhaltensweisen entwickeln, obwohl sie selber in der Erziehung andere Schwerpunkte setzten.[1] Typische männliche Verhaltensmuster tauchen auf: Expansionsdrang, Suche nach Herausforderungen, Freude an Kämpfen, Interesse an Technik, Autonomiebestrebungen und Interesse an Objekten.

Gemäß dem Credo der Sozialwissenschaften ist der größte Teil des männlichen Verhaltens anerzogen. Die organischen Geschlechtsunterschiede seien nicht von »innerer psychischer Bedeutung für das Kind«.[2] Das typisch männliche Verhalten soll Resultat der Rollenerwartungen sein, denen die Jungen in unserer Gesellschaft nachleben müssen.[3] Männliche und weibliche Eigenschaften werden auf soziale Konditionierung zurückgeführt. Den Jungen und Mädchen würden Eigenschaften anerzogen, die sie von Natur aus nicht hätten. Das spontane Verhalten der Kinder werde je nach Geschlechtszugehörigkeit bewertet. Die Beeinflussung erfolge subtil und ohne daß wir uns dessen bewußt seien.[4] Hintergründig übten die Geschlechtsstereotypien trotzdem ihren Einfluß aus, würde man obiger Frau entgegnen, und sie machten aus den Knaben typische Buben und aus den Mädchen kleine Fräuleins. Diese Auffassung der kindlichen Entwicklung führt zur Forderung, daß Kinder diesem gesellschaftlichen Rollenzwang nicht ausgesetzt werden dürfen, sondern geschlechtsneutral aufwachsen sollen. Wir müssen verhindern, daß die Kinder sich an den Rollenklischees, die ihnen im Fernsehen, in Filmen und der Werbung vorgelebt werden, orientieren. Kinderbücher wurden darum von sexistischen Aussagen gesäubert und Knaben oder Mädchen vorbehaltener Unterricht an den Schulen abgeschafft. Eine ganze Generation von Eltern, Lehrern und Lehrerinnen bemüht sich, Jungen davon zu überzeugen, daß sie auch weinen und mit Puppen spielen dürfen, aber nicht herumballern sollen.

Das Fazit ist jedoch niederschmetternd. Trotz der erzieherischen Anstrengungen und der neutralen Einstellung persistieren bei den meisten Jungen männliche Verhaltensweisen. Knaben sind immer noch manifest aggressiver in den Schulen[5], neigen zu gefährlicheren Tätigkeiten, haben mehr Unfälle und bevorzugen problemorientiertere Tätigkeiten. Auch wenn sich Knaben mit geschlechtsneutralem oder sogenanntem Mädchenspielzeug beschäftigen, ihr Spiel entwickelt sich anders.[6] »Gibt man Mädchen Puppen, dann neigen sie dazu, diese zu bemuttern, Jungen ... werden diese wahrscheinlich zu Sturzkampfbombern oder Superhelden umfunktionieren.«[7] Der Handarbeitsunterricht mußte verändert werden, seitdem er auch für die Knaben geöffnet wurde. An einigen Schulen wird aufgrund des Drängens der Mädchen-Eltern die traditionelle Geschlechtertrennung wieder eingeführt.[8] Alles nur angelernt? Haben wir versagt? Haben wir Pädagogen und Psychologen einem romantischen Bild der Gleichheit der Geschlechter nachgelebt?

Geschlechtsneutrales Aufwachsen ist eine Fiktion. Eine Idee, die sich aus der Forderung nach der Gleichberechtigung der Geschlechter ableitet. Im erzieherischen Alltag ist der Gedanke der Gleichheit jedoch absurd. Zwischen Jungen und Mädchen bestehen *deutliche Unterschiede,* sowohl im Entwicklungsverlauf, im Spielverhalten, im Beziehungsverhalten[9], der Ethik[10] wie auch im Selbstverständnis. Die Idee der Gleichheit ist wichtig, damit sowohl Mädchen wie Knaben die Möglichkeit haben, sich atypischen Interessen zuzuwenden: das Mädchen, das Konflikte durchkämpft, sich für Computer und Mathematik interessiert, oder der Knabe, der am liebsten zu Hause näht oder kocht. Fraglich wird die Idee der Gleichbehandlung jedoch, wenn das Männliche und das Weibliche, das sich an den Kindern manifestiert, nicht mehr berücksichtigt wird. Wenn Jungen und Mädchen kein Erfahrungsraum zugestanden wird, wo sie sich als typische Jungen oder Mädchen erleben. Wenn der Knabe wegen des Gleichheitsdogmas nicht männliche Interessen und Eigenschaften zelebrieren darf. Ich betrachte es als wichtig, daß auch die weiblichen oder männlichen Qualitäten der Kinder gefördert werden. Wenn das typisch Männliche oder Weibliche jedoch übersehen oder als Resultat falscher Einflüsse pathologisiert wird, dann sind wir zu weit gegangen. Kindheit und Erziehung werden zum Schauplatz eines ideologischen Kampfes.

Um Männern ihre Freiheit, Mann zu sein, wiederzugeben, müssen wir auch die Themen und Herausforderungen betrachten, die für die Heranbildung männlicher Identität wichtig sind. Ich möchte darum auf die Erfahrungsräume hinweisen, in denen sich die Unterschiede zwischen Männern und Frauen und die andersartigen seelischen Orientierungen zeigen. Jungen haben eine andere Kindheit als Mädchen, sie verhalten sich anders und bringen sich auf andere Art und Weise in die Welt ein. Diese Eigenheiten der Knaben begründen das Wesen des Mannes und lassen sich nicht als Resultat einer falschen Erziehung, von Rollenerwartungen oder gesellschaftlichen Stereotypien wegerklären.

Wenn wir auf das Gleichheitsideal fixiert bleiben, die unterschiedlichen Wesenszüge ignorieren oder abwerten, so besteht die Gefahr, daß die erzieherische Realität uns einholt. Die Postulate der Pädagogik werden zu schöngeistigen Sprüchen, während Mütter, Väter, Lehrer, Lehrerinnen, Erzieher und Erzieherinnen sich selbst überlassen bleiben. Der Versuch, eine männliche Entwicklungslinie zu beschreiben und sie gegenüber weiblichen Eigenarten abzugrenzen, bedeutet nicht, daß für neue Normen plädiert wird, denen sich die Knaben fügen müssen. Es gibt natürlich auch Knaben, die eine weibliche Ethik entwickeln, oder Mädchen, die sich männlich in die Welt einbringen. Geschlechtsstereotype dürfen den Kindern nicht als Norm aufgedrängt werden und die Basis der Erziehung bilden. Wenn ich für eine Beachtung der männlichen Bedürfnisse in der Kindheit plädiere, dann bedeutet das auch nicht, daß ich die Rückkehr zu einer einseitigen Entwicklung des Kindes fordere oder die männliche Entwicklung als besser betrachte. Ich möchte nur auf die Wesensunterschiede hinweisen, die jenseits der kulturspezifischen Muster persistieren und die Grundlage des männlichen Selbstverständnisses bilden.

Bevor wir in die Welt der Jungen einsteigen, möchte ich auf einige mögliche Gegenargumente antworten. Die Tatsache, daß die Bemühungen emanzipierter Eltern nichts fruchten, beweist natürlich nichts. Die Rollenklischees könnten so tief in uns verankert sein, daß wir uns *unbewußt* nach ihnen richten. Willentlich können wir uns gar nicht von diesen Stereotypien aus vorfeministischer Zeit befreien. Die Eltern täuschen sich, wenn sie glauben, ihre Kinder gleich zu behandeln. Tausende kleine, unbedachte Signale werden dem Sohn und der Tochter gegeben, um ihnen zu bedeuten, wie sie sich verhalten müssen. Gleichbehandlung bleibt eine leere Floskel, so der Einwand, wenn der Vater instinktiv mit seinem Sohn die wilderen Spiele treibt, mit Verlegenheit reagiert, wenn der Sohn weint, und die Mutter mit der Tochter mehr über ihre Gefühle spricht. Heutige Eltern glauben zwar, dem Ziel der Geschlechtsneutralität nachzuleben, in Wirklichkeit sind sie den in ihrem Unbewußten verankerten Rollenvorstellungen ausgeliefert. Sie tragen Bilder über männliches und weibliches Verhalten in sich herum. Söhne werden von den Müttern als Gegenpole erlebt, Töchter als natürliche Fortsetzung ihrer selbst.[11] Die Rollenvorstellungen sind in uns. Gemäß dieser Argumentation wird es Generationen dauern, bis wir uns von diesen Mechanismen gelöst haben. Tausende von Jahren Patriarchat haben sich in uns verfestigt und sind nicht so leicht abzuschütteln. Wir tragen die Menschheitsgeschichte in uns und können uns darum nicht einfach von den Erfahrungen unserer Vorfahren trennen.

Gemäß dieser Argumentation müssen wir intensiv an uns arbeiten, uns innerlich verändern, damit Gleichheit in der Erziehung Realität wird. Den »kleinen Knaben muß der kalte Wind um die Nase blasen«[12], damit sie endlich lernen, Mädchen nicht zu dominieren. Eisern gilt es dieses Ziel anzustreben, bis alle Einflüsse, die geschlechtsspezifisches Verhalten erzeugen, ausgeschaltet sind.

Wenn so argumentiert wird, dann droht die Gefahr, daß Kinder dem Gleichheitsmythos geopfert werden. Die Pädagogik sollte jedoch ihre Grundsätze in Auseinandersetzung mit der Lebenswirklichkeit formulieren und weder Eltern noch Kindern utopische Vorstellungen aufzwingen. Zudem stellt sich die grundsätzliche Frage, ob ein gleicher Entwicklungsverlauf zur Einlösung der Forderung nach der Gleichberechtigung der Geschlechter überhaupt notwendig ist. *Gibt es nicht auch eine Gleichberechtigung, die die Verschiedenheit der Geschlechter zuläßt?* Eine Emanzipation der Geschlechter muß möglich sein, ohne daß das Wesen des Mannes umgestülpt wird und wir krampfhaft versuchen, den Knaben ihr gewalttätigeres, expansiveres und gruppenorientierteres Verhalten auszureden.

Der Mann wird nicht nur durch die Kultur definiert, sondern die Kultur entwickelt in Auseinandersetzung mit dem Charakter des Mannes geschlechtsspezifisches Verhalten.[13] Wenn dem Mann in den verschiedenen Gesellschaften andere Lebensbereiche zugeschrieben werden, so ist das nicht nur eine Folge der Etablierung männlicher Herrschafts- und Machtmonopole, sondern auch Ausdruck eines Wesenszuges der männlichen Seele. Männliches Verhalten ist nicht nur Resultat der Enkulturation, sondern die Kultur spiegelt auch das Wesen des Mannes.

Wieso sich das Verhalten, die Wahrnehmung und das Denken der Jungen von jenem der Mädchen unterscheidet, ist nicht eindeutig beantwortbar. Viele männliche Verhaltensweisen muß man im Zusammenhang mit hormonellbiologischen Unterschieden sehen. Die größere Ausschüttung von Testosteron kann für die höhere Aggression der Männer verantwortlich sein[14], und neurologische Forschungen zeigen, daß auch das Gehirn bei Jungen und Mädchen verschieden funktioniert. Bei Männern ist das Sprachvermögen auf eine bestimmte Region in der linken Hirnhemisphäre konzentriert, bei Frauen im ganzen Hirn verteilt. Außerdem ist der Sprach- und Gefühlsbereich bei Frauen mit zusätzlichen Nervenbahnen verknüpft, und das Corpus collosum, die Verbindung zwischen den Hirnhemisphären, ist dicker.[15] Dadurch fällt es den Frauen leichter, Gefühle zu äußern.

Es ist jedoch wahrscheinlich, daß die erbliche Determination je nach Verhaltensbereich und Person in unterschiedlichen Ausprägungen auftritt. Während das Temperament bei einem Menschen genetisch bestimmt ist, wird es bei jemand anderem stark durch die Umwelt beeinflußt. Je nach Eigenschaft und Person ist der Anlagefaktor mehr oder weniger bestimmend. Das Anlage-Umwelt-Problem darf darum nicht zu einer Glaubensfrage emporstilisiert werden. Ob unser Charakter durch unsere Anlagen determiniert ist oder wir durch die Umwelt geprägt werden, kann, wie die Zwillingsforschung von Thomas Bouchard an der Universität Minnesota zeigt, nicht grundsätzlich beantwortet werden. Die Frage, der wir uns in diesem Buch zuwenden, ist jedoch nicht, wieso diese Unterschiede sich manifestieren, sondern *wie wir auf die Unterschiede reagieren.*

Männliches Expansionsverhalten

»Früher, als ich mit meiner Tochter den Spielplatz aufsuchte, konnte ich auf meiner Bank sitzenbleiben und ein Buch lesen. Kurze Blicke genügten, um mich zu vergewissern, daß sie noch in meinem Blickfeld war. Bei meinem Sohn ist dies unmöglich: Immer wieder verschwindet er, entfernt sich von der Schaukel, klettert, steigt über die Absperrung oder will die Straße vor dem Platz auskundschaften!«

Schon bei kleinen Jungen fällt ein deutlicher Expansionsdrang auf. Sie erweitern spontan den Spiel- oder Aktionsradius, den ihnen die Mutter, der Vater oder die Schule vorgibt. Die vertraute Umgebung scheint ihnen nicht zu genügen. Sie müssen auf Eroberungs- oder Streifzüge gehen und wollen ihre Lebenswelt sprengen. Die Wohnung scheint ihnen zu klein, das Schulhausareal zu knapp oder der Spielplatz langweilig.

Jungen versuchen jedoch nicht nur ihren Lebensraum zu erweitern, sondern streben nach Herausforderungen. Sie wollen ihre körperlichen Grenzen kennenlernen. Oft treibt sie eine Bewegungslust, die es für sie schwierig macht, ruhig sitzen zu bleiben. Das Gestell wird nicht nur für Bücher benützt, wie es die Schwester tut, sondern zur Leiter umfunktioniert. Ein Baum will erklettert oder eine Kanalisation durchwatet sein. Wie die Unfallstatistiken belegen[16], setzen sich Jungen mehr Gefahren aus als Mädchen. Sie springen vor Autos, fallen von Treppen oder schneiden sich in die Finger. Bei Knabengruppen fällt auf, daß es schwieriger ist, sie zu disziplinieren.[17] Sie gebärden sich deutlich lauter und verhalten sich den Lehrpersonen gegenüber weniger kooperativ. Die zentripetalen Kräfte dominieren. Es wird davongespurtet und drauflosgerannt. Die Weite lockt. Bei einem friedlichen Klassenpicknick im Wald werden die Würstchen ins Feuer geworfen, die Flammen zertreten, und schließlich wird das gemütliche Beisammensein zu einer Gelegenheit für eine Tannenzapfenschlacht ausgenützt. In der Gruppe, in der Schule benehmen sich Knaben wilder als Mädchen. Wie lassen sich dieser Expansionswunsch und diese Wildheit erklären?

Symbole der Zivilisation

Ich bin mit meiner Familie bei Freunden in Südfrankreich zu Gast. Die Stimmung ist ausgelassen, und wir plaudern über vergangene Zeiten. Mein älterer Sohn liegt neben mir auf dem Boden und zeichnet. Schließlich zeigt er mir sein Bild, das ich jedoch sogleich diskret vor meinen französischen Freunden verstecke: die Schweizer Fußballnationalmannschaft hat soeben 383 zu 0 gegen die Franzosen gewonnen. Überall wehen Schweizer Fahnen, das weiße Kreuz auf rotem Grund ist auch deutlich auf den Trikots der Schweizer Fußballer erkennbar, während die Franzosen klein und häßlich auf dem Rasen liegen. Wieso hat mir mein Sohn nicht einfach mitgeteilt, daß er Heimweh hat?

Das Motiv des Expansionsstrebens wird verständlich, wenn wir es in Zusammenhang mit einer weiteren Eigenschaft der Jungen sehen: ihrer Faszination für *Symbole der Zivilisation*. Ein Symbol stellt »in anschaulicher Form einen Gedanken« dar, »der nicht bewußt gedacht wurde, sondern bloß potentiell, das heißt in unanschaulicher Form im Unbewußten vorhanden ist«[18]. Ein Symbol umfaßt nicht und erklärt nicht, sondern weist über sich selbst hinaus auf einen noch jenseitigen, unerfaßlichen, dunkel geahnten Sinn, der in keinem Worte unserer derzeitigen Sprache sich genügend ausdrücken könnte.«[19] Private Symbole verweisen auf einen persönlichen Komplex oder ein persönliches Lebensthema. Wir begegnen ihnen in unseren Träumen wie auch im Alltag. Eine dreißigjährige Frau träumte immer wieder von einem Kirschbaum: eine Erinnerung an das Elternhaus, das von Kirschbäumen umgeben war. Der Kirschbaum war für sie ein privates Symbol, das Gefühle aus der Kindheit darstellte und für Harmonie, Familienwunsch, jedoch auch Regression stand. Kollektive Symbole enthalten eine allgemeine Aussage. Sie verweisen auf Anliegen, Themen oder Komplexe unserer Kultur. Kollektive Symbole kennen wir von den Religionen: das Kreuz, das eine Botschaft des Christentums ausdrückt, oder der Regenbogen, der Vergebung symbolisiert. Wenn ich jedoch von Symbolen unserer Zivilisation spreche, dann verstehe ich darunter auch Leitbilder oder Leitfiguren, die unser heutiges Leben charakterisieren. Aktuelle Symbole, die Inhalte, Anliegen und Werte unserer Zivilisation ausdrücken. Der Kühlturm eines Atomreaktors ist ein modernes kollektives Symbol, das verschiedene brisante Aussagen in sich birgt. Er verweist auf unseren Glauben an die Machbarkeit von Energie, an die Gefahren der Technik, an die Möglichkeiten des menschlichen Geistes und die Allmachtsphantasien des Menschen. Das Gewehr ist ein weiteres kollektives Symbol unserer Zivilisation: Es steht für Aggressivität, Durchsetzungsvermögen, Angst und Sicherheit. Das Auto symbolisiert unser Mobilitätsbedürfnis und Flaggen unser Bedürfnis nach regionaler oder nationaler Verankerung.

Jungen sind fasziniert von solchen Symbolen. Sie phantasieren über Autos, die Armee, die Polizei, die Kanalisation, die Feuerwehr, Höhlen, Bunker, Hochhäuser, He-Man, die Turtles oder Computer. Oft hat es den Anschein, als seien sie für diese Produkte unserer Gesellschaft vorprogrammiert. Kleine Jungen verdrehen die Köpfe, wenn ein Flugzeug über ihren Kopf braust, oder horchen eifrig, wenn eine Sirene ertönt.

Die Bandbreite der Spielobjekte, auf die Jungen reagieren, ist beachtlich und unterscheidet sich von jener der Mädchen.

Knaben spielen nach einer Umfrage Eva Stäblers[20] vor allem mit Matchbox-Autos, Legosteinen, Indianerfiguren, Murmeln, Eisenbahnen, Holzbau- oder Chemiekästen. Im Freien bauen sie Ritterburgen, Staudämme, Höhlen oder im Sandkasten Steilkurven für Autos.

»Da hab ich, ich weiß nicht wieviel, Kilometer von Straßen gebaut ..., in der Sandkiste, da wurde tagelang dran gebaut, und wenn das dann nach Regen aussah, dann habe ich meinen Vater so lange genervt, bis er mir meine Sandkiste mit Plastikfolie abgedeckt hat, damit mir der Regen meine Straßenbaukünste nicht zerstört.«[21]

Die Symbole unserer Zivilisation haben eine unpersönliche Qualität. Nicht der Polizist als Mensch interessiert, sondern die Polizei an sich, nicht der einzelne Feuerwehrmann, sondern die Feuerwehr an sich. Solche Leitgestalten brauchen nicht in der privaten Lebenswelt präsent zu sein, sondern sie werden mit Adleraugen aus der näheren oder ferneren Umgebung herausgepickt oder den Medien, Büchern oder Erzählungen entnommen. Der Junge, der während der Ferien in den Bergen von Tauchern auf der Jagd nach Haifischen schwärmt, ist ebenso typisch wie das europäische Stadtkind, das sich als Cowboy in Oklahoma oder Forscher im Kongo sieht. Oft sind die Symbole auch rein technischer Natur: Der Helikopter, der Panzer, die Rakete oder das Kriegsschiff taucht in der Phantasie auf und begeistert.

Diese Faszination für die Symbole unserer Zivilisation spiegelt sich auch in den spontanen Zeichnungen vieler Jungen. Nicht dem Vater, der Mutter, einem Freund oder sonst einem Menschen werden die ersten unsicheren Striche gewidmet, sondern Brücken, der Eisenbahn, Häusern, Autos, Bombern, Soldaten, Maschinen oder allenfalls Menschengruppen. Jungen wählen deutlich weniger Szenen aus dem persönlich-familiären Bereich. In den Zeichnungen der Knaben drückt sich die Faszination für eine andere Welt, das Leben dort draußen, aus.

Welche Seelenbotschaften verbergen sich hinter dem Wunsch nach einem größeren Lebensraum, der Suche nach Herausforderungen und der Faszination für Symbole unserer Zivilisation? Ich möchte der Bedeutung dieser Eigenarten nachgehen und die mythische oder psychologische Orientierung, wie ich sie im letzten Kapitel beschrieben habe, als Ausgangspunkt meiner Überlegungen nehmen.

Die Sehnsucht nach Mythen

Die Symbole der Zivilisation bergen *mythische Substanz*. Die Jungen ahnen, daß sie über diese Objekte an einem Temenos, einem heiligen Bezirk, teilhaben können. Durch diese Symbole dringen die existentiellen Herausforderungen durch, die eine Zivilisation zu meistern hat. Die Knaben wollen diese Herausforderungen spüren, sie am eigenen Leib erleben. Die Begeisterung für technische Objekte, für überregionale Symbole oder Institutionen gilt dem Mythos, den sie hinter dem Symbol vermuten. Nicht nur dem einzelnen Feuerwehrwagen, Auto, Bus oder der jeweiligen Eisenbahn gilt das Interesse, sondern sie spüren dem Mythos, der sich über das entsprechende Symbol ausdrückt, nach. Sie wählen unbewußt jene Symbole, von deren Mythen sie sich angezogen fühlen. Die Symbole der Zivilisation sind für sie Hinweise auf die Mythen, die sie in unserer Gesellschaft spüren und denen sie sich anschließen möchten. Wenn Knaben ihr Territorium ausweiten oder den Kopf bei einem Feuerwehrwagen verdrehen, dann spüren sie, daß es draußen auf der Welt Zonen gibt, die ihnen etwas mitzuteilen haben. Sie ahnen, daß es mythische Temenoi gibt, die ihrer seelischen Orientierung entgegenkommen.

Der Abschied von der Mutter

Jungen werden von Frauen geboren. Während der ersten Lebensmonate bleibt die Mutter in der Regel die wichtigste Bezugsperson. Sie schützt, nährt, pflegt, liebt und fördert ihr Kind. Die Mutter ist der erste Mensch, an den sich das Kind bindet. Sein Überleben ist völlig abhängig vom Verhalten dieser ersten Bezugsperson.

Vom seelischen Standpunkt aus gesehen, werden die Kinder in ein psychologisches Umfeld hineingeboren: Beziehung, Kontakt, Einfühlung und Geborgenheit sind wichtig, damit ein Kind sich gesund entwickelt. Persönliche Wunscherfüllung und Harmonie wird angestrebt. Das Kind erlebt, daß sein Zustand von jenem eines anderen Menschen, nämlich der Mutter oder des Vaters, abhängt. Es bringt sich über eine *Beziehung* in die Welt ein, sucht den Blick und das Lächeln der Mutter oder des Vaters, wenn es sich orientieren will. Für Knaben heißt dies, daß sie sich in einem seelischen Feld bewegen, das nicht ihrer späteren Haupteinstellung entspricht. Sie erleben sich als psychologische Wesen, die Mythen sind noch in weiter Ferne. Mädchen wird dieses seelische Umfeld später vertrauter, sie wachsen in es hinein, während Jungen aus ihm herausstreben.

Dieses persönlich-familiäre Umfeld versuchen Jungen im Laufe ihrer Entwicklung zu sprengen. Die Konfrontation mit den Mythen wird gesucht. Wenn sie eine Faszination für Autos entwickeln, Eisenbahnen zeichnen, sich zusammenrotten, Banden gründen und den Garten des Nachbarn explorieren, so drücken sie damit auch ihre Sehnsucht nach Kontakt mit mythisch besetzten Außenbezirken aus. Der Expansionsdrang stellt sich als Versuch dar, an den Mythen teilzuhaben. Sie spüren, daß es dort draußen Kräfte gibt, die sie ansprechen, und machen sich darum auf die Suche. Die Zivilisation erleben sie als einen immensen Raum, der den privaten Lebensraum umschließt und von mächtigen Mythen regiert wird. Sie beginnen sich damit vom Nur-Privaten und der Psychologie zu distanzieren und suchen einen Mythos, der sie ins Leben einbindet. In diesen Mythen erleben sie sich als männliches Wesen, hat jener Teil ihrer Persönlichkeit Platz, der im mütterlichen Bereich nicht gelebt werden kann. Kohut spricht vom »bipolaren Selbst«. Ein Pol des Selbst ist die »Mutter als Selbstobjekt«, der andere Pol sind »die männlichen Ideale«[22]. Diese erlebt das Kind in den Ansprüchen der Gesellschaft, der Außenwelt, die das Kind zu sich ruft.

Natürlich heißt das nicht, daß sich Jungen im Laufe der Kindheit völlig wandelten und schließlich als Erwachsene keinen Sinn für Psychologie hätten. Sie tragen die Psychologie weiterhin als ihre Schattenfunktion und Erinnerung an die Vergangenheit mit sich herum, die Hauptorientierung erfolgt jedoch bei den meisten Männern über die Mythen. Dies ist auch ein weiterer Grund dafür, daß therapeutische Sitzungen, wie ich sie im ersten Kapitel beschreibe, für Männer bedrohlich werden. Eine Therapiesitzung wird als Regression erlebt, als Rückfall in die Zeit, wo die Psychologie ihr Leben dominierte und man die Mythen dort draußen noch nicht kannte.

Neugier für die Außenwelt ist nicht nur eine Eigenschaft der Jungen. Mädchen sind ebenfalls fasziniert von dem, was sie draußen auf der Welt ahnen, und sehnen sich danach, aus dem privat-persönlichen Raum herauszutreten. Nur, ihre Neugier hat eine andere Qualität. Im Gegensatz zu Jungen suchen Mädchen psychologische Felder: Lebensgemeinschaften, Beziehungen, Menschen und Schicksalen gilt ihr Interesse. Wie leben die Nachbarn? Wie ist der Vater der Freundin? Sie suchen *alternative psychologische Muster*, während Jungen die Welt der unpersönlichen Mythen entdecken wollen.

Männlichkeit muß erkämpft werden. Durch die Auseinandersetzung mit den Mythen finden Jungen ihre männliche Persönlichkeit. Sie müssen von den Geschichten dort draußen hören, sich in ein mythisches Spannungsfeld einlassen, wenn sie ein Mann werden wollen. Nach Gilmore[23] verlangen deswegen die meisten Kulturen von den Knaben Ausdauer, Kühnheit, Selbstdisziplin, Mut und Großzügigkeit. Ihre Geschlechtsidentität ist nicht die Folge einer natürlichen Entwicklung, sondern die Zivilisation stellt Bedingungen.[24] Knaben müssen sich aktiv mit den Zielen und Forderungen auseinandersetzen, die Männer in der jeweiligen Gesellschaft erfüllen sollten. Männliches Sein ist nicht angeboren, sondern wird erworben.[25]

In vielen Kulturen werden die Knaben durch spezielle Rituale zu Männern. Diese Initiationsriten beinhalten oft grausame Prüfungen. Bei den Initiationsriten der australischen Stämme wird der erste Akt durch die meist gewalttätige Trennung von der Mutter eingeleitet.[26] Die Novizen werden von der Welt der Frauen getrennt. Die Beziehung zur Mutter wird abrupt abgebrochen. Der Initiand gehört nun zur Gruppe der Männer. Beim zweiten Akt werden die Initianden in das Stammesrecht eingeführt und die Mythen des Stammes rezitiert.[27] Bei den Initiationszeremonien der Gunwinggu in Arnheim-Land, Nordaustralien, müssen die Knaben stundenlang in der Sonne liegen, nachdem ihr Körper mit Insekten bedeckt wurde. Sie müssen leiden, werden gequält und müssen abstoßende, scheußliche Handlungen durchführen.[28] Die Stammesführer wollen die Jünglinge so zu den Notwendigkeiten des Lebens hinführen.

Wir kennen keine solchen Rituale. Qualitativ verwandte Prozesse können wir jedoch hinter diversen Verhaltensweisen der Kinder und Jugendlichen vermuten, die sich in der Vorpubertät und Pubertät manifestieren. Trennungserlebnisse, Qualen und die Auseinandersetzung mit den Mächten des öffentlichen Raumes können sich zum Beispiel hinter delinquentem Verhalten verstecken. Ich erinnere mich, wie ich als elfjähriger Junge zusammen mit einem Kollegen durch Warenhäuser schlich. Wir waren auf Diebestour, entwendeten kleine Modellflugzeuge und Spielzeugpistolen. Schließlich wurden wir von einem Warenhausdetektiv erwischt. In einem unfreundlichen Büro mit gleißendem Neonlicht schalt uns anschließend ein grimmiger Mann und machte uns beiden die Hölle heiß: Abschaum seien wir, unsere Zukunft sehe düster aus, und das Heim für verwahrloste Kinder werde sicher unsere nächste Station sein. Wir litten Qualen, fühlten uns wichtig und vor allem als Teil des Geschehens der großen weiten Welt.

Die Initiationen der Aborigines und anderer Völker ritualisierten den Wunsch der Knaben, sich als mythische Wesen in die Welt einzubringen. Die Trennung vom privaten, mütterlichen Bereich wurde im Rahmen eines Initiationsaktes vollzogen. In unserer Kultur müssen die Knaben einen anderen Weg finden, um ihren Lebensraum auszuweiten, Herausforderungen zu finden und die Symbole unserer Zivilisation zu entdecken. Es ist in unserer Kultur, die keine speziellen Initiationsriten mehr kennt, für Knaben schwieriger, ein Mann zu werden.

Die Faszination der Gewalt

Ist eine Gruppe jüngerer Knaben zusammen, dann bleibt es nicht ruhig. Ruht kein wachsames Auge auf ihnen, dann stoßen, boxen, raufen, balgen sie sich oder liegen gar auf dem Boden. Kämpfe scheinen das Lebenselixier der Jungen zu sein.[29] Schon im Vorschulalter beobachten Eltern entsetzt, wie der kleine Sohn seinen Finger auf den Nachbarn richtet und ihn »abknallt«. Auf Spaziergängen durch Wälder haben sie oft kein Auge für die Schönheit der Natur, sondern suchen nach Holzprügeln, bewaffnen sich mit Tannenzapfen, um anschließend Stalingrad, den Zweiten Weltkrieg, den Kampf der Turtles oder eine fiktive Schlacht zu reinszenieren. Natürlich beteiligen sich auch Mädchen an solchen Auseinandersetzungen, ihre Faszination für solche Kämpfe ist jedoch bedeutend geringer. Sie ziehen sich dem sozialen Frieden zuliebe oder weil eine längerdauernde körperliche Auseinandersetzung sie langweilt, zurück. Jungen können von kämpferischen Auseinandersetzungen nicht lassen. Sie sind magisch von Gewalt angezogen, auch wenn Eltern, Lehrer und Erzieher sie immer wieder daran erinnern, daß Gewalt keine verantwortbare Form der Auseinandersetzung und Konfliktregelung ist.

Die Faszination der Gewalt hat verschiedene Gesichter. Während sie sich bei einem Knaben darauf beschränkt, mit einem Tarzanschrei auf Gefährten loszurennen, artet sie bei anderen Knaben in Zerstörungswut aus: Scheiben gehen zu Bruch, Briefkästen werden in die Luft gesprengt oder Schulmaterial wird zerstört. Bei kleinen Kindern drückt sich die Gewaltneigung oft in entsprechenden Phantasien aus:

»Räuber haben sich hinter dem Haus versteckt, es sind ganz viele, drei oder acht, wir haben sie gesehen und werden sie bekämpfen. Sie haben schon ein Haus angegriffen und kaputtgemacht«, informierte mich einmal ein fünfjähriger, furchterregend bemalter Junge, als ich eine neue Wohnung bezog.

In den Köpfen der Jungen wird geschossen, geballert, geschlagen, gehängt oder gehen Explosionen los. Ob mental oder real: Gewalt ist bei Jungen omnipräsent. Ein achtjähriger Knabe, der vom Lehrer nach seinen Wünschen für das neue Jahr gefragt wird, antwortet keck: »Mehr Boxen will ich in der Schule!« Der Lehrer ist nicht begeistert von diesem Vorschlag und möchte, daß er sich etwas Besseres wünscht, zum Beispiel Friede auf Erden. Der Knabe wird leicht verlegen, überlegt eine Weile und verkündet schließlich freudig: »Mehr Friedenskämpfe wünsche ich mir!«

In den Schulen ist die Neigung der Knaben zu körperlicher Gewalt, Zerstörung und Kämpfen ein Problem.[30] Oft verzweifeln die Lehrer und Lehrerinnen wegen der Unruhe, die durch dieses Bedürfnis ausgelöst wird. In der Garderobe vor dem Turnunterricht werden die Frotteetücher spontan zum Schlaginstrument umfunktioniert oder die Turnschuhe des Kameraden als Wurfgegenstand eingesetzt. Auf dem Pausenhof wird gebalgt, mißliebige Mitschüler werden in die Büsche oder den Brunnen geworfen oder in den Schwitzkasten genommen. Knaben im Primarschulalter scheinen unter einem inneren Zwang zu stehen, Kämpfe zu inszenieren.

Erstaunlich ist, daß diese Knaben im Einzelkontakt oft friedlich wirken. Sie beteuern, Kämpfe zu verabscheuen und Konflikte mit anderen Mitteln lösen zu wollen. Kaum sind sie in einer Gruppe, lösen sich diese Vorsätze in Luft auf. Sie dreschen auf einen mißliebigen Kameraden ein, auch wenn sie sich vorher im Einzelgespräch als Friedensapostel präsentierten. Eine andere Wirklichkeit hat sie erfaßt. Die Gruppe verwandelt sie. Das Bedürfnis nach körperlicher Auseinandersetzung konstelliert sich, wenn Jungen sich unter sich wissen. Ohne spezifische Gründe wird gestoßen, gerangelt und geschubst.

Der Wunsch nach einer Bande

Die Gewaltneigung der Jungen muß in Zusammenhang mit den Kinderbanden gesehen werden. Im Grundschulalter entdecken die Knaben, daß sie Teil einer Gemeinschaft Gleichaltriger sein können. Sie spüren die Gruppe als soziale Wirklichkeit. Diese fasziniert, stärkt und vermittelt ein neues Lebensgefühl. Sie erleben sich nicht mehr nur als Einzelwesen, sondern als Teil von etwas Größerem. Ein Wir-Gefühl erfaßt sie. In diesen Banden herrschen oft klare Hierarchien und unausgesprochene Aufnahmekriterien.[31] Wer Bandenmitglied sein will, muß über eine bestimmte Baseballmütze, ein Skateboard oder bestimmte Turnschuhe verfügen. Mit den Bandenmitgliedern fühlen sich die Knaben verbunden. Dank dieser Mitgliedschaft vergessen sie, daß sie schwache, unbedeutende Mitglieder der Gesellschaft sind. Die Bande kompensiert das Ohnmachtsgefühl, das sie sonst in ihrem Alltag erleben, und verleiht das Gefühl von Stärke. Die Jungen sehen sich nicht mehr nur als individuelle Wesen, sondern glauben dank der Bande an etwas Größerem teilzuhaben. Wie die drei neunjährigen Jungen, die mir provokant verkündeten, daß sie diesen Nachmittag die Stadt unsicher machen würden und ich aufpassen müßte ... In ihrer Phantasie verliehen sie sich Größe und partizipierten dadurch an der Gesellschaft. Sie setzten sich über die Vorstellung, eine Bande zu bilden, in eine andere soziale Wirklichkeit und verliehen sich eine mächtigere Position. Oft gilt nicht den persönlichen Beziehungen zu den anderen Bandenmitgliedern die Hauptaufmerksamkeit, sondern den gemeinsamen Projekten und Ideen: der Erforschung einer Höhle, der Errichtung einer Baumhütte oder der Gründung einer Rockband. Die Identifikation mit einem Gruppenthema wird gesucht, nach der persönlichen Befindlichkeit des einzelnen wird erst in zweiter Linie gefragt.

Durch ihre Banden inszenieren die Jungen eine Subwelt, in der andere Gesetzmäßigkeiten gelten. Sie denken und handeln nicht mehr als Individuum, sondern orientieren sich an der Bandendynamik. Ihr Denken fußt nicht mehr auf individuellen Überlegungen, sondern spiegelt das Bandengeschehen. Aus der Sicht der Psychologie eine gefährliche Entwicklung, da der einzelne sich zurückstellt.

In den Banden werden die Jungen mit einer breiten Palette menschlicher Verhaltensweisen konfrontiert: Machtansprüche, Intrigen, Eifersüchteleien, Freundschaften, Abmachungen, Treueschwüre und Strafen. Dank der Atmosphäre, die in den Banden herrscht, etablieren sich Minigesellschaften, in denen Grundverhaltensweisen des Mannes entdeckt und variiert werden: Der Verrat der Gruppenhöhle wird geahndet oder der Zusammenschluß für ein gemeinsames Unternehmen gefordert. Positive und negative soziale Verhaltensweisen werden in den Banden inszeniert und durchexerziert.

Banden müssen nicht in der Realität existieren, oft genügt eine mentale Vorstellung. Der betreffende Junge nimmt in seiner Phantasie am Bandengeschehen teil. Eine innere Vorstellung treibt ihn an, wenn er als Turtle Raphael oder Cowboy durch die Wohnung rast. Er sieht sich als Bandenmitglied und partizipiert dadurch an einer Gruppenwirklichkeit, auch wenn er das einzige Mitglied seiner Bande bleibt. In der Schule fühlt er sich als Home Boy[32], der die Lehrerin herausfordert, wenn er eine Baseballmütze trägt. Ohne Mütze wird er wieder zu Peter oder Hans. Die inneren Bandenvorstellungen sind für Knaben wichtig. In ihren Gedanken sehen sie sich als Ritter, Aktivist von Greenpeace oder Indianer. Ob in der Realität oder Fiktion: Die Gruppe ist ein seelischer Bezugspunkt, nach dem sich Jungen ausrichten.

Versteckte Initiation

In den Banden drückt sich eine Seite der Persönlichkeit des werdenden Mannes aus. Die Jungen erleben sich erstmals nicht mehr nur als individuelle oder familiäre Wesen, sondern sie nehmen an einer *übergeordneten Wirklichkeit* teil. Durch die Bande lösen sich die Knaben von ihren psychologischen Bindungen und entdecken die Bedeutung *sozialer Körperschaften.* Sie nähern sich der Kultur. Durch die Gruppe identifizieren sie sich oder kämpfen sie mit den Mächten, die unsere Zivilisation tragen. Die Knaben ahnen, daß diese Kräfte die Wirklichkeit sozialer Gruppen definieren, und fühlen sich dazu aufgerufen, sich mit ihnen auseinanderzusetzen.

Peter, Daniel und Hansjörg begegnen sich zufällig. Peter wurde als französischer Fallschirmjäger über dem Dschungel abgeworfen, während Daniel als amerikanischer Soldat und Hansjörg als holländischer Matrose versuchen, in der Wildnis zu überleben. Alle drei kämpfen sich schweißgebadet durch den dichten Dschungel von Malaysia, keine Hilfe in Sicht. Der Urwald ist voller Gefahren, Japaner überall – abgemacht wurde, daß jeder Spaziergänger einen Feind markiert. Die Straße zu überqueren ist zu gefährlich, darum wird die Kanalisation gewählt – Spiel dreier elfjähriger Jungen. Sie inszenieren einen Heldenmythos, bei dem der Feind bekannt ist und unzählige Gefahren bewältigt werden müssen.

Über die Banden werden die Jungen in die Welt der Mythen initiiert. Die Herausforderungen, denen sich ihre Gruppe stellen muß, bewältigen sie dank ihrer aufkeimenden mythischen Seite. Wenn sie um Antworten und Lösungen ringen, eine Ordnung ins soziale Chaos bringen wollen, dann entdecken sie die Kraft der Mythen. Sie drücken sich über die Themen aus, die in der Bande dominieren: Freundschaft, Feindschaft, Intrigen, Eifersucht und Macht. Diese Themen werden gemäß den mythischen Leitbildern der jeweiligen Zivilisation abgehandelt. Die Knaben entdecken so ein wesentliches Bedürfnis ihrer männlichen Seele. Sie erleben die Faszination, die von den kollektiven Mythen unserer Zivilisation ausgeht. Ihre männliche Seite strebt danach, sich in diese *Welt* einzubringen. Während im Einzelkontakt und in der Familie Psychologie vorherrscht, erleben die Jungen in der Gruppe eine andere seelische Wirklichkeit. Was von außen betrachtet als sinnloses Herumspurten oder enervierendes Gezänk aussieht, ist der verzweifelte Versuch, sich in einen *mythischen Kontext* zu versetzen. Ein Teil ihrer Seele will in die Welt der Mythen eindringen. Die Gruppe oder Bande bringt die mythische Ausrichtung der Jungen an den Tag. Das »abaissement du niveau mental«[33], das sich in der Gruppe einstellt, entlarvt sich bei näherer Betrachtung als ein Ausbrechen jener Kräfte, die die Grundwerte unserer Zivilisation tragen. Das differenzierte Bewußtsein schwindet und macht der kollektiven Ausrichtung unserer Seele Platz. Die Basiseinstellungen unserer Gesellschaft dringen durch: Was tun bei Verrat, Feindschaft, Angriff oder Betrug? Die Jungen erleben, daß eine Gemeinschaft nicht nur vom Individuum, von der Psychologie allein lebt, sondern durch gemeinsame Mythen getragen wird.

Gewalt als Urfaszinosum der Jungen

Gewalt in den Banden muß im Zusammenhang mit dem Wirkungsfeld der Mythen verstanden werden. Die Aggressivität, zu der Knaben neigen, die jedoch mit zunehmender Sozialisation abnimmt[34], steht im Zusammenhang mit der Dynamik kollektiver Systeme. Jungen fühlen sich durch sie existentiell herausgefordert. Sie müssen aggressiv sein, damit sich ein Mythos in ihrer Gruppe durchsetzt, oder sich wehren, wenn sie einen Mythos nicht akzeptieren. Wenn sich eine Auffassung in der Gruppe konstelliert, dann können sich die Gruppenmitglieder ihr anschließen oder sie bekämpfen. Dieser Mythos droht den einzelnen zu verschlukken, er verhilft jedoch der Gruppe zu einer Orientierung. Bei Schlägereien geht es nicht nur um die Frage, wer gewinnt, sondern auch darum, welche Vorstellung von Gerechtigkeit sich durchsetzt, ob sich eine Hierarchie in einer Gruppe etabliert oder wie das Prestige verteilt wird. Die Knaben ringen mit diesen kollektiven Leitbildern, kämpfen für oder gegen sie. Einerseits wollen sie das Chaos, das sich bei einem mythenlosen Zustand ausbreiten würde, verhindern, andererseits sich mit den jeweiligen axiomatischen Erklärungen auseinandersetzen und sich selber im Lichte eines Mythos positionieren. Der Einsatz gilt den Mythen, die sie über die jeweiligen Themen herausspüren. Das Gute soll bewahrt werden, das Böse bekämpft, oder umgekehrt: Werte, die auf entsprechenden Mythen beruhen, durchgesetzt werden.

Ich beobachte diesen Mechanismus bei der Entstehung von Fremdenhaß. Die ethnische Durchmischung einer sozialen Gruppe stellt eine Herausforderung dar, die nicht einfach zu bewältigen ist. Ängste steigen auf, Erwartungen und Befürchtungen stellen sich ein. Wie mit Fremden umgegangen wird, hängt davon ab, was und wie die Gruppe denkt. In einer solchen Situation kann ein positives Leitbild, an dem sich eine Gruppe Jugendlicher orientiert, wertvolle Dienste leisten. Leider kann es jedoch leicht in deutliche Ablehnung umkippen: Ein negatives, fremdenfeindliches Leitbild nimmt überhand. Das Fremde wird als bedrohlich und als Ursache von Leid angesehen. Ein anderer Mythos übernimmt. In einer solchen Situation ist es für den einzelnen Jugendlichen schwer, sich gegen eine kollektive Macht zu stellen. Wenn der Gruppenmythos definiert, was man denken darf, bedarf es großer mentaler Gewalt, um einen anderen Standpunkt einzunehmen.

Die Grundwerte, an denen wir uns orientieren, gründen auf Mythen. Wie im zweiten Kapitel beschrieben, verstehe ich darunter axiomatische Erklärungen, die uns Sicherheit und eine kollektive Orientierung geben. Ein Mythos macht kollektives Handeln möglich. Wir können verändernd in die Welt eingreifen, *ohne Rücksicht* auf die Umgebung und andere Interessen. Über Mythen zu diskutieren ist darum schwierig. Über einen Mythos versuchen wir ja, Ordnungen zu errichten und unsere Kräfte zu kanalisieren. Handelnd können wir uns nur aufgrund eines Mythos in die Welt einbringen. Wenn wir zum Beispiel am Mythos der Gleichheit teilhaben, dann werden wir Tendenzen, die die Ungleichheit fördern oder zementieren, bekämpfen. Wir opponieren gegen die Aristokratie, sind gegen Klassenprivilegien, die Ungleichbehandlung der Geschlechter und fordern gleiche Bildungschancen für alle. Wir möchten die Welt gemäß unserem Gleichheitsmythos gestalten und sind überzeugt von unserer Botschaft. Nicht den Kompromiß suchen wir, sondern die Verwirklichung des Mythos, an dem wir partizipieren.

Die Gewaltneigung der Knaben und Jugendlichen ist Ausdruck dieses Veränderungswillens. Sie setzen Gewalt ein, da es in ihrer subjektiven Wahrnehmung um Forderungen geht, die *unbedingt* erfüllt werden müssen. Die Welt der Mythen verlangt Hingabe oder aber Opposition. Nur auf diese Weise kann man sich in der Welt der Mythen behaupten und dem eigenen Dasein einen Sinn abringen. Gewalt kann somit ein Ausdruck der Ich-Kräfte sein, die Knaben in ihrer Auseinandersetzung mit den Mythen mobilisieren, oder aber Zeichen der Teilhabe an einem Mythos. Die Knaben und Jugendlichen müssen sich ihrer seelischen Ausrichtung gemäß einen Platz auf der Erde erkämpfen, da sie sich innerlich nicht nur auf Beziehungen und die persönliche Welt stützen.

Auffallend ist diese Tendenz bei den Jugendbewegungen oder -unruhen, die sich alle Jahrzehnte wieder ereignen. Seien es die Meissner Formel der Jugendbewegung Anfang dieses Jahrhunderts, die Halbstarkenbewegungen der fünfziger Jahre, die 68er Unruhen, die Home-Boys-Szene oder die fremdenfeindlichen Ausschreitungen der letzten Jahre. Die Jugend will Geschichte kreieren und sich gemäß einem eigenen Mythos in die Welt einbringen. Ohne kriegerische Auseinandersetzungen, die dieses Bedürfnis in der Regel stillen, muß ein Mythos erschaffen werden, für den man ins Feld ziehen kann.

Die Anerkennung der natürlichen Neigung der Knaben und Jugendlichen zu Gewalt darf nicht dazu führen, daß wir

Gewalt als Mittel der Auseinandersetzung akzeptieren. Es bedeutet auch nicht, daß wir die Hände in den Schoß legen und von nun an die Raufereien, Schlägereien, Streiche und Zerstörungsaktionen der Schulkinder und Jugendlichen zulassen. Wir müssen jedoch die seelischen Hintergründe der Gewaltneigung der Knaben und Jugendlichen studieren, bevor wir über erzieherische, therapeutische oder gesellschaftliche Gegenmaßnahmen diskutieren. Knaben und Jugendliche lernen, auf ihre direkte, körperliche und destruktive Gewalt zu verzichten, wenn wir mentale Gewalt zulassen, eine Eigenschaft, die für die späteren Männer von immenser Bedeutung ist.

Heimliche Schulrevolten

»Das Leben wäre traumhaft schön, wenn es nur die Schule nicht gäbe!« So ein zehnjähriger Junge auf meine Frage, wie es ihm geht.

Die Einführung in unsere Gesellschaft fällt zu einem Teil der Schule zu. Durch sie werden unsere Kinder mit jenen sozialen und kognitiven Kompetenzen ausgestattet, die für das Bestehen in unserer Gesellschaft notwendig sind. Die Volks- oder Grundschule ist für alle Kinder obligatorisch. Die Schule lehrt, bildet und erzieht nicht nur, sondern sie ist auch *Initiationsinstanz.* In den Schulen erfahren die Knaben auch, was Mannsein bedeutet. Wenn wir wissen wollen, wie ein Junge zum Mann wird, müssen wir auch die Schulen betrachten, die unsere Kinder durchlaufen.

Unsere Schulen haben sich in den letzten Jahrzehnten verändert. Die Prügelschulen, in denen die Schüler und Schülerinnen sinnlos und unter Androhung körperlicher Strafen Stoff pauken mußten, Disziplin und Ordnung im Vordergrund standen, sind größtenteils verschwunden. Dank neuerer Strömungen in der Pädagogik wird der Akzent auf einen *kindzentrierten und erlebnisnahen Unterricht* gelegt. Das Kind steht im Zentrum und soll Ausgangspunkt der pädagogischen Bemühungen sein. In dieser »Pädagogik vom Kinde her« sind individuumzentrierter Unterricht, Projekt- und Werkstattunterricht die Losungsworte, dank derer die Schulatmosphäre verbessert werden soll. Die Schüler bestimmen das Tempo und die Art und Weise, wie sie sich mit einem Thema auseinandersetzen. Grundprinzip dieses Unterrichts ist, die Schüler dort zu erreichen, wo sie sind. Vorbei sind die Zeiten, da die Schüler die einzelnen Vokabeln eines Textes repetieren mußten, ohne die Bedeutung des Gesamttextes zu kennen. Durch Beispiele aus dem Alltag wird der Unterricht erlebnisnah gestaltet. Die Schulbücher bauen darum auf Erlebnissen auf, die den Kindern bekannt sind: Szenen auf dem Pausenhof, dem Schulweg, unter Geschwistern, in der Familie oder unter Freunden. Was die Schüler im Unterricht hören, soll ihren Alltag widerspiegeln. Der Lehrer oder die Lehrerin fördern anhand alltäglicher Probleme und Fragen die sprachlichen und rechnerischen Fähigkeiten der Kinder.

Auch das Verhältnis Lehrer–Schüler hat sich gewandelt. Der Lehrer soll nicht als distanzierter Pädagoge auftreten, sondern Lernbegleiter sein, der das Vertrauen der Kinder genießt. Gibt es Probleme, dann dürfen sich die Schüler an den Lehrer oder die Lehrerin wenden. Dieser oder diese versucht dann herauszufinden, was mit dem Kind los ist. Hinter einer Lernhemmung, einer Konzentrationsstörung, passivem oder aggressivem Verhalten wird ein *individuelles* Problem vermutet. Leidet das Kind unter Spannungen in der Familie? Wird es von den Mitschülern nicht akzeptiert? Kommt es in die Vorpubertät? Aufgrund dieser individuellen Diagnose spricht der Lehrer oder die Lehrerin mit dem Schüler, berät und unterstützt ihn oder schaltet die Eltern ein. Die Lehrer und Lehrerinnen versuchen, ihre Schüler zu respektieren, sie als individuelle Wesen zu betrachten und einen demokratisch-integrativen Stil zu pflegen. Der Konsens mit den Schülern wird angestrebt. Schüler werden nicht als Lernmaschinen oder träge Masse betrachtet, und es wird Wert auf ein positives, persönlich gestaltetes Lernumfeld gelegt.

Viele Schulen sind dank dieses Leitbildes der Reformpädagogik menschlicher geworden. Die Rechnung wurde jedoch ohne den Wirt gemacht. Leider haben sich die Probleme der Schulen vergrößert.[35] Trotz dieser Verbesserungen fühlen sich viele Jungen nicht vom Unterricht angesprochen. Statt bereitwillig und selbständig die Lernimpulse aufzunehmen und für sich umzusetzen, reagieren sie mit Ablehnung, rebellieren, randalieren, sind überfordert oder werden unruhig, wenn sie für sich allein einen Aufsatz schreiben oder ein Matheblatt ausfüllen sollen. Das Verhalten vieler Knaben und Jugendlicher ist für die Schule ein großes Problem. Oft wird versucht, dieser schwierigen Schüler mit Hilfe eines psychologischen oder psychiatrischen Dienstes Herr zu werden. Für die therapeutischen Gruppen, die ich in Bern als Erziehungsberater leite, werden doppelt so viele Knaben wie Mädchen angemeldet. Fast alles Jungen, die durch ihr unruhiges, aggressives oder rebellisches Verhalten in der Schule kaum mehr tragbar sind. Die Bemühungen der Reformpädagogik hatten leider gegenüber diesem Verhalten keinen Erfolg. Der Großteil der Knaben und Jugendlichen besucht die Schule ungern. Obwohl natürlich auch viele Mädchen die Schule verabscheuen, ist die breite Ablehnung der Schule bei den Knaben fast sprichwörtlich. Der Schulbesuch ist mühsame Pflicht und nicht eitel Freude. Trotz der geschickten Didaktik, trotz engagierter Lehrer und Lehrerinnen, gut ausgestatteter Schulräume und interessanter Themen scheint die Schule sie zu irritieren. Es langweilt sie, wenn sie sich überlegen müssen, wie die Gegenstände in Mutters Küche heißen, oder wenn sie auf einem Arbeitsblatt passende Eigenschaftswörter einsetzen müssen. Dies steht in deutlichem

Kontrast zur Mehrheit der Mädchen, die sich meistens aufnahmebereiter und lernwilliger verhalten als Knaben und Jugendliche.[36] In reinen Mädchenklassen erbringen die Mädchen bessere Leistungen in sprachlichen Fächern und setzen sich mehr im Unterricht ein.[37] Das desengagierte Verhalten vieler Schüler hat zur Folge, daß der Lehrer oder die Lehrerin um deren Aufmerksamkeit buhlen. Der Unterricht richtet sich an die Jungen, da man weiß, daß Störungen von dieser Seite drohen.[38] Während die Mädchen sich selbst überlassen werden, wenden sich die Lehrkräfte den schwierigeren Jungen zu. Die Mädchen sollen sich arrangieren, scheint die Botschaft zu sein.

Was ist mit den Jungen los? Wieso verhalten sie sich in der Schule unangepaßter als die Mädchen? Die Unruhe der Knaben und Jugendlichen weist auf eine männliche Eigenschaft hin. Ich möchte darum versuchen, die Schulen aus männlicher, mythologischer Sicht zu betrachten. Für mich stellt sich die Frage, ob die Initiationsinstanz Schule wirklich der seelischen Einstellung der Knaben entspricht. Das Desinteresse und die Schulmüdigkeit könnten Ausdruck der anderen seelischen Einstellung sein, die durch die Schule nicht aufgenommen wird.

Die Schule: eine Domäne der Psychologie?

Betrachten wir die Grundmetaphern der Schule, so fällt auf, daß sie einem ganz bestimmten Temenos entstammen: Wertschätzung des Individuums, persönliches Lernfeld, Konsens, Alltag miteinbeziehen, persönliche Erlebnisse betrachten, Vermittlungsakt, Antworten suchen oder Lösungen formulieren sind wichtig. Wenn wir die Schule aus mythologischer Perspektive betrachten, dann wird rasch ersichtlich, daß der Unterricht auf *psychologischen Ideen* aufbaut. Die Beziehungspsychologie hat die Schule fest im Griff. Da das Interesse der Knaben jedoch auch der Mythologie gilt und sie sich weniger für die persönliche, individuelle Lebenswelt interessieren, sind viele Knaben in einem Dilemma. Ihre spätere seelische Hauptausrichtung wird nicht berücksichtigt! Sie werden in ihrer minderwertigen Schattenfunktion angesprochen und müssen dementsprechend ihre weibliche Seite mobilisieren, um in der Schule zu bestehen. Wenn während der Lektion von Babettli, die im Garten Schnecken sammelt, der Mutter, die einkauft, oder dem Sonntagsausflug der Familie die Rede ist, hören die meisten Knaben zwar zu, seelisch angesprochen fühlen sie sich jedoch nicht. Die Geschichten und Beispiele lassen sie kühl, da sie nicht dem Lebensbereich entstammen, der ihre Leidenschaften weckt. Sie empfinden es als langweilig, nur von sich selber und der eigenen Lebenswelt zu hören. Was sie vermissen, sind einerseits die großen Erzählungen von der Welt dort draußen, aus der Vergangenheit, anderen Kultur- und Lebensfeldern, andererseits Spannung, Schrecken, Distanz und ausweglose Situationen. Nicht Antworten und Lösungen will der Mann in ihnen hören, sondern von schwierigen Lebenssituationen und bizarren Ereignissen. Die existentiellen Herausforderungen unseres Daseins wollen von den Knaben erlebt sein. Wenn sie diese Herausforderungen spüren, dann wird auch ihr Interesse geweckt.

Dies zeigt sich auch darin, daß sich Knaben immer wieder für einzelne Themen begeistern lassen und einen Sondereinsatz leisten, wenn eine spezifische Herausforderung an sie gestellt wird. Der entsprechende Schüler entfaltet eine ungeahnte Aktivität, wenn er einen Vortrag über Staudämme oder Vögel halten soll. Nachdem er stundenlang döste oder herumlümmelte, recherchiert er nun, stellt Fotos zusammen, liest in diversen Büchern, malt Bilder, studiert Tierlexika oder steht sogar um fünf Uhr morgens auf, damit er Vogelstimmen auf dem Tonband registrieren kann. Die Passivität ist verflogen, und ein Leistungswille bricht durch. Dem restlichen Schulunterricht wird jedoch weiterhin nur laues Interesse entgegengebracht.

Die Goldgräber am Amazonas

Jungen müssen mit den Grundfragen unseres Seins konfrontiert werden, wenn ihre Leidenschaft geweckt werden soll. Was bedeutet der Tod? Wieso gibt es Krieg? Wie entsteht Leben? Sie wollen an der Welt der Mythen teilhaben. Sie wollen in der Schule an die existentiellen Herausforderungen herangeführt werden, die sie auch in ihren Banden suchen. Geschichten von Menschen sollen erzählt werden, die mit diesen existentiellen Herausforderungen kämpften: von Fernando Cortes, der im Dschungel Südamerikas nach Gold sucht, oder Stauffenberg, der sich gegen das Nazi-Regime wehrt. Wichtig ist, daß die Knaben die existentielle Herausforderung *spüren* und nicht eine *Antwort* mitgeliefert wird. Die Frage ist wichtig – und nicht die präsentierte Lösung. Die Idee der Antwort und der Lösung stammt aus dem Temenos der Psychologie. Nicht Beispiele aus der persönlichen Psychologie, sondern Geschichten und Erzählungen aus dem Umkreis des mythischen Kanons ihrer Kultur wollen die Jungen hören. Persönliche Befindlichkeiten oder das Leben der Ladenfrau um die Ecke sind für sie von sekundärem Interesse. Die psychologische Welt dient nur *als Ergänzung* zur mythischen Orientierung.

Diese Mythen, von denen die angehenden Männer hören wollen, müssen gewisse Kriterien erfüllen. Sie dürfen nicht »kindgerecht« zubereitet werden, gesäubert von angstmachenden Passagen und mit einem pädagogischen Schlußsatz versehen. Wichtig ist, daß die *Qualität des Schrecklichen* und *Unheimlichen* hinüberdringt. Die Angst vor dem Versagen vor der jeweiligen existentiellen Herausforderung muß nachvollziehbar sein. Die Kinder müssen spüren, daß diese Geschichte einen Versuch wiedergibt, eine existentielle Herausforderung zu meistern, an der man ebensogut jämmerlich scheitern könnte. Ein Mythos, mit dessen Hilfe eine schreckliche Dimension des Lebens bewältigt werden soll. In der Geschichte der Medizin hören sie vom Leiden der Menschen wegen persistierender Schmerzen, der Angst vor Infektionen und der Trauer um frühzeitig verlorene Angehörige; in der Geschichte der Architektur von der Mühsal eines Lebens in der freien Natur, vom Gestank der engen Hütten des Mittelalters oder der Verlorenheit der Bewohner unpersönlicher Vorstadtsiedlungen. Die Kinder sollten vom Schrecken der Kriege, der zu Versuchen der Konfliktbewältigung führte, und unseren Anstrengungen zur Eindämmung von Gewalt hören.

Die Geschichte an sich ist ein wertvoller Fundus für Themen, die mythologisch interessierte Knaben ansprechen. Nicht nur die Geschichte der eigenen Region oder Nation, sondern auch die Begründungsgeschichten für die Werte und Haltungen unserer Kultur. Welches ist die Geschichte der Gerechtigkeit, des sozialen Gedankens oder der Freiheit? Während bei der Gerechtigkeit der Mythos der Französischen Revolution dargestellt wird, können die Schüler beim sozialen Gedanken von den Leiden der Arbeiter in Manchester während des letzten Jahrhunderts hören oder vom Traum der freien Gesellschaft, der Hunderttausende von Europäern bewog, über das Meer nach Amerika zu emigrieren. Solche Geschichten bieten den Knaben eine Möglichkeit, ihr mythologisches Interesse zu plazieren.

Eine schwedische Lehrerin berichtete mir, wie sie den Zweiten Weltkrieg in ihrer Klasse durchnahm. Als sie das Problem des Männermangels in Rußland schilderte, unter dem nach dem Zweiten Weltkrieg Millionen von Frauen litten, hörten die Mädchen still und aufmerksam zu. Wie denn ein Leben ohne Ehemann aussieht, wie der Tod eines Sohnes verkraftet werden kann, wollten die Mädchen wissen. Die Jungen waren völlig desinteressiert. Ein paar Stunden später berichtete die Lehrerin von der Landung der Alliierten in der Normandie. Das Problem, das ganze Unternehmen vor den Deutschen geheimzuhalten, die Anzahl der Schiffe und Flugzeuge, die Planung der Landeoperationen, die Toten und Verletzten interessierten nun die Jungen. Die Mädchen fanden solche Ausführungen ziemlich langweilig. Das erste Thema stammte aus der Psychologie, beim zweiten handelte es sich um Mythologie.

Geschrei und Beschimpfungen: männliche Streitkultur

Nicht nur über die Vergangenheit können Mythen in den Unterricht einfließen, sondern auch über aktuelle Herausforderungen. Es ist Aufgabe der Schule, daß sie die Kinder in die machtvollen Mythen, an denen sich unsere Gesellschaft orientiert, einweiht. Da wir in einer pluralistischen Gesellschaft leben, in der verschiedene soziale Kreise nach ihren je eigenen Mythen leben, ist dies nicht einfach. Trotzdem ist es wichtig, sich mit diesen Mythen im Unterricht auseinanderzusetzen. Damit die Seelen der Jungen berührt werden und wirkliches Interesse geweckt wird, dürfen diese Geschichten nicht mit trockenen Fakten und Daten vorgetragen werden, sondern als plausible, überzeugende Erzählungen.

Tausende von Flüchtlingen stehen an der Grenze und drängen nach Einlaß. Sie stammen aus dem Süden. In ihrem Land herrscht Krieg. Sie wollen in unser Land, da ihre Heimat in Schutt und Asche liegt. Unsere Regierung glaubt, daß wir nicht genügend Platz für alle Flüchtlinge haben. Sollen wir die Grenzen öffnen? Müssen wir ihnen helfen? Wie könnte die Hilfe aussehen?

Über solche aktuellen Ausgangssituationen können die Kinder am Mythos »das Boot ist voll«, an dem sich ein Teil der Schweizer Bevölkerung während des Zweiten Weltkrieges orientierte, partizipieren und ihn anderen Mythen, wie jenem der Nächstenliebe, entgegenstellen. Die Knaben spüren die existentielle Problematik und werden herausgefordert, mythisch zu reagieren. Sie müssen ihre Begründungsgeschichte formulieren. Bei jüngeren Knaben genügen Geschichten über gute und böse Ritter, schlechte und gute Taten der Menschen oder das Treiben der Monster und Drachen. Ihre Mythologie ist noch einfacher und unterscheidet klar nach gut und böse. Ältere Knaben und Jugendliche brauchen differenziertere und aktuellere Mythologien.

Gelingt es dem Lehrer oder der Lehrerin, den Unterricht mit *aktuellen Mythen* zu bereichern, so erhöht sich die Attraktivität der Schulstunden. Das Problem bei der Behandlung solcher Mythen ist jedoch, daß dies die Eltern und politische Kreise nicht kaltläßt. Die Gefahr der Beeinflussung durch den Lehrer oder die Lehrerin ist groß, da er oder sie versucht sein wird, seinen oder ihren Mythos zu erzählen. Während bei der Besprechung der Vorteile einer Wohnstraße, der Notwendigkeit des Umweltschutzes oder von Erlebnissen der Kollegin Annegret in Spanien keine Einwände geäußert werden, sind die Einsprüche wahrscheinlicher, wenn von der Bedeutung der Armee, der Rolle der Schweiz in der Europäischen Wirtschaftsgemeinschaft, über die Frage der Euthanasie oder den Status der Ausländer gesprochen wird. Bei diesen aktuellen Herausforderungen reagieren wir sensibler. Wir sind auf der Suche nach einem tragenden Mythos, durch den ein gemeinsames gesellschaftliches Handeln und Reden möglich wird, und wehren uns darum, wenn politische Fragen unter einem bestimmten Blickwinkel in der Schule abgehandelt werden. Wir ringen mit verschiedenen Mythen, verschiedenen möglichen kollektiven Erklärungen, die uns bei der jeweiligen existentiellen Herausforderung weiterhelfen könnten. Solange dieser Prozeß nicht abgeschlossen ist, scheint es verwegen, diese Vorstellungen in die Schule hineinzutragen. Die Emotionen und Aggressionen, die bei der Suche nach dem richtigen Mythos entstehen, würden auch in der Schule spürbar. Die Schule würde dann zum Austragungsfeld politischer Kämpfe. Die Neutralitätsforderung an die Schule führt jedoch dazu, daß viele Jungen und Jugendliche die Schule als langweilig und irrelevant empfinden. Sie ist abgespalten und nimmt an den wichtigen mythischen Auseinandersetzungen des Lebens nicht teil. Die Folge ist, daß die Schulen »entmythologisiert« werden und sich ausschließlich nach der Psychologie richten.

Es ist jedoch wichtig, daß sich die Schule solchen politischen Auseinandersetzungen nicht entzieht. Zwar darf der Lehrer nicht explizit einen Standpunkt einnehmen und sich dadurch mit einem Mythos identifizieren, doch muß er den Kindern die Möglichkeit geben, an den mythologisch-politischen Auseinandersetzungen teilzunehmen. Es ist Aufgabe des Lehrers oder der Lehrerin, die Kernfragen herauszuarbeiten und die Kinder an die existentiellen Herausforderungen heranzuführen, die die Basis der Mythendiskussion bilden. Die Kinder sollen ein Sensorium für verschiedene Antworten entwickeln, die sich aus den verschiedenen Mythen ergeben. Die Schule gibt dann Raum für Auseinandersetzungen, für eine Streitkultur, in der verschiedene Meinungen heftig aufeinanderprallen, man sich gegenseitig anschreit, beschimpft und dadurch zu sich selber findet.

Die Teilnahme an den axiomatischen Erklärungs- und Begründungsgeschichten ist für beide Geschlechter wichtig. Sie ersetzen auch nicht die psychologischen Werte, die unseren persönlichen Umgang leiten. Bei den Jungen ist die Chance jedoch größer, daß solche mythologischen Erzählungen auch *seelischen Widerhall* finden. Das Private, Persönliche und Individuelle, das in der Schule zum Leitbild der Pädagogik erklärt wurde und über das die Kulturtechniken vermittelt werden, interessiert Knaben weniger. Sie suchen gemäß ihrer seelischen Orientierung nach einer mythologischen Auseinandersetzung mit den existentiellen Herausforderungen des Seins. Sie wollen von den Mythen hören, durch die eine Gemeinschaft versucht, das Leben zu meistern. Dieses Bedürfnis muß gestillt werden, wenn die Jungen der Schule nicht verlorengehen sollen und man verhindern will, daß sie das Schreckliche und die existentiellen Herausforderungen selber inszenieren.

Der domestizierte Mann

»Mein Mann verhält sich ideal; sein Arbeitspensum als Sozialpädagoge konnte er auf zwei Tage pro Woche reduzieren. Den Rest der Zeit verbringt er zu Hause, kümmert sich um den Haushalt und die Kinder. Er kocht, widmet sich seiner Hühnerzucht und unterstützt mein berufliches Engagement. Für die Kinder ist er voll da, bastelt und unternimmt wöchentlich Radtouren mit ihnen.«

Die neuen Väter. Männer, die sich mit einem neuen Rollenverständnis der Familie widmen, sich nicht als Pascha aufführen, der sich von der Frau bedienen läßt oder sich von der Hausarbeit fernhält. Den Samstagnachmittag verbringen die neuen Väter mit Kinderwagen oder Snuggli auf Spielplätzen, im Zoo oder im Einkaufszentrum. Sie verwenden einen großen Teil ihrer Energie und Zeit für die Familie und überlassen die mühsamen Details der Kinderbetreuung nicht der Frau, sondern kümmern sich um das Wickeln, Anziehen, Waschen, Baden, Trösten, Umsorgen und Nähren ihrer Kinder.

Wie viele Männer sich an diesem Ideal orientieren, ist umstritten. Bei den neuen Vätern handelt es sich wohl eher um ein Leitbild, das sich auf einzelne Kreise beschränkt, während die Masse der Männer immer noch durch weitgehende Abwesenheit von Haus- und Erziehungsarbeit glänzt. »Der neue Vater« ist eine Forderung, die Frauen, die nicht bereit sind, ihr Leben an Haushalt und Familie auszurichten, an ihre Männer stellen. Als Mann erntet man heute Applaus, wenn man berichtet, daß einem der Staubsauger bekannt ist, man ein Kind zu wickeln weiß und an den Elternabenden der Schule teilnimmt. »Sei kein Macho«, lautet die Parole.

Es ist selbstverständlich, daß Mann und Frau sich die Aufgaben des Haushalts und die Familienpflichten teilen. Unbestritten ist auch, daß der Vater für die Entwicklung des Kindes wichtig ist. Das Engagement des Vaters beinhaltet auch mehr als einen Gutenachtkuß oder ein starkes erzieherisches Wort am Abend. Haushalt und Erziehung müssen von beiden getragen und nicht ausschließlich an die Frau delegiert werden. Die begrüßenswerte Teilung der Hausarbeiten und Familienpflichten birgt jedoch Gefahren in sich. Ein Vater kann noch soviel mit seinen Kindern basteln, an Sonntagen radeln gehen und die Kinderzimmer aufräumen, die Frage ist, ob er das, was *seine Seele bewegt*, auch mit seiner Frau und seinen Kindern teilt, ob er auch sein *Mannsein* in die Familie einbringt. Wenn nur noch die Schularbeiten der Kinder, das Wochenendprogramm der Familie, das Verhalten der Nachbarn oder gar das verlorene Höschen der Puppe das Gespräch in der Familie dominiert, droht eine Qualität des männlichen Geistes verlorenzugehen. Der Mann widmet sich zwar *psychologisch* der Familie, vernachlässigt jedoch seine Pflicht, die Kinder in die Welt der Mythen einzuführen. Im Versuch, sich vom männlichen, patriarchalen Denken zu lösen, unterdrücken solche Väter ihre männliche Orientierung. Sie konzentrieren sich auf das Private, das Individuelle und bringen kollektive Themen nicht in die Familie, da sie befürchten, dadurch der alten männlichen Rolle zu verfallen. Da dem Interesse an

Mythen in der weiblichen Psyche nicht dieselbe Bedeutung zukommt, wird die Auseinandersetzung mit den »großen Notwendigkeiten des Lebens« aus der Familie ausgegrenzt. Ein wichtiger Lebensbereich wird dadurch jedoch den Kindern vorenthalten. Die Bedeutung der Familie reduziert sich zu einem Gefäß der Psychologie. Wenn Beziehung, das Individuum und das Private im Vordergrund stehen, wird den Kindern vorgegaukelt, daß die Familie das Zentrum der Welt sei. Nabelschau wird betrieben, wenn den Kindern vorgespiegelt wird, daß das Persönliche der einzige Ort, der einzige Temenos sei, wo sich Seelisches ereignet. Die Kinder merken nicht, daß es draußen in der Welt wichtige Territorien gibt, für die es lohnt, sich anzustrengen. Das Ritual fehlt, durch das die Kinder dieser neuen Väter an den Mythen unserer Zivilisation teilhaben. Väter sollen ihren Kindern nicht nur zu einem psychologischen Umfeld verhelfen, in dem sie sich geborgen fühlen, sondern auch *auf die Welt dort draußen* hinweisen. Der Vater ist auch Vermittler zu den kollektiven Mächten außerhalb der Familie. Er lebt den Kindern vor, daß sich der Mensch nicht nur über die Psychologie, das eigene individuelle Lebensfeld definiert, sondern auch fasziniert und geleitet wird von den beseelten Regionen im öffentlichen Bereich.

Konkret bedeutet dies, daß die Väter versuchen, ihre außerfamiliären Interessen und Bezüge einzubringen: wortreiche Erklärungen über neue medizinische Forschungsresultate, das Interesse an römischer Geschichte, Gedanken zur Verlegung der Bundeshauptstadt von Bonn nach Berlin oder über das bevorstehende Heimspiel eines Fußballclubs. Nicht nur das Kopfweh des Sohnes, das vielleicht vom unberücksichtigten Mythendruck herstammt, oder die Einrichtung des Kinderzimmers ist wichtig, sondern auch Visionen über die Nation, die Arbeit und das Geschehen im Dorf oder der Stadt. Die Welt dort draußen birgt eigenständige Kräfte und Dynamismen in sich und ist nicht nur ein Spiegelbild des eigenen psychischen Zustandes. Jene Väter und Mütter, die ihre Kinder bei politischen Demonstrationen mitnehmen, sprengen den familiär-psychologischen Rahmen. Die Teilnahme an einer Demonstration kann das Kind für die Bedeutung der Mythen sensibilisieren.

Kinder brauchen eine männliche Identifikationsfigur, um ihre männliche Seite oder Identität zu entwickeln. Doch die Emanzipation der Väter ist am Anfang. Physisch und psychologisch sind heute viele Männer in der Familie präsent, doch seelisch haben sie sich ausgeschlossen. Sie haben noch keinen Weg gefunden, ihr männliches seelisches Hauptinteresse in die Familie einzubringen. Sie verwechseln Emanzipation mit der psychologischen Einstellung zum Leben und verlieren dadurch ihre eigentliche männliche Orientierung. Sie werden auch für die Kinder fad und langweilig.

Männer müssen die Beseelung, die sie durch die Politik, den Sport, den Beruf, Hobbys oder die Religion spüren, mit ihrer Familie teilen. Natürlich interessieren sich auch Frauen für solche Themen. Die Kernthese dieses Buches lautet jedoch, daß die *primäre* seelische Ausrichtung der Männer sich von der seelischen Grundeinstellung der Frauen unterscheidet. Die männliche Seele sucht sich andere Symbole, um sich darzustellen. Sie entstammen den Mythologien, während die Frauen sich über Bilder und Symbole aus ihrem psychologischen Umfeld ausdrücken. Das Referenzsystem, das zitiert wird, unterscheidet sich. Sich handelnd in die Welt einbringen werden beide: Männer stützen sich auf Mythen, Frauen legitimieren ihr Handeln aufgrund psychologischer Bilder. Eine Politikerin setzt sich für Wohnstraßen ein, weil sie persönlich oder durch eine Bekannte erlebt hat, was es heißt, mit drei Kindern an einer befahrenen Straße zu leben. Ein Politiker hingegen ist von der Idee der Wohnstraße überzeugt, weil er sich nicht mit dem Mythos absoluter Mobilität identifiziert, sondern vom Dorf in der Stadt träumt. In der Familie ist es jedoch Aufgabe der Männer, zu ihrer mythischen Orientierung zu stehen, nur so helfen sie ihren Söhnen, sich später in der Welt zurechtzufinden.

Töchter

Am Schluß dieses Kapitels noch ein paar Worte zum Verhältnis Vater–Tochter. Ich habe vorher betont, wie der Vater für die Familie den mythologischen Bezug zur Welt herstellt. Diese Rolle hat er nicht nur bei den Söhnen, sondern vor allem bei seinen Töchtern. Genauso wie die Mutter den Sohn in die Welt der Psychologie einführt, helfen Väter ihren Töchtern, an den Mythen unserer Gesellschaft zu partizipieren. Sie führen über das Mitteilen ihrer außerfamiliären Faszinationen ihre Töchter in die Welt der Mythen ein, eine Welt, die ihnen sonst fremd bliebe. Im Sinne einer kompensatorischen Erziehung ist es Aufgabe der Väter, ihren Töchtern die Mythen, die sie in der Politik, der Geschichte, ihrem Betrieb und ihrer nationalen Identität erleben, vorzustellen. Nicht in der Erwartung, daß sich ihre Töchter später an diesen Mythologien orientieren, sondern in der Hoffnung, daß sie für die Welt der Mythen sensibilisiert werden und später in der Außenwelt besser bestehen. Bei Mädchen wird dadurch der Samen dafür gelegt, daß sie später ein mythologisches Gebiet durch einen psychologischen Beitrag befruchten. Sie steigen zum Beispiel in die Politik, die Wirtschaft oder die Kunst ein und können dort aus psychologischer Perspektive wirken. Mädchen müssen jedoch zu diesen außerfamiliären Gebieten hingeführt werden, da sonst die Gefahr besteht, daß sie das Persönliche verabsolutieren und die Außenbereiche als irrelevant abtun. »In der Geschäftswelt geht es sowieso nur um das Geld!« oder »Alle Politiker sind sowieso nur Gauner und Lügner, in dieses Getümmel will ich mich nicht stürzen.«

4. Kapitel

Die Grandiosität des Mannes

Orientierung am Überpersönlichen

»Mythen spiegeln das Wesen der Männer, die an sie glaubten und für sie litten.«[1]
MURRAY KEMPTON[2]

Als Knabe sah ich mich als Kapitän auf einem Kreuzer. In meiner Phantasie bekämpfte ich die Piraten in der Karibik. Ich lernte dafür schwimmen. Als Jugendlicher stellte ich mir vor, wie ich als Rocksänger ein Stadion fülle: Tausende Fans würden kommen und meiner Gruppe zuklatschen. Ich lernte Gitarre spielen. Als junger Mann stellte ich mir vor, daß ich eine eigene Schule gründen und einen neuen Ansatz in der Pädagogik initiieren würde. Ich besuchte das Lehrerseminar. Solche großartigen, mythisch fundierten Phantasien eilten meinem Leben voraus, beseelten mich und gaben mir die Energie, neue Lebensziele anzustreben und die Herausforderungen des Alltags, der Bildung und des Berufs anzunehmen. Solche großartigen Vorstellungen sind für den Mann wichtig. Heute gilt es, solche männlichen Grandiositäten wieder zuzulassen, eine Kultur zu entwickeln, die dafür Platz hat, ohne daß Männer deshalb bessere Stellungen oder mehr Macht als die Frauen beanspruchen. Männer dürfen nicht in das Korsett der Psychologie gezwungen werden, sondern wir müssen ihnen ihre Großartigkeiten, ihre Suche nach den Mythen erlauben, damit sie ihre Energien in die Zivilisation einbringen können.

Zum Begriff männliche Grandiosität assoziieren wir Selbstherrlichkeit, Überheblichkeit und Überschätzung der eigenen Fähigkeiten. Bilder von Männern kommen uns in den Sinn, die nur von sich reden und sich selber als interessanteste Persönlichkeit der Menschheit betrachten. Männer, die eine große Leidenschaft für das eigene Ich entwickelt haben[3], die durch ihre Selbstbezogenheit und ihre Unfähigkeit zu Selbstkritik langweilen. Wenden wir uns der Geschichte zu, so finden wir Dutzende von Beispielen männlicher Grandiosität, die Tausenden von Menschen Leid und Tränen brachten oder sie gar in den Tod stürzten: Napoleon Bonaparte, der mehrere tausend Soldaten vor die Tore Moskaus schickte, wo sie für seine imperialistischen Phantasien erfroren, und der von sich sagte: »Mein Name wird so lange leben wie der Name Gottes«[4]; Hernando Cortes (1485–1547), der mit seinen 400 Soldaten im Namen der Glorie des spanischen Königs Carlos 1519 das morsche Aztekenreich Montezumas endgültig zerstörte, von Goldsegen träumte und dadurch einer alten indianischen Kultur den Todesstoß versetzte, oder natürlich Adolf Hitler (1889–1945), der mit seinem Rassenwahn und seinem rücksichtslosen Großmachtdrang für Europa und das jüdische Volk eine Katastrophe bedeutete. Mit männlicher Grandiosität bringen wir Männer in Verbindung, die der Welt ihren Willen aufzwingen, einen Machtanspruch anmelden, eine fixe Idee durchsetzen wollen. Männer, die glauben, daß sich die Welt *ihnen* anzupassen habe, ohne daß sie auf die Umwelt oder die Mitmenschen Rücksicht zu nehmen brauchten. Männliche Grandiosität ist belastet.

Männliche Grandiosität scheint abartig und höchstens psychopathologisch von Interesse: der Größenwahn oder die Megalomanie, wodurch der Betreffende seine Leistungsfähigkeit, seine Stellung, seine Erfindungen und Ideen maßlos überschätzt, glaubt »Trilliarden« zu besitzen, während er in Tat und Wahrheit als armselige Figur in einer Klinik darbt.[5] Der Maniker, der glaubt, die Welt erlösen zu können, oder der Psychotiker, der meint, der Erfinder des Valiums zu sein.[6] Grandiosität als Überschätzung der Fähigkeiten und Eigenschaften eines fragilen Ichs, dem im nächsten Augenblick der Absturz und die Depression drohen. Auf männliche Grandiosität können wir verzichten.

Mir geht es nicht darum, solche Verbrechen an der Menschheit zu verharmlosen oder zu relativieren. Grandiosität betrachte ich aus einer anderen Perspektive. Ich möchte zeigen, daß männliche Grandiosität, die es nach Imperien, Eroberungen, Macht und Positionen dürstet, auch gute Seiten hat. Sie bezeichnet eine seelische Einstellung, die sich auch hinter den Leistungen Henry Dunants, Albert Schweitzers, Heinrich Pestalozzis, Le Corbusiers, John Lennons, Martin Luther Kings oder eines Politikers wie Winston Churchill oder Willi Brandt verbirgt. All diese Männer wurden durch ein Gefühl der Grandiosität beseelt. Sie sahen sich nicht primär als einzelnes Individuum, das durch eine persönliche Geschichte und ein Beziehungsnetz geprägt wird, sondern ihr Tun spiegelte das Eingebundensein in einen kollektiven Rahmen. Sie waren bereit, sich für die Gemeinschaft oder ein Werk einzusetzen, da sie sich selbst als Ausdruck eines umfassenderen Geschehens betrachteten. Dieses Daseinsverständnis vermittelte ihnen die Überzeugung, auf dem richtigen Weg zu sein und eine gute Sache zu vertreten. Dank dieses grandiosen Gefühls waren sie fähig, Selbstzweifel zu zerstreuen und Widerstände zu überwinden. Ihre Grandiosität zeigte sich in der Hinwendung zu einer Sache, sei dies Kunst, Technik oder Wirtschaft, oder in der Identifikation mit den Zielen, Ideen oder Aufgaben einer Bewegung oder eines Kollektivs. Solche Grandiositäten gilt es heute zu fördern.

Graf Zeppelin (1838–1917) stieß am Anfang seiner Karriere mit dem Projekt eines Luftschiffes auf erheblichen Widerstand. Seine Ideen wurden von den führenden Sachverständigen der Zeit als »phantastisch«, »überspannt«, »dilettantisch« oder »verrückt« bezeichnet. In einem Gutachten der Gelehrten Helmholtz, Busley, Slaby und Müller-Breslau wurde dem Kriegsministerium dringend von jeglicher Unterstützung abgeraten. Graf Zeppelin beharrte jedoch trotz dieser ablehnenden Stellungnahmen auf seinem Projekt. Die Idee eines Luftschiffs hatte ihn erfaßt und begeisterte ihn. Sein eigenes Wirken betrachtete er nicht als Produkt seines persönlichen Schaffens, sondern er sah sich als »Werkzeug ..., das berufen war, etwas zu schaffen, wonach sich die ganze Welt lange gesehnt hat«.[7] Er sah sich als Diener des technischen Fortschritts, konnte folglich gar nicht anders, als das Projekt weiterzuverfolgen. Graf Zeppelins Grandiosität bestand darin, daß er für die Idee des Luftschiffes lebte. Er hatte eine Vision, die es möglich machte, die Grenzen der damaligen Technik zu überwinden. Diese männliche Grandiosität ist nicht eine Eigenschaft des Mannes selbst – das wäre ein inflationäres Mißverständnis –, sondern grandios wird der Mann durch den Mythos, der sich seiner als Werkzeug bedient.

Männliche Grandiosität hat oft ein unbeirrtes Festhalten an Erkenntnissen zur Folge. Interessant ist das Beispiel von Galileo Galilei (1564–1642). Er verwarf das geozentrische Weltbild und sah statt dessen die Sonne als Zentrum des Universums. Aufgrund seiner astronomischen Beobachtungen konnte er die Auffassung nicht unterstützen, daß die Erde den Mittelpunkt unseres Weltalls bilde. Während der Inquisitionsprozesse vom Dezember 1615 bis Juni 1616 wurde Galilei von Papst Urban VII. indirekt aufgefordert, sich von seinen ketzerischen Gedanken loszusagen. Galilei ließ sich einschüchtern und fügte sich. Er sprach in der Folge nur noch von »Hypothesen«. Er konnte jedoch von seinen Ideen nicht lassen, oder – anders ausgedrückt – seine Erkenntnisse ließen *ihn* nicht los. Obwohl es dem Naturell Galileis widersprach, sich heldenhaft für neue wissenschaftliche Erkenntnisse einzusetzen, mußte er seine Ideen niederschreiben. In seinem »Dialog über die beiden großen Weltsysteme« plädierte er 1632 erneut für das kopernikanische Weltsystem. Das Buch rief helle Begeisterung und grenzenlose Empörung hervor. Galilei wurde wieder von der Inquisition in Rom vorgeladen. Der Astronom war irritiert durch diese Auseinandersetzung und bat, nicht nach Rom reisen zu müssen. Er verwies auf sein rheumatisches Leiden, die Beschwernisse der Reise und sein Alter. Rom beharrte auf seinem Erscheinen. Dort schwor er schließlich 1633, seine Ideen abzulegen und keine falschen Lehren mehr zu vertreten.

Galilei ist ein Beispiel männlicher Grandiosität. Vom Charakter her war er weder ein Held noch ein Vorkämpfer für neue Erkenntnisse. Er fühlte sich jedoch derart mit der Astronomie verbunden, daß er gar nicht anders konnte, als zu denken und zu vertreten, was seine Wissenschaft ihm offenbarte. Seine Seele partizipierte mit diesem Sachgebiet an einer *umfassenderen Größe*, während seine Persönlichkeit angepaßt und ängstlich war.

Männliche Grandiosität manifestiert sich über ein Sachgebiet oder ein Kollektiv. Das eigene Wirken oder der eigene Standpunkt wird nicht als grandios erlebt, sondern als das objektiv Richtige empfunden. Es ist evident, daß die Sonne im Mittelpunkt des Universums steht oder daß ein Luftschiff gebaut werden kann – die Sache gebietet es so. Der Betreffende denkt und wirkt vor dem Hintergrund eines umfassenderen Referenzsystems, das ihm das Gefühl von Sicherheit verleiht. Die Verbundenheit mit dem Sachgebiet oder Kollektiv garantiert Überzeugungskraft. Grandiosität ist die Fähigkeit, sich mit Elan einer Aufgabe zu widmen, an die man glaubt. Als Otto von Bismarck 1847 im preußischen Landtag seine Antrittsrede hielt, reagierten die Abgeordneten mit Tumult. Bismarck reagierte gelassen: »Ich blieb auf der Tribüne, blätterte in einer dort liegenden Zeitung und brachte, nachdem der Lärm sich ausgetobt hatte, meine Rede zu Ende.«[8] Grandiosität verbirgt sich hinter der Tendenz des Mannes zu unpersönlicher Selbstüberhöhung, in der er Tatsachen sprechen läßt. Dank dieser Grandiosität kann er in Auseinandersetzung mit einem Kollektiv oder einer Sache Energien freisetzen, Festigkeit zeigen und unbeirrt auf ein Ziel zustreben. Als spezifisches Merkmal des männlichen Seelenteils kann diese Haltung befruchtend und anregend auf die Umgebung wirken.

Versuchen wir den Hintergrund dieser männlichen Grandiosität auszuleuchten. Woher stammt diese Überzeugungskraft? Was bedeutet sie seelisch? Ich sehe diese männliche Schaffenskraft als Ausdruck der mythischen Einstellung dem Leben gegenüber.

Bevor wir uns dieser Frage zuwenden, muß ein mögliches Mißverständnis ausgeräumt werden. Großartige Werke und ein Einsatz für die Gemeinschaft sind natürlich auch mit einer weiblichen Einstellung dem Leben gegenüber möglich. Das Motiv, sich für etwas einzusetzen, dafür zu kämpfen und Opfer auf sich zu nehmen, kann sowohl in der Psychologie als auch in der Mythologie eines Menschen seinen Ursprung haben. Für die Hungernden in Afrika ist es irrelevant, ob der Entwicklungshelfer die Essensrationen aufgrund persönlicher Betroffenheit verteilt oder weil es ihm um das soziale Ungleichgewicht zwischen den armen und wohlhabenden Ländern geht. Das Resultat ist dasselbe, auch wenn das Hintergrundmotiv verschieden ist. Liegt das Motiv in der Psychologie, so wird die betreffende Person ihren Einsatz als persönliche Herausforderung verstehen oder aus persönlicher Betroffenheit handeln.

»Troppo sangue, non c'è amore qui, non c'è amore per niente!« (Zuviel Blut, es gibt keine Liebe hier, keine Liebe für nichts und niemand) schrie Rosaria Schifani der verdutzten Trauergemeinde zu, eine vorbereitete Erklärung zur Seite schiebend. Sie hatte soeben beim blutigen Attentat der Mafia auf den Richter Giovanni Falconi ihren Mann Vito Schifani verloren (23. Mai 1992). Durch den Verlust ihres Mannes, der dem Mafia-Jäger als Leibwächter zur Seite stand, wurde sie innerlich aufgerüttelt. Sie war entschlossen, persönlich gegen die Mafia zu kämpfen. Durch Interviews, Aufrufe, ein Buch und Artikel versuchte sie, die Bewohner Siziliens zu überzeugen, daß es sich lohnt, der Mafia die Stirn zu bieten. Ihr Kampf erfolgte aus Betroffenheit und persönlichem Interesse.

Das Beispiel Rosaria Schifanis ist typisch. Im Gegensatz zu vielen Männern ist der Einsatz der Frauen für eine Sache aus ihrer *psychologischen Motivation* ableitbar. Es steht weniger die Idee, ein Mythos im Vordergrund, sondern das persönliche Engagement, das auf der weiblichen Fähigkeit gründet, sich in individuelle Schicksale und Lebenssituationen einzufühlen.

Wenn wir also von Männern und Frauen sprechen und die Unterschiede hervorheben, dann verstehen wir darunter *seelische Orientierungen* und nicht *biologische Kategorien*. So wie Männer weibliche Seelenanteile in sich tragen, haben Frauen männliche Seelenanteile in sich. Das Weibliche und das Männliche sind Archetypen, die jenseits des biologischen Geschlechtes als Dispositionen in uns vorhanden sind. Es wäre unstatthaft, eine Frau nur auf ihr biologisches Geschlecht zu reduzieren oder ihr nur einen Geschlechtsarchetyp zuzugestehen. Auch Frauen tragen die Möglichkeit archetypischer Männlichkeit in sich. In der Regel entspricht jedoch die primäre seelische Ausrichtung dem biologischen Geschlecht. Die meisten Männer fühlen sich auch seelisch als Männer, haben eine starke mythische Orientierung, auch wenn ein Teil ihrer Persönlichkeit weiblich-psychologisch orientiert ist. Doch wenden wir uns nun den seelischen Hintergründen männlicher Grandiosität zu.

Das Bedürfnis nach Allgemeinheit

»... ein Mann muß sich hüten, die Dinge zu verallgemeinern.«[9] Männliche Grandiosität hat verschiedene Äußerungsformen. Sie zeigt sich zunächst im Bedürfnis nach dem Wirken in einem Kollektiv oder für ein Thema, das allgemein, für alle gültig und nicht nur von persönlichem Interesse ist.

Otto Stich, der schweizerische Finanzminister, wurde von einer Journalistin gefragt, wieso er bereit sei, die immensen familiären, persönlichen und wahrscheinlich auch gesundheitlichen Opfer zu bringen, die sein Amt erfordert. Lohnt es sich, jahrelang sechzig Stunden pro Woche zu arbeiten, fast keine Zeit für sich selber zu haben, immer wieder öffentlich angegriffen zu werden und letztlich doch zu merken, daß einem Finanzminister durch die Umstände die Hände gebunden sind? »Mein Einsatz gilt der Gemeinschaft, der Gestaltung der Demokratie«[10], war die etwas verlegene Antwort des Magistraten. Der Reporterin war diese Antwort zu allgemein, nicht persönlich genug, und darum bohrte sie weiter. Sie fand seine Antwort zu wenig reflektiert, eine männliche Platitüde und vermutete wahrscheinlich andere, unbewußte Motive: Ehrgeiz, Ruhmsucht oder Machtgier.

Aus der Perspektive männlicher Grandiosität ist diese Antwort jedoch typisch: Nicht das Persönliche motiviert, sondern das *Allgemeine.* Die Sache oder Idee steht im Zentrum. Das eigene Tun wird mit einer Vorstellung aus der Gesellschaft begründet. Persönliche Motive sind nicht erkennbar. Solche Männer setzen sich für eine Organisation, den Staat, die Wirtschaft, das Militär, die Familie, eine Idee oder eine Vision ein und subtrahieren den persönlichen Faktor. Was sie dynamisiert, gründet nicht in der persönlichen Biographie und ist nicht Ausdruck von Eigennutz, sondern leitet sich von einem größeren Kontext ab. Von außen her, von der Sache, vom System werden sie mit Energie besetzt, so daß sie sich aufraffen und für etwas einsetzen können. Das allgemeine, umfassende Thema ist für sie ein Lebenselixier.

Der amerikanisch-schweizerische Nobelpreisträger Edmont Fischer begründete seine Entscheidung, 1953 nicht in die Schweiz zurückzukehren, mit dem »höheren Entwicklungsstand der biochemischen Forschung« in den USA. Nicht die persönliche Vorliebe oder eine Bevorzugung der amerikanischen Lebensart hat den Ausschlag gegeben, sondern die Biochemie hat für ihn entschieden. Fischer begründete seine Entscheidung mit Argumenten, die eine Frau in der gleichen Situation wahrscheinlich weniger gewichten würde. Für sie würden wohl Verwandte, Freunde, die Atmosphäre und das tägliche Leben wichtigere Faktoren sein.

Das Bedürfnis, in einer allgemeinen oder kollektiven Aufgabe aufzugehen, drückt sich auch bei unscheinbaren Aufgaben aus: beim Schulhauswart, der mit Verve dafür sorgt, daß nicht zu viele Schlüssel verteilt werden, weil sonst die Zutrittsberechtigten zum Schulgebäude nicht kontrolliert werden könnten und sich dadurch die Gefahr von Diebstahl oder Sachbeschädigung erhöhte, oder beim Gastwirt, der das Gefühl hat, daß die Qualität des Essens über die Stimmung im Restaurant entscheidet. Das Bedürfnis nach dem kollektiven Rahmen leben sie in der jeweiligen Arbeit aus. Sie betrachten die Pflichten und Aufgaben, die mit ihrem Beruf verbunden sind, als *allgemein* wichtig. Sie identifizieren sich mit Aufgaben, die sich ihnen im Rahmen eines Temenos als existentielle Herausforderung präsentieren, unabhängig davon, ob sie spektakulär sind oder von der Außenwelt bemerkt werden.

Je nach persönlicher Gewichtung steht das Allgemeine oder das Persönliche im Vordergrund. Ein Lehrer setzt sich Stunde um Stunde mit einer Klasse auseinander. Er versucht seine Schüler zu verstehen, spricht einzeln mit ihnen und setzt im Unterricht neue Lehrmittel ein, um sie zu begeistern. Sein Engagement kann entweder *seiner* Klasse gelten, oder aber er hat *die Jugend an sich* und sein *Fach* vor Augen. Möglicherweise hat er kein großes Interesse an den einzelnen Schülern und Schülerinnen, vergißt immer wieder ihre Namen, sondern will die kommende Generation in sein Fachgebiet einweihen.[11] Die Idee, etwas für die Jugend an sich zu tun, begeistert ihn, während sein Interesse an den einzelnen Kindern sekundär ist. Der Glaube an die nächste

Generation, sein Wille, sie in die Geheimnisse der Biologie oder die Schönheit der Literatur einzuweihen, motiviert ihn, und nicht die persönlichen Beziehungen, die er zu den Schülern und Schülerinnen aufgebaut hat.

Oft nimmt diese seelische Ausrichtung bizarre Züge an – beim Zugführer, der sich immer wieder über zu spät eintreffende Passagiere ärgert, weil sie als unberechenbarer Faktor den Fahrplan durcheinanderbringen, oder beim Schalterbeamten, dem die Kunden lästig sind. Wie der Lehrer interessieren sich diese Männer nicht für die einzelnen Menschen, sondern für das System. Sie fühlen sich als Teil einer größeren, gut organisierten und synchronisierten Organisation. Die Sache, das allgemeine Anliegen entscheidet über den Einsatz, und nicht die Bedürfnisse der involvierten Menschen.

Mitglied einer Bewegung

Eine weitere Äußerungsform männlicher Grandiosität ist die *innere Partizipation an einer kollektiven Bewegung*. Wie bei den Jungen, die sich zu Mitgliedern einer imaginären oder realen Bande erheben, setzen sie ihr Tun in einen größeren sozialen Rahmen. »... es muß irgendwann ziemlich bald nach meiner Ankunft in Norwegen gewesen sein, ich wandere an einem Fjord entlang und memoriere die Rede, die ich nach meiner Rückkehr nach Lübeck halten wollte«[12], erinnert sich Willy Brandt (1913–1992), als er an die ersten Wochen seiner Flucht nach Norwegen zurückdenkt. Deutschland war fest in den Händen der Nationalsozialisten, Brandt exiliert. Die Hoffnung auf eine Rückkehr war gering. In seiner Vorstellung sah er sich jedoch bereits als Redner der Sozialdemokratischen Partei Deutschlands. Seine Grandiosität zeigt sich in seiner Überzeugung, einer zukünftigen Bewegung anzugehören, einer gesellschaftlichen Strömung, die eine bestimmte Lebenshaltung, Werte und Ziele vertritt.

In ihrer Vorstellung glauben viele Männer, Teil einer Bewegung zu sein. Sie fühlen sich als Teil eines Kollektivs. Was sie denken und phantasieren, wird im Zusammenhang mit einer gesellschaftlichen Strömung gesehen. Ihre persönlichen Ansichten sind an sich unwichtig, doch ihre Gedanken, Meinungen und Standpunkte müssen in die politische Debatte einfließen. Die eigene Tätigkeit wird in einen gesellschaftlichen Kontext gestellt und ist Ausdruck einer Bewegung. Diese Eigenwahrnehmung führt zu einem anderen Selbstbild. Die Identität wird beeinflußt durch die Bewegung oder Gruppe, der man sich zugehörig fühlt. Der Betreffende sieht sich als Jungunternehmer, Student, progressiver Pädagoge, Sozialist, Liberaler, Yuppie, Grüner, Hausmann, Alternativer oder Bürgerlicher.

Diese Tendenz, sich über Gruppen oder Bewegungen zu definieren, zeigt sich auch bei Abstimmungen. Männer leihen den Parolen ihrer Parteien Gehör, während Frauen eher eine persönliche Wahl, über die Parteigrenzen hinaus, treffen.

Das Gefühl, einer Bewegung anzugehören, ist nicht mit Anpassung gleichzusetzen. Innerlich partizipiert ein Mann an einer Bewegung, doch stehen ihm verschiedene Möglichkeiten offen, wo und wie er sich innerhalb dieser Bewegung situiert. Bei völliger Identifikation wird er zum typischen Bankangestellten, Lehrer, Sozialarbeiter oder Pilot. Als amerikanischer Bankangestellter trägt er Boston-Schuhe und eine Harvard-Krawatte, als Sozialarbeiter Bart, Pullover und Sandalen. Beide beurteilen ihre Umwelt durch die Brille ihrer Gruppe. Ein Mann kann jedoch auch an einer Bewegung teilhaben, indem er sich von ihr abgrenzt und Distanz markiert. Der Betreffende will kein Yuppie sein, hat genug von den ewig kritischen 68ern, der Konsumgesellschaft und wendet sich darum als Bauer der ökologischen Landwirtschaft zu. Seine Überzeugung leitet sich aus einer oppositionellen Haltung ab. Indirekt partizipiert er an verschiedenen kollektiven Strömungen, die ihm als Orientierungsgrößen für die eigene seelische Ausrichtung dienen. Solche Männer denken das Gegenteil von dem, was sie als kollektive Bewegung registrieren, wollen sich abheben und verstehen sich als Aussteiger, kritische Denker oder Reformer. Das eigene Wirken und Denken setzt einen Kontrapunkt zur Weltanschauung der Bürgerlichen, der Alternativen oder Karrieristen.

»Wenn alle gleicher Meinung sind, dann stimmt etwas nicht!« äußerte sich mir gegenüber ein erfolgreicher jüdischer Geschäftsmann. Monolithische Blöcke waren ihm suspekt. Seinen eigenen Standpunkt entwickelte er immer in Auseinandersetzung mit solchen kollektiven, unverrückbaren Überzeugungen. Er versuchte jedoch anders zu entscheiden, als die Masse es tun würde. Das Kollektive, die Strömung oder die Bewegung war für ihn jedoch eine Realität. Ein wichtiger Gegenpol, der ihn herausforderte. Seine Grandiosität schimmerte durch den gegensätzlichen Standpunkt durch. »Es wäre wirklich das größte Glück, im Interesse und zum Wohl des eigenen Landes und der Religion im Gefängnis zu sein … Der wahre Weg höchster Glückseligkeit liegt darin, ins Gefängnis zu gehen und die Leiden und Entbehrungen dort im Interesse seines Landes und seiner Religion zu ertragen«, erinnert sich Mahatma Gandhi (1869–1948), als er an seine Gefängnisstrafe 1908 zurückdenkt, zu der ihn die britischen Behörden wegen seines Aufrufs zu passivem Widerstand verurteilten.[13] Gandhi wurde durch den Gefängnisaufenthalt für seinen Kampf gegen den britischen Kolonialismus innerlich gestärkt. Ähnlich, wenn auch auf einem ganz anderen Gebiet, erging es John Lennon (1939–1980). Über die Anfänge der Beatles-Karriere sagt er: »Wir waren immer anti Jazz. Ich halte es für Scheiß-Musik …«[14], »Rock 'n'Roll war echt, alles andere war unecht – und Echtheit dringt zu dir durch, ob du es willst oder nicht, du erkennst etwas darin, das wahr ist, wie alle wahre Kunst.«[15] John Lennon hat zeit seines Lebens stark auf kollektive Strömungen reagiert und fühlte sich darum oft wie ein »Chamäleon«[16]. Etablierten Bewegungen gegenüber verhielt er sich als Rebell, scheint aber gleichzeitig ein feines Gespür dafür gehabt zu haben, welche neue Bewegung anbrechen wird. Er war stark verbunden mit den kommenden und aktuellen Themen seiner Zeit. »Von wo auch immer der Wind blies, da trieb es die Beatles hin. Wir waren nicht die Flaggen auf dem Schiff, aber das ganze Schiff war in Bewegung. Vielleicht waren wir einfach zuoberst und schrien ›Land in Sicht‹ …, aber eigentlich waren wir in demselben Boot.«[17]

Hier zeigt sich ein Kampf zwischen dem Ich und dem Selbst. Das Ich setzt sich mit einer überpersönlichen Instanz auseinander, das es in der kollektiven Bewegung erlebt. In der Terminologie der Jungschen Psychologie ahnt das Selbst, dieser innere Sinn, welche Bewegung für uns stimmt. Es gibt uns Zeichen, ob wir uns anschließen oder eine Bewegung ablehnen sollen. Die Auseinandersetzungen auf der Ich-Selbst-Achse sind nötig, um zu verhindern, daß wir zur Marionette oder zum Opfer einer Bewegung werden. Diese Auseinandersetzung *muß* ritualisiert werden, da der einzelne nicht genügend Kraft hat, sich kritisch mit einer kollektiven Bewegung auseinanderzusetzen.

Aufgrund ihrer Grandiosität partizipieren Männer an den aktuellen Themen ihres weiteren Umfelds. Über die Berichte in Zeitungen, im Fernsehen oder bei Gesprächen stimmen sie sich in die kollektive seelische Situation ihrer Zeit ein. Die jeweiligen gesellschaftlichen oder politischen Herausforderungen regen sie an und wecken Emotionen. Stellen Männer ihre persönliche Vergangenheit dar, so verwenden sie oft Bilder aus kollektiven Bewegungen, um Zäsuren zu markieren. Sie strukturieren ihre Vergangenheit mit Hilfe der Strömungen und Probleme der jeweiligen Epoche. »Während meiner Gymnasialzeit war ich voll beeinflußt durch die Hippie-Bewegung, ich kleidete mich wie ein Blumenkind und nahm auch immer wieder an Demonstrationen teil. Später hatte ich eine ruhigere Phase, die Literatenszene wurde mir wichtig. Mit dreißig hatte ich jedoch das Gefühl, etwas müsse geschehen ...« oder: »... damals, als der Koreakrieg ausbrach, hatte ich ...« Die kollektiven Bewegungen und Themen sind für Männer eine Möglichkeit, ihre Seele darzustellen. Frauen gestalten ihre Vergangenheit eher nach Beziehungsphasen: »Damals war ich noch mit Herbert zusammen ...« oder: »... das war während der Zeit, als ich noch mit Carmen die Wohnung teilte.« Das Persönliche steht im Vordergrund. Neue Beziehungen und private Veränderungen markieren Zäsuren. Kernereignisse aus dem psychologischen Umfeld werden zitiert. »Während Frauen die Krisenmomente in ihrem Leben als besonders aufschlußreiche Schlüsselphasen erlebten, neigten die Männer eher dazu, sie als Ausnahmen herunterzuspielen oder schlicht zu übergehen«, folgern Cheryl Benard und Edit Schlaffer nach unzähligen Interviews mit Männern und Frauen.[18]

Natürlich unterliegen auch Frauen den Einflüssen gesellschaftlicher Strömungen. Der Erscheinungsort – oder der Temenos – ist jedoch nicht derselbe. Im Gegensatz zu Männern äußern sie sich eher über psychologische Themen. Das Allgemeine, die kollektive Strömung oder Bewegung bleibt eine abstrakte Größe und wird nicht zu einer seelischen Wirklichkeit. Frauen suchen psychologische Felder, an denen sie partizipieren können. Was in den Beziehungen zu anderen Menschen geschieht, kann zur Richtgröße der eigenen Lebensgestaltung werden. Das Private und Persönliche wird als Quelle der seelischen Erneuerung angesehen.[19] Die Orientierung erfolgt über persönliche Betroffenheit und den unmittelbaren Bezug. »Durch meine Arbeit als Heimerzieherin mußte ich einsehen, daß man mit einer permissiven, antiautoritären Haltung allein nicht zum Ziel kommt. Beim

Förderunterricht wurde ein Knabe mir gegenüber frech und widerspenstig. Er weigerte sich, sich am Unterricht zu beteiligen. Ich bot ihm an, entweder zu kooperieren oder aber den Boden zu wischen. Als er mir anschließend die Zunge herausstreckte, habe ich schließlich Sand auf den Boden gestreut und ihm befohlen, ihn wieder aufzuwischen. Ich kam mir zwar blöd vor, doch nur so konnte ich mich ihm gegenüber durchsetzen. Ich glaube, hie und da muß man auch autoritär sein können.« So eine Heimerzieherin, die für sich beschließt, die Kinder nicht mehr nur straffrei und antiautoritär zu erziehen. Das *persönliche Erlebnis* leitet den Sinneswandel ein, und nicht die Lektüre eines pädagogischen Artikels. Im Gegensatz zu Männern scheinen Beziehungen der Kanal zu sein, durch den neue Impulse die Psyche berühren. Wichtig wird eine Information, wenn der persönliche Bezug hergestellt ist.

Neue Gedanken und Ideen erreichen den Mann oft nicht über das persönliche Umfeld, sondern über Bewegungen. Er hört oder liest von einer neuen pädagogischen Richtung und will darum den entsprechenden Ansatz in seiner Arbeit ausprobieren. Die Erfahrungen innerhalb einer Beziehung haben oft nicht das gleiche Gewicht wie objektive Informationen oder Neuigkeiten, die in Zeitungen oder Büchern stehen, im Fernsehen verkündet oder von Arbeitskollegen mitgeteilt werden. »Die Ideen Frederic Vesters über das Lernen haben mich völlig überzeugt. Ich habe nach der Lektüre seiner Bücher dem Autor geschrieben, von ihm Unterlagen zugeschickt bekommen und schließlich meinen Unterricht völlig umgestaltet«, berichtet ein älterer Volksschullehrer. Nicht ein persönliches Erlebnis oder eine Begegnung stand für ihn im Vordergrund, sondern das Gefühl, es gibt eine neue lerntheoretische Bewegung.

Diese Hinwendung zur Sache, zum Allgemeinen, oder die Vorstellung, einer Bewegung anzugehören, vermittelt den Männern das Gefühl der Grandiosität. Das Männliche drängt danach, sich einer Aufgabe zu widmen, durch die sie mit etwas Größerem verbunden werden. Sie suchen ein System, in das sie sich integrieren können, oder eine Herausforderung, die ihrem Dasein einen über das individuelle Leben hinausgehenden Sinn gibt. Es zieht sie weg von der individuellen, psychologischen Welt, in der sie aufgewachsen sind, zu einer Aufgabe oder einem Thema, an dem sie teilhaben können.

Die heimliche Macht der Mythen

Die Grandiosität des Mannes ist ein Versuch, an den *Mythen* unserer Zivilisation teilzuhaben. Hinter den Sachinteressen, den allgemeinen Themen und den gesellschaftlichen Bewegungen verbergen sich aktuelle Mythen; mächtige, transzendente seelische Wirklichkeiten. Jedes Wirkungsgebiet und jede kollektive Bewegung wird von mythischen Bildern getragen: Basissätze oder Axiome, die die Grundlage des Handelns abgeben und die Denkrichtung bestimmen. »Der Mythos äußert sich in bestimmten Vorstellungen von der Natur und dem Menschen.«[20] So wie die Physik Formeln braucht, um sonst schwer erfaßbare materielle Prozesse zu erkennen, braucht jedes Tätigkeitsgebiet seinen Mythos, der es ermöglicht, eine entsprechende Wirklichkeit zu konstruieren.[21] Während Galileo Galilei seinen Mythos in der Astrologie fand, Willy Brandt in der sozialdemokratischen Bewegung und John Lennon in seiner Wahrnehmung der Musikströme seiner Zeit, spüren die meisten Männer ihrem Mythos auf unspektakuläre Art und Weise nach. Sie dienen dem Mythos, der ihr Arbeitsfeld legitimiert. Sie brauchen jedoch die grandiose Erweiterung und die Teilhabe am überindividuellen System, damit sie sich engagieren können. Der Mythos erfaßt sie und läßt sie die Welt in entsprechendem

Licht verstehen. Ein Arzt entwickelt einen Blick für Krankheiten, für Diagnosen und Heilungsmöglichkeiten, wenn er am Mythos der Medizin partizipiert. Er glaubt an Heilung und die Beeinflußbarkeit des Gesundheitszustandes durch die Therapie. Interessanterweise sind darum oft die neuesten Medikamente die erfolgreichsten: Patient und Arzt werden durch die neue Medikation wieder vom Mythos der Medizin beseelt. Der Mythos steuert die Wahrnehmung und vermittelt die Überzeugung, das jeweilige Problem aus der entsprechenden Perspektive meistern zu können.

Die Teilhabe an den Mythen spiegelt sich in den Gesprächsthemen der Männer. Allgemeine Themen werden persönlichen Fragen vorgezogen: Sport, Technik, Kultur oder Politik stehen im Zentrum. Aus der Sicht der Psychologie wird auf unverfängliche Themen ausgewichen, aus mythologischer Sicht schimmert das Interesse an Mythen durch. Die Mythen bedienen sich ihrer als Sprachrohr. Das allgemeine Thema verleiht den Männern Energie und macht Zustimmung, aber auch kritische Distanz möglich. Dank dieser Eigenschaft fällt es Männern auch leichter, Reden zu halten oder ein Thema zu debattieren, bei dem sie sich selber subtrahieren. Diese Eigenschaft wirkt auf Frauen irritierend.

Die Ausrichtung auf Mythen zeigt sich auch im Gesprächsverhalten. Während Frauen oft zögern, einem Gesprächspartner ins Wort zu fallen, da sie nicht brüskieren wollen, merken viele Männer gar nicht, daß sie das Gegenüber unterbrechen. Auch neigen sie dazu, mehr zu reden als Frauen.[22] »Es ist so still im Lande, ich höre nur meine eigene Stimme«, schrieb der 19jährige Brecht. Sie sind oft ganz auf das jeweilige Thema eingestimmt.[23] Getragen von einem Mythos, sehen sie sich als grandiose Vertreter der Sache, ohne sich der persönlichen Vereinnahmung bewußt zu sein oder das psychologische Umfeld zu registrieren.

Initiationsrituale in Mythen

Die mythische Orientierung des Mannes wird in der Ethnologie beschrieben. In vielen Gesellschaften und Stämmen werden die Jungen durch spezielle Rituale in die Mythen der entsprechenden Volksgruppe eingeführt. Die Einführung in die Mythen des Stammes oder Volkes ist oft schmerzhaft. So müssen bei den Samburu, einem schwarzen nilotischen Volk von Viehzüchtern, das im Norden Kenias lebt, die Knaben zwischen 14 und 26 die sogenannte *Moran-Zeit* durchstehen, damit sie vom Stamm als Männer akzeptiert werden. Diese Prüfungsphase beginnt mit einer Beschneidung. Während dieser qualvollen Prozedur dürfen die Jungen nicht das geringste Zeichen von Schmerz äußern. Ein Seufzer, und sie werden lebenslang als Feiglinge verachtet. Vor Beginn der Moran-Zeremonie dürfen die Initianden ihr Mutterhaus noch aufsuchen, anschließend wird es ihnen verboten. Sie müssen schwören, niemals Fleisch zu essen, das von einer Frau betrachtet wurde, oder Milch zu trinken. Die Initianden leben in einer abgeschiedenen Siedlung im Busch, wo sie in die Kunst der Viehhaltung und die Möglichkeiten der Beschaffung von Vieh eingeführt werden. Sie lernen zu wirtschaften, damit sie später fähig sind, einen Hausstand zu gründen. Stammt der Betreffende aus einer armen Familie, so muß er Kühe stehlen. Als Viehdieb setzt er sich zusätzlichen Gefahren aus, kann eingekerkert, verprügelt oder sogar getötet werden. Dadurch, daß er sich solchen Gefahren aussetzt, wird er jedoch für die Mädchen des Stammes attraktiv. Durch die Moran-Zeremonie erwirbt der Junge Selbstbewußtsein, Produktivität und Furchtlosigkeit. Er wird zum Mann.

Die Moran-Zeremonie will die Jungen aus der »narzißtischen Passivität«[24] und Ausrichtung auf das Weibliche herauslösen. Die Initianden trennen sich vom Persönlichen, Privaten und identifizieren sich mit den Werten des Stammes. Sie müssen sich vor den existentiellen Herausforderungen, die der Stamm als Ganzes bewältigen muß, bewähren. Von diesem Moment an sind sie in die Mythen des Stammes eingeführt, die fortan die Basis der eigenen Identität bilden. »Für die Samburu … beinhaltet der Begriff Männlichkeit … die Vorstellung vom Stamm an sich, eine Vorstellung, die auf der Basis der Hingabe an kollektive Ziele … gebunden ist.«[25]

Solche Initiationsriten drücken die Suche des Mannes nach mythischer Partizipation aus. Er begründet seine Stellung nicht durch Argumente aus seinem persönlichen, privaten Lebensfeld, sondern definiert sich im Lichte der Mythen, die seine Kultur tragen. Er lernt, sich den »männlichen Traditionen und den Mythen der Gemeinschaft«[26] zu unterwerfen. Das eigene Wirken wird als Teil eines *übergeordneten Geschehens* erlebt. Die Partizipation an den Mythen vermittelt das Gefühl der Größe, wie ich es vorher beschrieben habe.

Die männliche Grandiosität vertreibt persönliche Selbstzweifel, Gedanken über die eigene Persönlichkeit und verleiht das Gefühl von Selbstsicherheit. Sie zehrt von der Kraft des Mythos, als dessen Teil sich der Mann unbewußt betrachtet. Der Mann partizipiert am Mythos, der ihm eine Aufgabe und Rolle gibt.

Nutzen der Grandiosität für die Zivilisation

Sokrates bleibt Sokrates, eine Fähigkeit,
welche die wenigsten Männer besitzen. Zuerst
sind sie Kinder, dann werden sie Männer,
und wenn sie Männer geworden sind,
werden sie Politiker, Feldherren, Dichter,
Helden oder sonst etwas, nur nicht sich selber.
FRIEDRICH DÜRRENMATT[27]

Die Grandiosität des Mannes ist eine wichtige Kraft, die zur Bewältigung existentieller Herausforderungen der Zivilisation beiträgt. Dank ihrer Grandiosität wenden sich Männer vom Persönlichen ab und engagieren sich jenseits des eigenen Gartens für ein Thema oder eine kollektive Bewegung. Sie entwickeln Visionen und übernehmen Rollen und Aufgaben. Die Grandiosität, die sich aus der mythischen Ansprechbarkeit ergibt, führt dazu, daß Männer sich in eine Institution einfügen oder das Prinzipielle aus einer persönlichen Situation herauslesen können. Stiehlt ein Kind an einem Kiosk einen Schokoladenriegel, so erkennen sie darin ein Zeichen für die zunehmende gesellschaftliche Verwahrlosung oder die Kinderfeindlichkeit der Städte. Seltener suchen sie in der Psychologie des einzelnen Kindes nach Ursachen. Sie wollen in der Einzelerfahrung dem System oder der kollektiven Bewegung – oder eben dem Mythos – nachspüren. Diese Sichtweise verleiht das Gefühl von Größe und erweitert das persönliche Umfeld. Eine umfassendere Perspektive wird angestrebt. Nicht der Schaffner war unfreundlich, sondern das Personal der Bahnen behandelt Passagiere schlecht.

Die Sehnsucht nach Teilhabe an einem Mythos führt dazu, daß die Anerkennung durch die Allgemeinheit, die Gesellschaft wichtig wird. »Ich will etwas schaffen. Ich möchte verewigt werden ... Ich möchte etwas der Nachwelt ... hinterlassen ...«[28] oder: »Ich glaube, daß der Erfolg und die Anerkennung durch die Öffentlichkeit eine der wesentlichen Triebfedern ist ...«[29] Oder, so lautet der Aufsatztitel einer Knaben-Gymnasialklasse: »Wie kann ich in dieser Welt Spuren hinterlassen?«

Ziele der Männer

Die Folge dieser seelischen Einstellung ist, daß die Ziele, die Männer im Leben anvisieren, sich meist nicht von der persönlichen Lebenssituation und Biographie ableiten, sondern in den Mythen gründen, in die sie während der Kindheit oder Jugend eingeführt wurden. Sie setzen sich für die Idee des Umweltschutzes, für die Rechte der Arbeitnehmer, einen Forschungsgegenstand, die Politik, ihren Betrieb oder auch für die Idee der Gleichberechtigung oder die soziale Wohlfahrt ein, auch wenn sie persönlich und unmittelbar nicht vom Thema betroffen sind. Dieser Wunsch nach grandioser Mitwirkung an gesellschaftlichen oder politischen Themen hilft Männern, ihren Egoismus zu überwinden. Es geht nicht mehr um das eigene Wohl, sondern um das allgemeine Ziel. Der männliche Geist bringt sich anders in die Welt ein als das weibliche Denken. Die grandiose, weitausholende Geste wird gesucht, das umfassende Konzept angestrebt oder einer Idee nachgefiebert.

Christoph Columbus (1451–1506) pries sich 1483 dem portugiesischen König Johann II. als zukünftigen »Großadmiral des Ozeanischen Meeres«[30] an, bevor er überhaupt eine Flotte zusammengestellt hatte. Er war fest davon überzeugt, große Reiche, Inseln und ein Festland, überreich an Gold und Silber, zu entdecken.[31] Die Idee, Indien vom Westen her zu erreichen, hat ihn dermaßen begeistert, daß er sich fortan

Christobal Colon nannte und an den spanischen Hof wandte, als der portugiesische König sein Projekt nicht unterstützte. Er bot seine Dienste am Hof Ferdinands von Aragonien und Isabellas von Kastilien an.

Obwohl natürlich auch persönliche Motive bei Columbus mitgespielt haben, scheint er von einem Forschermythos beseelt gewesen zu sein, der ihm Energie, Überzeugungskraft und Einsatzbereitschaft vermittelte. Eine grandiose Phantasie hatte ihn erfaßt: der Entdeckermythos, der sich damals konstelliert hatte. Er wurde durch diesen Mythos verzaubert.

Die Arbeit als Lebenselixier

Ein Mann, der kein Büro hat, das er aufsuchen kann – es spielt keine Rolle, wer er ist –, ist auf einem unvorstellbaren Leidensweg.[32]
GEORGE BERNARD SHAW[33]

Heute gibt es keine Kontinente mehr zu entdecken. Die männliche Grandiosität stellt sich jedoch anders dar. Zum einen drückt sie sich in der seelischen Bedeutung der Arbeit aus: »Die Arbeit hat für mich den höchsten Stellenwert. Sie ist der Lebensbereich, in dem ich mich am sichersten fühle. ... Die Arbeit ist wichtiger als meine Freundin. Könnte ich keinen Erfolg mehr über die Arbeit erlangen, hätte ich das Gefühl, nichts mehr zu sein.«[34] »Wenn ich mich heute zu entscheiden hätte zwischen Privatleben, sprich zwischen Frau und dem Beruf, dann würde ich mich immer für den Beruf entscheiden, weil das das einzige ist, was mit mir ursprünglich und ursächlich zu tun hat.«[35] Männer leben ihren Columbus in der Berufslaufbahn aus. Sie sehen in den Berufszielen die unentdeckten Kontinente, der berufliche Aufstieg vermittelt ihnen das Gefühl, neue Gebiete zu erforschen.

Aus diesem Grund steht für viele Männer die Erfüllung der Erwartungen der Vorgesetzten oder der Firma im Vordergrund.[36] »Arbeit definiert Männlichkeit«[37] und ist für die meisten Männer ein Lebenselixier. Gewöhnlich besteht auch ein direkter Zusammenhang zwischen Selbstwertgefühl und beruflicher Tätigkeit.[38] Mißerfolge, Streß oder gar Arbeitslosigkeit lösen große innere Krisen aus.

Wieso sollte dies bei berufstätigen Frauen anders sein? Gerade in der Arbeit zeigt sich der Unterschied zwischen männlicher und weiblicher Orientierung. Auch wenn beide dieselbe Arbeit verrichten, die gleiche Position innehaben und über die gleiche Ausbildung verfügen, arbeiten Frauen aus einer psychologischen Motivation heraus, während Männer Anschluß an einen Mythos suchen. Das Team, die Arbeitskollegen, das Klima und die jeweilige Arbeitsstelle sind für Frauen wichtig, Männer tendieren dazu, den persönlichen Faktor zu negieren. Die Motivation der Männer ist grandios: Sie leitet sich vom überindividuellen System ab, dem durch die Arbeit gedient wird. Als Schulpsychologe sehen sie sich nicht nur als Betreuer eines bestimmten Schulkreises und Berater eines Lehrerteams, sondern als Vertreter der Schulpsychologie an sich. Auseinandersetzungen werden oft nicht persönlich genommen[39], sondern als natürliche Dissonanzen innerhalb des Systems empfunden. »Es ist klar, daß Lehrer Mühe haben, Ratschläge eines Psychologen anzunehmen, wir sind eine Bedrohung ihres Standes«, folgert ein Mann, während eine Frau in der gleichen Situation auf den betreffenden Lehrer wütend oder persönlich betroffen ist. Da Männer sich als Akteure innerhalb von Systemen sehen, können sie eher über persönliche Animositäten hinwegsehen. »Selber kann ich ihn zwar nicht leiden, doch bei der Arbeit vergessen wir unsere Spannungen.« Männern fällt es leichter, persönliche Gefühle zurückzustellen, wenn ein Problem gemeinsam angepackt werden muß[40] und beide sich demselben System unterzuordnen haben. Aus weiblicher Perspektive hingegen sind die Menschen, mit denen die Zusammenarbeit erfolgt, ebenso wichtig wie die Arbeit selber.

Karrierestreben als gestörtes männliches Verhalten

Die seelische Bedeutung der Arbeit für Männer wird heute nicht mehr anerkannt. Die berechtigte Forderung, daß Frauen im Rahmen der Emanzipation alle Tätigkeitsfelder des öffentlichen Lebens offenstehen müssen, hat dazu geführt, daß übersehen wird, daß die gleiche Tätigkeit nicht immer auch das gleiche bedeutet. Oft wird das Karrierestreben des Mannes als abartig betrachtet.[41] Die Männer zerstören sich selber[42], wenn sie ihre Arbeit ins Zentrum ihres Lebens stellen. Sie sind Gefangene einer falschen Sozialisation und verhaftet in männlichen Rollenklischees. Das Karrieredenken macht sie unfähig, Intimität zuzulassen und sich ihrer eigentlichen Gefühle bewußt zu werden. Sie entfremden sich von sich selber und werden innerlich zum Krüppel.[43]

Die Motive des Karrieremannes werden kaum verstanden und oft mit großer Skepsis betrachtet.[44] Wieso bedeutet ihm seine Arbeit so viel? Was hat er denn davon, wenn er sich derart für den Beruf abrackert? Spinnt er eigentlich, wenn er bereits um sieben Uhr morgens im Büro sitzt? Oft wird der Karrieremann als ruchloser, gieriger Egoist dargestellt, den es nach Macht und persönlichem Gewinn dürstet und der keine Rücksicht auf seine Umgebung nimmt. Erfolgreiche Männer seien in ihrem Wesen gewalttätig und sexuell motiviert[45], wird ihnen unterstellt. Sucht jemand eine bestimmte Position, Einfluß, Ruhm oder eine interessante Tätigkeit, so wird er suspekt. Was ist mit ihm los? Sollte er nicht viel besser zu Hause seine Frau und Kinder umsorgen, anstatt an vier Abenden pro Woche für sein Geschäft oder seine Partei unterwegs zu sein? Der »neue Mann« beteiligt sich an der Hausarbeit, sorgt zu 50 Prozent für seine Kinder und ist nicht bereit, sich für seine Firma in eine ihm unvertraute Weltgegend versetzen zu lassen. Für ihn sind Familie und eheliche Beziehung wichtiger als sein Beruf.[46] Ein Politiker oder Firmenchef, der um sechs Uhr früh aus dem Haus stürmt und erst spät abends erschöpft wieder in die Federn sinkt, ist ein pathologischer Fall. Wie kann jemand derart nach Prestige, Ehre und Anerkennung durch den eigenen Berufsstand oder die Gesellschaft streben? Wäre es nicht viel wichtiger, wenn der Betreffende mit sich selber zufrieden wäre, Zeit für die Partnerin und den Freundeskreis hätte? Was ist der Sinn dieser Karrieresucht?

Auffallend ist, wie viele Männer sich selber dieser Argumente bedienen. Kaum ein Mann wagt es, öffentlich zu seiner beruflichen Passion zu stehen. In Fernsehdiskussionen übertrumpfen sie sich gegenseitig in Bezeugungen, daß es sich bei ihnen auch um »neue Männer« handele, die das Persönliche höherstellen als das Allgemeine und selbstverständlich bereit wären, ein ganz anderes Leben zu führen. Der Beruf wird heruntergespielt. Diese Äußerungen stehen jedoch im Widerspruch zum eigentlichen Verhalten der Männer und vor allem zur Tatsache, daß sie ohne berufliche Herausforderungen gar nicht leben können.

Die Verständnislosigkeit der Psychologie

Aus psychologischer Perspektive sind diese Wertschätzung der Arbeit und männliches Karrierestreben unverständlich. Nach der gängigen Auffassung der Beziehungspsychologie offenbart sich der seelische Kern des Menschen in seinem privaten Raum. Sie sucht darum in der Persönlichkeit, blickt auf die Biographie, studiert den Charakter und analysiert die persönliche Umgebung, um eine plausible Erklärung für das Verhalten eines Menschen zu finden. Berufliche Ambitionen und Ziele werden vom Persönlichen abgeleitet. Bei einem in der Außenwelt engagierten Menschen wird versucht, seinen Ehrgeiz als eine Facette seiner Psychologie zu verstehen. Schattenmotive werden vermutet: Machthunger, Narzißmus, Größenwahn, wenn ein Mann sich im Beruf zu verwirklichen sucht. Er hängt sich in sein Geschäft, weil er sich vor seinem Vater beweisen muß oder einen Minderwertigkeitskomplex zu kompensieren versucht. Aus der Sicht der Psychologie leidet ein solcher Mann an Selbstüberschätzung, ist ein Opfer seiner einseitigen Sozialisation oder weicht persönlichen Problemen aus, wenn er vom Gefühl durchdrungen wird, sein berufliches Wirken habe gesellschaftliche Auswirkungen oder sei für seine Bezugsgruppe von Bedeutung.

Die Energien, die Männer für ihren Beruf, ihre Karriere einsetzen, oder die Opfer, die sie der Sache, der sie sich verpflichtet fühlen, bringen, entstammen nicht allein der persönlichen Lebenswelt und lassen sich nicht nur aus der Biographie ableiten. Das Leistungsstreben des Mannes wird durch die psychologischen Kategorien nicht hinreichend erklärt. Wieso soll jemand die Leitung eines Konzerns anstreben, als Verbandssekretär von Stadt zu Stadt reisen oder sich für die Kleinschreibung in der deutschen Sprache einsetzen? Dank der Psychologie ist es uns zwar möglich, Schattenmotive im Dunkel der Psyche eines Mannes zu identifizieren, die auch eine Rolle spielen, doch unterschätzt die Psychologie die Bedeutung der Mythen, die sich in dem beruflichen Engagement äußern. Sie erkennt den Aufrufcharakter nicht, den Mythen für Männer haben. Diese Mythen sprechen bei den Männern Kräfte in der Tiefe der Seele an. Da Männer natürlich auch psychologische Wesen sind und Frauen ebenfalls eine männliche, mythische Seite haben, können die ihnen zugeschriebenen psychologischen Motive immer *auch* stimmen. Ein Politiker oder ein Rockstar wird seinen Narzißmus befriedigen, wenn er in einer Volksmenge badet, oder ein Abteilungschef lebt persönliche Machtgelüste aus, wenn er seine Angestellten zu einer obligatorischen Mitarbeiterversammlung einlädt. Das heißt jedoch nicht, daß Narzißmus oder Machtgelüste die *einzigen* Motive für die entsprechenden Handlungen wären. Unsere Sicht ist verkürzt, wenn wir nur die psychologischen Motive anerkennen. Der mythische Seelenteil wird nicht respektiert. In seinem Beruf wird ein Mann zwar auch psychische Bedürfnisse plazieren, doch genügen diese Motive oft nicht, um die ganze Mühsal, die Anstrengungen, die eine Karriere mit sich bringt, auf sich zu nehmen. Er braucht die Berührung durch einen Mythos, damit er genügend Energien und den nötigen Einsatzwillen mobilisiert, um ein berufliches, politisches oder interessengebundenes Ziel anzustreben. Erst der Mythos verleiht das Gefühl der Grandiosität, die es möglich macht, eine Herausforderung anzunehmen.

Solch grandioses, mythisches Streben wird jedoch nicht toleriert. Im amerikanischen Wahlkampf 1992 beobachtete man, wie die Präsidentschaftskandidaten sich immer wieder mit ihren Ehepartnerinnen präsentierten. Neben George Bush oder Bill Clinton erschienen Barbara oder Hillary und garantierten »family values«. Die Kandidaten demonstrierten den Bezug zu ihren Frauen und betonten wiederholt, daß für sie natürlich die Partnerin und die Kinder an erster Stelle ständen. Nach seiner Wahl bedankte sich Bill Clinton darum als erstes bei seiner Frau, seiner Tochter und seiner Mutter; und Bush beteuerte, sich nun mehr seinen Enkelkindern zu widmen. Hier scheint sich eine allgemeine, nicht nur amerikanische Haltung auszudrücken. Da männliches grandioses Streben für sich allein verdächtig ist, wird weibliche Psychologie zugeordnet. Männliche Ambitionen sind nur akzeptabel, wenn eine Frau dabeisteht, die den psychologischen Standpunkt garantiert. Das ostentative Zurschaustellen der Ehefrauen dient dem Zweck, männliches, mythisches Streben psychologisch zu übertünchen. Aus psychologischer Perspektive ist es unverständlich, wieso jemand die übermenschlichen Herausforderungen, die die amerikanische Präsidentschaft mit sich bringt, auf sich nehmen will. Ein Amt, das ungeheuer an den Kräften zehrt und aus dem man nur in den seltensten Fällen mit Lorbeeren scheidet, wird kein vernünftig denkender Mensch anstreben wollen. Da der männliche Wille, den Mythen zu dienen, die die amerikanische Nation tragen, unverständlich ist, muß der Kandidat auf die Familien-Psychologie zurückgreifen, wenn er erfolgreich sein will. Nach außen stellt er sich domestiziert dar und versteckt vorsorglich seine männlichen Leidenschaften.

Karriere als Individuationsweg

Männliches Karrierestreben und die Wertschätzung der Arbeit sind nicht immer pathologisch und ein Zeichen von Seelenverlust. Diese Beurteilung entstammt der weiblichen, psychologischen Perspektive, die das Persönliche höher als das Allgemeine setzt. Aus weiblicher Sicht dient die Arbeit vor allem der persönlichen Selbstentfaltung, eine Perspektive, die die psychologischen Temenoi als maßgebend für die Lebensgestaltung erachtet und kein Sensorium für die Mythen hat, die uns umgeben und in denen wir aufgewachsen sind. Betrachten wir das Karrierestreben vom mythologischen Standpunkt aus, so ergibt sich ein völlig anderes Bild. Karriere ist bei Männern nicht nur ein Vehikel zur Selbstentfaltung, eine Quelle persönlicher Befriedigung oder ein Ausweichen vor »wirklichen« Bedürfnissen, sondern ein *Individuationsweg*. Damit ist gemeint, daß Männer in ihrem Beruf ihrer existentiellen Bestimmung nachkommen. Der Beruf ist für sie eine Möglichkeit, sich mit sich selber und den Kräften in der Tiefe der Seele auseinanderzusetzen. Diese seelische Entwicklung kann über den Beruf stattfinden. Durch ihre jeweilige berufliche Tätigkeit partizipieren sie an den Mythen, die die jeweilige Zivilisation auszeichnet. Beim Karrieredenken geht es um den Versuch, Anschluß an diese Mythen zu finden, die der entsprechenden beruflichen Tätigkeit zugrunde liegen: als Maschinenbauingenieur einen Beitrag zum Mythos der Technik leisten, als Lehrer dem Aufklärungsmythos huldigen oder als Polizist der Ordnung dienen. Das Karrierestreben gründet in der Sehnsucht nach dem Mythos, der durch den entsprechenden Beruf zelebriert wird. In manchem scheinbar hohlen und egoistischen Karrieristen versteckt sich ein Tempeldiener, der sich den Mythen seines Berufes hingibt. Was auf den ersten Blick wie eine persönliche Bereicherungs- und Machtsucht aussieht, wird zu einem versteckten Hinwendungsritual einem Mythos gegenüber. Der Erfolg ist für den betreffenden Mann ein Zeichen, daß der Mythos ihn würdigt und er in den engeren Kreis der Tempeldiener aufgenommen wurde. Die Bedeutung der Arbeit erklärt sich aus der Sehnsucht nach mythischer Teilhabe. Der Mann spürt die numinose Kraft des Mythos und wird dadurch innerlich erfüllt.

»Bei diesem Gutachten haben Sie vorzügliche Arbeit geleistet, ich bin mit Ihnen zufrieden!« bedeutete mir der Chefarzt der psychiatrischen Klinik, in der ich vor Jahren als Psychologe arbeitete. Die Stelle war mühsam. Ich wurde schikaniert, und gegen mich wurde intrigiert. Ich fühlte mich als Psychologe angegriffen. Die Bemerkung des Chefarztes löste in mir ungeahnte Gefühle aus. Ich spürte, wie meine Augen wäßrig wurden. Persönlich war es mir unerklärlich, wieso dieses Lob für mich dermaßen wichtig war, persönliche Bestätigungen hatte ich durch meine anderen beruflichen und privaten Tätigkeiten genug. Erst mit der Zeit wurde mir klar, daß ich mich durch diese Bemerkung in meiner Berufung bestätigt fühlte. Meine Tätigkeit als Psychologe wurde respektiert. Der

Chefarzt war für mich auch ein Symbol des Mythos, der die Psychologie und Psychiatrie trägt.

Was beruflicher Erfolg ist, wird vom Mythos her definiert, der dem entsprechenden Beruf zugrunde liegt. Während sich in vielen Berufen der Erfolg im materiellen Reichtum ausdrückt, mißt sich der Erfolg in anderen Berufen am persönlichen Bekanntheitsgrad, der Wertschätzung der Klienten oder Berufskollegen, der Standfestigkeit, die man Versuchungen gegenüber zeigte, oder dem eigenen Gefühl, ob man dem Mythos noch gerecht wird.

Ein vierzigjähriger Maschinenbauingenieur kündigt eine gutbezahlte Stelle in der Forschungsabteilung einer Textilmaschinenfabrik. Seine Vorgesetzten verstehen diesen Entschluß nicht. Was ist mit der Pensionskasse? Hat er nicht eine Familie, für die er sorgen muß? Will er eine Lohnaufbesserung? Der Maschinenbauingenieur betont, daß er mit der Bezahlung zufrieden sei, den nahen Arbeitsweg schätze und mit seinen Arbeitskollegen gut auskomme. Er könne jedoch nicht anders, als zu kündigen. Er spüre einen inneren Druck. Er meint, daß er an seiner Arbeitsstelle den innovativen Geist vermisse, ohne den er nicht leben könne. Alles sei zu reglementiert, und er könne sich auf seinem Posten ausruhen. Sein Interesse liege jedoch woanders. Er möchte neue technische Systeme entwickeln und träumt davon, die Produktion von Textilien oder von Teilkomponenten größerer Maschinen zu vereinfachen. Er sucht nach technischen Lösungen, durch die komplizierte Produktionsvorgänge vereinfacht werden. Der Mythos, der ihn motiviert, wird von seiner Firma nicht mehr gelebt.

Der Mythos, der ihn belebt, erinnert an Hephaistos. Bei den Griechen galt dieser Gott als Beherrscher des Feuers und Gott der Schmiedekunst. Er stattete die Paläste des Olymps mit Kunstgegenständen aus und beschenkte seine Gemahlinnen Charis oder Aglaja mit wunderbarem Schmuck. Bezeichnend für diesen Gott ist, daß er versucht, die Welt über téchne, die Kunst, zu verändern. Durch das Formen und Gestalten der Materie werden Produkte kreiert, die uns neue Lebensmöglichkeiten eröffnen. Die Erlösung geschieht über das Handwerk. Das Engagement dieses Maschinenbauingenieurs gilt dem Mythos, der vom Archetyp Hephaistos getragen wird. Er hätte sich aufgegeben, sich verleugnet, wenn er seinem Mythos nicht treu geblieben wäre. Wahrscheinlich wäre er unzufrieden oder für die Umgebung unausstehlich geworden, wenn er den einfacheren Weg gewählt und seine alte Stelle behalten hätte. Er fand jedoch den Mut und hatte die nötige familiäre Unterstützung, sich für seine Berufung einzusetzen. Er schöpfte seine Kraft nicht nur aus dem Persönlichen, sondern aus dem Gefühl, bei etwas Größerem – dem Mythos der Technik – dabeizusein. Diese grandiose Vorstellung ermöglichte es ihm, die Stelle zu kündigen und ein neues Arbeitsfeld zu suchen.

Die großartige Suche nach einer Fata Morgana

Der Wunsch, sich im Lichte eines Mythos zu verwirklichen, gleicht der Suche nach einer Fata Morgana in der Wüste. Getrieben vom Glauben, einen wichtigen Beitrag zur Gesellschaft oder im Beruf zu leisten, opfern Männer Stunde um Stunde und setzen oft auch ihr persönliches Wohl aufs Spiel. Vordergründig wollen sie ein neues Computerprogramm entwickeln, ein betriebliches Problem lösen, die Krankheit eines Patienten diagnostizieren oder einen Gerichtsfall bereinigen, doch der Einsatz gilt dem Mythos, der die jeweilige Tätigkeit trägt und den Mann erfaßt hat. Nur so vermittelt die Arbeit das Gefühl, etwas Wesentliches zu tun. Der persönliche Einsatz bekommt aus der Perspektive des Mythos Bedeutung. Erfüllt von der Hoffnung, nach dem Erklimmen einer bestimmten Position oder Fertigstellung einer bestimmten

Arbeit von mythischer Substanz besetzt zu werden, engagieren sie sich im entsprechenden beruflichen Feld.

Natürlich handelt es sich um eine Illusion, da es zum Wesen des Mythos gehört, daß dieser letztlich unfaßbar und transzendent bleibt. Männer leben von der faszinierenden Kraft des Mythos, werden von den entsprechenden Temenoi angezogen, auch wenn der Mythos immer über ihnen sein wird. Die Sehnsucht treibt sie, ohne daß letztendliche Erfüllung möglich wäre. Der Mann strebt danach, in Artus' Tafelrunde aufgenommen zu werden, auch wenn er weiß, daß diese Ritter den Gral nie finden werden.

Der britische Kriegspremier Winston Churchill (1874 bis 1965) galt als ruheloser, skeptischer Politiker. Getrieben von der Vision eines freien Europa, gelang es ihm in den entscheidenden Monaten im Jahre 1940, den von den Nationalsozialisten geknechteten Völkern neue Hoffnungen zu geben. Churchill leistete Übermenschliches. Seine Energie schwand jedoch, als er sich ausgegrenzt fühlte. Konnte er bei den Herausforderungen seiner Zeit nicht mitwirken, so verfiel er in eine dumpfe Passivität. Dieses Gefühl überkam ihn während seiner kurzen Gefangenschaft im Burenkrieg und nach seiner Niederlage 1945. Er fühlte sich abgeschnitten, konnte nicht an den »great events«[47] partizipieren. Mit anderen Worten: Er vermißte die Möglichkeit, mit seinen Taten einem Mythos zu dienen. Churchill war zeit seines Lebens in seinem Element, wenn er sich mit den kollektiven Kräften seiner Epoche auseinandersetzte. Nach seinem Rückzug aus der Politik kämpfte er mit Depressionen, saß stundenlang stumm vor dem Feuer und sah keinen Sinn im Leben. Ohne Möglichkeit, an den großen Mythen seiner Zeit teilzuhaben, verließ ihn seine übermenschliche Kraft.[48] Eine Mana-Persönlichkeit war er lediglich im Licht eines Mythos. Der Mythos leuchtete durch ihn. Es ging nicht um ihn selber, sondern er war Diener oder Teilhaber eines Mythos. Er wirkte als Werkzeug und nicht als mythologischer Held.

Der Hausmann und seine versteckten Mythen

Natürlich widmen sich nicht alle Männer einem Mythos. Viele entscheiden sich gegen eine Karriere und stellen die Familie, das persönliche Wohlergehen und Beziehungen zu Mitmenschen ins Zentrum ihres Lebens. Die Arbeit dient dem Gelderwerb. Die großen Themen ihrer Zeit, Ausdruck der aktuellen Mythen, interessieren sie marginal. Sie wollen sich weder den Sachzwängen eines Berufes unterwerfen noch sich politisch betätigen oder einer gesellschaftlichen Herausforderung stellen. Sie lehnen die kämpferische, unpersönliche Auseinandersetzung mit den Herausforderungen unserer Zeit ab und optieren für das Private. Scheinbar haben sie kein Bedürfnis nach Teilhabe an den Mythen, keine Sehnsucht nach Grandiosität.

»Ich habe mich gegen den Streß der Geschäftswelt entschieden«, beteuert ein 35jähriger Sozialarbeiter. »Es bringt nichts, nur dem Geld nachzurennen, keine Zeit für die Kinder zu haben und seinen ganzen Arbeitsfrust zu Hause abzulassen.«

Das äußere Bild kann jedoch täuschen. Vielleicht handelt es sich wirklich um einen Mann, der seine weibliche, psychologische Seite auslebt, oft richtet er sich aber nur scheinbar nach der Psychologie. Hinter der demonstrativen Hinwendung zum Privaten versteckt sich eine Protestgeste. Mancher Hausmann entpuppt sich als ein heldenhafter Verweigerer. Auch er spürt die Faszination, die von den aktuellen Mythen ausgeht, doch lebt er seine mythische Seite anders aus. Bewußt entscheidet er sich für einen anderen Weg, spürt jedoch die Kraft der Mythen in sich. Er inszeniert seinen Mythos als Hausmann oder durch die Teilung der Hausarbeit mit seiner Partnerin. »Männer haben einen weiten Weg zurückgelegt, seit sie angefangen haben, die Idee der Gleichheit überhaupt zu denken ... ich war ein Hausmann, und ich bin stolz darauf. Es war eine Erfahrung, die mich aufklärte, weil es die totale Umkehr meiner eigenen Erziehung war. Es ist die Welle der Zukunft, und ich bin froh, auch da in der ersten Reihe mit dabeizusein«[49], so John Lennon. Der Aussteiger, Hausmann oder Verweigerer kämpft oft mit sich selber und distanziert sich nur scheinbar von den kollektiven Themen. Die heimliche Faszination, die für ihn von den Mythen ausgeht, dringt jedoch in der Protesthaltung durch. »In dieser patriarchalen Gesellschaft müssen die Männer etwas tun, damit wir zu einer demokratischen Gesellschaft finden, in der Frauen gleichberechtigt sind.« Ein solcher Mann lebt den wichtigen Mythos der Gleichberechtigung. Er gestaltet seine private Lebenswelt mythisch. Die Grandiosität wird durch die oppositionelle Haltung ausgedrückt, er widmet sich dem privaten Lebensfeld, doch folgt er trotzdem einem kollektiven Leitbild. Er versteht das Hausmanndasein aus den mythischen Vorgaben der Zeit heraus: Patriarchat, Ökologie, Gleichheit, alternativer Lebensstil etc. Vielleicht beginnt er sogar, sich mit Inbrunst dem »biologischen Landbau« zu widmen, Artikel über das Hausmanndasein zu schreiben, er organisiert im Quartier eine Interessengruppe, die sich bei den Behörden für Wohnstraßen einsetzt, oder verficht Theorien über die richtige Ernährung. Das domestizierte Dasein wird um eine mythische Dimension erweitert, wenn es durch solche kollektiven, aktuellen Themen amplifiziert wird. Das männliche Denken dringt in der Ausgestaltung des häuslichen, familiären Daseins durch. Selten können sich Männer an ihrer Psychologie allein orientieren.

Die Schwierigkeit dieses Weges ist jedoch, daß es noch wenig äußerliche Zeremonien gibt, durch die der entsprechende Mythos dargestellt wird. Ein lebendiger Mythos braucht kollektive Rituale und Insignien, durch die seine Inhalte manifest werden. Im Beruf sind es die Arbeitsplätze, Bürohäuser, die technischen Apparaturen, die Sitzungen,

Terminkalender, Diskussionen, Hierarchien, Positionen und Funktionen. Sie drücken den jeweiligen Mythos aus. Ein Hausmann ist auf sich allein gestellt. Er muß sich auf das Private stützen. Dies bedeutet für viele eine Überforderung. Sie vermissen die Zeichen der Grandiosität, die durch die Arbeit in einer Institution oder einem System vermittelt werden. Ohne *die Kraft eines zelebrierten Mythos,* der auch die Teilnahme an Gruppenritualen mit einschließt, fühlen sie sich hilflos. Im Gegensatz zu Frauen, die oft fähig sind, aus sich selber Kraft zu schöpfen, weil sie aus ihrer Psychologie leben können, brauchen die meisten Männer zumindest ideell den mythischen Kontext, damit sie individuieren können. Ein Sozialarbeiter organisierte im Wohnbezirk eine Musikgruppe, richtete sich eine Werkstatt ein, wo er seine eigenen Möbel schreinerte, und kaufte zudem etliche Tiere, deren Aufzucht er sich widmete. Er schloß sich so indirekt wieder Mythen an, damit er die existentielle Herausforderung, die sich ihm als Hausmann stellte, meistern konnte. Der Beruf des Hausmannes erhält durch Männer unweigerlich andere Akzente als bei Hausfrauen, da sie das Mythische einbringen wollen.

Der Gegenmythos

Es ist für Männer wichtig, ihrer Grandiosität nachzuleben. Sie wird jedoch dort gefährlich, wo sie nicht durch Gegenpositionen relativiert wird. Männliche Grandiositäten können von der Allgemeinheit nur in einem mythischen Spannungsfeld zugelassen werden. Ohne Gegenmythen, das heißt andere Positionen, droht die Inflation. Alexander der Große hat nach der Rückkehr vom Kriegsfeldzug nach Indien in Susa seine Soldaten aufgefordert, ihn fortan als Gott zu betrachten. Obwohl die Forderung nach göttlicher Verehrung für die damaligen Menschen weniger bedeutete als heute, war diese Verfügung den Makedoniern doch zuviel.[50] Er ging zu weit.

Winston Churchill war 1945 fest überzeugt, daß er die Wahlen gewinnen werde. Die Dinnerparty, bei der sein Sieg gefeiert werden sollte, hatte er schon vor der Auszählung der Stimmen organisiert. Die Selbstsicherheit, die rhetorischen Ausfälligkeiten, als er die Labourpartei mit der Gestapo verglich und Laski als zweiten »Führer« (nach Adolf Hitler) bezeichnete, wurden ihm von den britischen Wählern nicht verziehen. Er verlor die Wahl.[51]

Bei beiden Männern geschah, was bei jeder mythischen Ausrichtung möglich ist. Sie wurden inflationär, verfielen dem Mythos, dem sie unterstanden, anstatt ihm zu dienen. Sie betrachteten sich selber als Mythos, verliehen sich göttliche Autorität und verloren den Blick für den *mythischen Kampf*, das heißt die Auseinandersetzung zwischen verschiedenen Mythen. Jeder Mythos verlangt nach einem Gegenmythos, der auf gleicher Ebene die grandiose Position in Frage stellt. Der Gegenmythos liefert eine Alternative. Wird nur *ein* Mythos zelebriert, so drohen Selbstherrlichkeit, geistige Verödung oder in schlimmen Fällen Gewalt. Wie im Kapitel über die Pathologie des Mannes beschrieben, setzen sich solche Männer mit dem Mythos, von dem sie erfaßt werden, gleich. Die Grandiosität hat sie persönlich ergriffen, sie *sind* der Mythos, dem sie dienen sollten. Die Verpersönlichung ist ein Verrat an der mythischen Dimension. Solche Männer fühlen sich in ihrer Position großartig, überlegen und im Besitz der Wahrheit, realisieren jedoch nicht, daß nur eine mythische Wirklichkeit durch sie spricht.

Ein weiteres Beispiel sind gewisse Tendenzen innerhalb der römisch-katholischen Kirche. Während viele Vertreter die Lehren und Dogmen, die vom christlichen Mythos getragen werden, als Möglichkeit sehen, mit Hilfe Gottes neue Kräfte zu finden und sich der existentiellen Herausforderungen unseres Planeten anzunehmen, gibt es andere, die sich selber mit den Dogmen gleichsetzen. Sie dienen nicht einer Lehre, sondern sie *sind* die Lehre. Der Mythos wird nicht mehr als äußere, grandiose Wirklichkeit anerkannt, zu der man sich hinwendet, sondern sie betrachten sich als im Besitz der absoluten Wahrheit. »Die Mythen beanspruchen nicht, *die* Wahrheit, *das* letzte Wort über die Welt zu sagen ... Mythen erzählen immer nur eine jeweilige Geschichte.«[52] Das Christentum wird dann nicht mehr als großartiger Mythos anerkannt, durch den Gott sich uns mitteilt, sondern als einzige Wahrheit verstanden, die ohne Rücksicht auf andere Wirklichkeiten realisiert werden soll.

Das mythische Sensorium: die Notwendigkeit von Feindbildern

Vom Mythos erfaßt zu sein vermittelt die Überzeugung, im Besitz *einer* Wahrheit zu sein.[53] In einer intellektuellen Debatte können zwar durchaus andere Standpunkte registriert werden, die eigene Auffassung wird trotzdem nicht als falsch empfunden. Wie im dritten Kapitel beschrieben, erfordert eine solche Teilhabe an den Mythen eine *Auseinandersetzung*, eine öffentliche Debatte oder einen Kampf, durch den sich das Ich dem Mythos gegenüber positioniert. Leben wir jedoch im Mythos, so werden wir vom Gefühl getragen, *objektive Wahrheiten* zu vertreten, gegenüber denen subjektive, psychologische Einsichten oder andere mythische Standpunkte chancenlos sind. Setzt sich ein Deutschlehrer mit Vehemenz für die Pflege der Schriftsprache ein und will bei der jungen Generation einen allgemeinen Sprachverfall beobachtet haben, so wird seine Auffassung ebenso von einer bestimmten mythischen Grundhaltung geprägt wie bei einem Lehrer, der glaubt, nur über den Dialekt die neue Generation ansprechen zu können. Beide werden von einem Mythos geleitet. Es ist jedoch oft fast nicht möglich, die mythische Basis der eigenen Überzeugung zu erkennen. Erst eine historische Sicht macht skeptischer. Was wir heute als Wahrheit und unabänderliche Realität betrachten, löst in hundert Jahren vielleicht nur noch Kopfschütteln aus. Die grandiosen Mythen, für die wir uns heute einsetzen, werden später durch andere übermächtige Mythen abgelöst.

Viele Gedanken und Vorschläge, die früher zur Bewältigung existentieller gesellschaftlicher Herausforderungen geäußert wurden, erscheinen uns heute absurd. Das mythische Feld hat sich verändert. Im 17. Jahrhundert hat zum Beispiel der britische Parlamentarier Andrew Fletcher of Saltouns der Regierung vorgeschlagen, die Scharen von Arbeitslosen durch die Einführung eines erblichen Standes von Dienstpersonal zu reduzieren. Sein Vorschlag wurde ernsthaft diskutiert. Fletcher und viele seiner Zeitgenossen glaubten an Hierarchien und Unterschiede durch Geburt. Die kollektiven mythischen Leitbilder betonten die Unterschiede der Menschen. Gleichheit war kein Thema, kein Mythos.

Was wir an Gedanken, Vorschlägen und Ideen einbringen, richtet sich nach den Mythen, an denen wir uns orientieren. Für unsere eigene Position ist es wichtig, daß wir uns dieser Zusammenhänge bewußt sind. Für uns unverständliche, fremde Ideen werden oft durch andere Mythen begründet. Der andere mythische Hintergrund hat zur Folge, daß wir etwas ablehnen.

So wie Churchill seine Gegner hätte ernst nehmen müssen, ist es für die männliche Ausrichtung wichtig, auch die *andere Seite* zu hören. Grandiose Männer brauchen ein Sensorium für die Mythen ihrer Zeit und ein Wissen von der Vergangenheit. Die Konfrontation mit anderen und historischen Mythen verleiht ihnen die nötige Spannung, damit sie sich nicht als Verkünder *der* Wahrheit betrachten. Meistens erleben diese Männer die anderen mythischen Positionen als

Feindbilder: Der Vertreter der Autopartei wird von einem grünen Aktivisten abgelehnt, oder die Leiter einer Großbank werden von Kleingewerblern als geistlose, phantasielose und eigennützige Materialisten empfunden. Solche Feindbilder sind notwendig, denn über sie manifestieren sich die Gegensatzspannungen und die Energien, die die Beziehung der Mythen untereinander auszeichnen. Grandiose Männer sollten ihre Feindbilder zulassen, sie pflegen und sie studieren, denn sie schützen, wenn man sich bewußt mit ihnen auseinandersetzt, vor eigener Überheblichkeit. Die vornehme Distanzierung oder die rabiate Bekämpfung einer gegnerischen Position ist fatal, denn dadurch wird die Chance vertan, das eigene kollektive Leitbild zu evaluieren. Wir Männer müssen für unsere Mythen kämpfen, uns für sie einsetzen, gleichzeitig jedoch auch unsere Gegner hören und ihre Mythen berücksichtigen, im Bewußtsein, daß es auch *andere* Mythen gibt. Die eigene Position wird geschärft, relativiert oder verlassen aufgrund dieser Auseinandersetzung. Glauben wir jedoch felsenfest an die eigene Position und verleihen den Dämonen, die gemäß eigener Wahrnehmung den Gegner oder den Feind erfaßt haben, kein Gehör, so verliert auch der eigene Mythos an Kraft. Wir werden langweilig und geistig öde, so wie der fanatische Naturwissenschaftler, der seine Auffassung von der Natur nicht hinterfragt, oder der Esoteriker, der überall Sinnzeichen sieht.

Männliche Grandiosität ist ein wichtiges Motiv, durch das Männer aufgerufen werden, etwas für die Gesellschaft, die Nation, die Mitmenschen oder die Allgemeinheit zu tun. Das Gefühl der Grandiosität gründet im Versuch, an einem Mythos zu partizipieren, der auf kollektiver Ebene als Antwort auf eine existentielle Herausforderung formuliert wurde. Wir Männer streben nach Teilhabe am Mythos, um mit einem Seelenteil in Berührung zu kommen, der sich uns nur über eine objektive Aufgabe offenbart.

Als Jugendlicher engagierte ich mich in zahlreichen Rockgruppen. In muffigen Kellern übten wir unsere Gitarrengriffe, Trommelschläge und Gesangspartien. Musikalisch orientierten wir uns an den damaligen Musikgrößen: den Beatles, den Rolling Stones, den Kinks, den Who und den Animals. Die Musik dieser Gruppen wurde von uns als sehr unterschiedlich wahrgenommen. Sollte ein Neuer in unsere Band aufgenommen werden, so mußten wir ihn zuerst musikalisch identifizieren. War er Anhänger der Beatles, der Stones oder der Animals? Ich selber lehnte Stones-Fans heftig ab und imitierte die Beatles, die Kinks und die Animals. Ein Stones-Fan sah für mich anders aus und war in meiner Band unerträglich.

Die Musikgruppen waren Träger der verschiedenen, damals aktuellen Mythen. Die Auseinandersetzungen, die wir damals als Stones-, Beatles- oder Kinks-Fans austrugen, spiegelten das damalige, für uns relevante mythische Spannungsfeld. Durch die Ablehnung der Stones wurde mir mein eigener Mythos bewußter. Ich sah mich nicht als braven Angehörigen der Mittelschicht, der den bösen Buben spielt – so nahm ich die Stones wahr –, sondern als Künder einer neuen Botschaft. Für mich verkörperten die Beatles genuine Kreativität, die sich nicht nach den Erwartungen des Publikums richtet, sondern wagt, auf sich selber zu hören.

Dabei erlebt die überwiegende Mehrzahl der Männer die Einstellung zum Beruf oder zu sonstigen Interessen nicht als mythisch. Es geht um die Aufgabe, die erledigt werden muß, oder Verpflichtungen, die eine bestimmte Position oder Funktion mit sich bringt. »Sachzwänge« bestimmen, daß die Kommissionssitzung über Betriebsangelegenheiten um 18 Uhr abends angesetzt wird und auf die Teilnahme an der Geburtstagsfeier des Sohnes verzichtet werden muß. Der Gedanke, daß diese Sache auch das Resultat einer seelischen Einstellung sein könnte, die eine bestimmte Wahrnehmung zur Folge hat, ist für die meisten Männer meiner Umgebung weit hergeholt. Die mythische Einstellung bleibt jedoch meistens unreflektiert, weil es zum Wesen der Mythen gehört, daß sie uns voll in ihren Bann ziehen und wir die Welt nur noch durch die entsprechenden mythischen Muster sehen.

Ich selber bin jedoch der Überzeugung, daß es an der Zeit ist, daß wir Männer uns unserer Mythen bewußt werden. Wir brauchen ein neues geistiges Reflexionsinstrumentarium, damit wir die Kräfte, die in unserer Seele wirken, erkennen. Es geht nicht mehr an, daß wir entweder kleinlaut unsere Männlichkeit verstecken oder aber unreflektiert unsere einseitigen Grandiositäten ausleben. Nötig ist ein neues Leitbild, das Grandiosität und Hingabe an kollektive Ziele zuläßt, ohne daß wir uns überlegen fühlen oder damit der Emanzipation der Frauen den Weg versperren.

Wir brauchen Mythen, damit wir die existentiellen Herausforderungen meistern, Mythen, die Sicherheit verleihen und unsere Kräfte mobilisieren. Nur aufgrund der Mythen sind wir bereit, uns den existentiellen Herausforderungen der Gesellschaft zu stellen und Opfer zu bringen. Über die Mythen bringen wir uns ins Leben ein und sind bereit, politisch aktiv zu werden. Sie liefern uns die Handlungsgrundlage und die Fähigkeit, uns für eine existentielle, gesellschaftliche Herausforderung zu entscheiden. Der Mythos ist die Basis unseres männlichen Seelenteils. Diese mythische, grandiose Qualität des Mannes gilt es zu respektieren, wenn wir die Probleme und Herausforderungen der Zukunft meistern wollen.

5. Kapitel

Der Schatten der Grandiosität

Männliche Mythopathologien

Der Spieler, der mit unbeweglicher Miene an einem runden Tisch sitzt und seinen letzten Pfennig verliert, der Egomane, dem Karriere und öffentliche Ehre wichtiger sind als seine Familie und die Kinder, oder schließlich der Mann, der seinen Willen mit Gewalt durchsetzt – in diesem Kapitel setze ich mich mit den Schattenseiten der männlichen Grandiosität auseinander. Die Kehrseite der mythischen Ausrichtung des Mannes wird betrachtet – in der Sexualität, im öffentlichen Leben und im privaten Bereich. Diese seelischen Störungen gründen zum Teil in einem Mangel an mythischer Bezogenheit. Eigentlich versuchen Männer, die sonst in ihrem Leben wenig berücksichtigt werden, durch Gewalt, Prahlerei, Egozentrik oder Spielsucht zu ihrem männlichen Sein zu finden.

In diesem Kapitel wende ich mich also den Mythopathologien des Mannes zu. Der Schatten der männlichen Grandiosität, wie ich sie im vierten Kapitel beschrieben habe, wird analysiert. Krankhafte, übersteigerte und abartige Formen männlicher Grandiosität, an denen die Umgebung wie die Betreffenden selber leiden, werden auf ihre Bedeutung untersucht. Verirrungen der männlichen Seele und männliche Perversionen werden studiert, um Gefahren, die Männer zu gewärtigen haben, abzuwenden. Etliche dieser seelischen Störungen kennen wir auch bei Frauen. Die Trennlinien zwischen den Pathologien des Mannes und jenen der Frauen ist fließend. Bei den hier beschriebenen Pathologien handelt es sich jedoch um Störungen, zu denen eher die Männer neigen: Spielsucht, Ehr- oder Anerkennungssucht, Prahlerei, Originalitätszwang, Gewalt, Größenwahn und grandiose Selbstherrlichkeit. Die Aufzählung ist nicht vollständig. Es geht hier nicht um eine umfassende Darstellung männlicher Mythopathologien, sondern um einen Einblick in mögliche Formen ungesunder mythischer Einstellungen. Viele dieser

Störungen sind die Kehrseiten positiver Eigenschaften des Mannes. Größenvorstellungen sind der Motor kreativer männlicher Leistungen und des Mutes zum Risiko. Man(n) braucht sie, damit Neues gewagt wird, die Wirtschaft nicht stagniert und neue Technologien erfunden werden. In übersteigerter Form können sie aber beispielsweise in manische Selbstüberschätzung oder in Spielsucht ausarten

Die meisten der in diesem Kapitel beschriebenen seelischen Störungen manifestieren sich in der Auseinandersetzung mit dem öffentlichen Leben. Die Unterscheidung zwischen öffentlichem und privatem Leben ist für mich wichtig, da sich diese beiden Lebensräume zum großen Teil mit den Einflußbereichen der Psychologie beziehungsweise der Mythologie decken. Während der private Raum das Reservat der Intimität, der persönlichen Lebensgestaltung bleibt und den Gesetzen der jeweiligen Psychologie unterworfen ist, regieren im öffentlichen Raum die Mythen. Die männliche Seele strebt nach Verwirklichung im öffentlichen Raum, während die weibliche Psyche den privaten Raum zum Zentrum des Lebens erhebt. Obwohl, wie bereits erwähnt, sowohl für Männer als auch für Frauen beide Lebensräume wichtig sind, neigt doch der Mann dazu, sich eher im Lichte der Mythen des öffentlichen Raumes zu definieren, während die Frau ihre Identität auf ihren privaten Lebensraum stützt. Sie fühlt sich als Mutter, die einer Arbeit nachgeht, während der Mann sich als Politiker oder Geschäftsmann erlebt, der noch eine Familie hat. Die spezifischen männlichen Pathologien zeigen sich im öffentlichen Raum, ist die These dieses Kapitels. Ariès und Duby[1] wie auch Sennett[2] zeigen, daß jede Gesellschaft Vorstellungen darüber entwickelt, was zum öffentlichen und was zum privaten Raum gehört. Wo jedoch die Trennlinie zwischen öffentlichem und privatem Raum gezogen wird, ändert sich immer wieder. Privates wird in den öffentlichen Diskussionskatalog aufgenommen, und öffentliche Themen werden privatisiert. Was wo besprochen, abgehandelt und entschieden wird, entscheidet der Zeitgeist und die Gesellschaftsstruktur. Während die Religion früher ein öffentliches Thema war und man sich nicht scheute, seinen Glauben vor seinen Mitmenschen zu zeigen, ist die Beziehung zu Gott heute dermaßen privatisiert worden, daß oft nicht einmal in einer psychiatrischen oder psychologischen Abklärung nach dem Glauben gefragt wird. Sexualität wurde andererseits zu einem öffentlichen Thema und dem privaten Raum entrissen. Das Sprechen über die Orgasmusfähigkeit der Frauen war lange Zeit ein Tabu. Als sich die Kaiserin Maria Theresia bei ihrem Leibarzt über ihre erlahmende Liebesbereitschaft beklagte, mußte jener seinen Ratschlag in einer streng geheimen Botschaft, schriftlich und auf Latein übermitteln: »Praeterea censeo vulvam Vestrae Sacratissimae Majestatis ante coitum esse titillandam«[3] (Im übrigen glaube ich, daß ihrer Geheiligten Majestät Scham vor dem Geschlechtsverkehr des längeren gekitzelt werden sollte). Heute wird öffentlich, in Zeitschriften und am Fernsehen über die sexuelle Erlebnisfähigkeit der Frauen gesprochen. Das Thema ist nicht mehr tabu und wird nicht nur im privaten Raum abgehandelt.

Bei den hier beschriebenen Mythopathologien handelt es sich um Verirrungen des öffentlichen Selbst[4], Krankheiten des mythischen Persönlichkeitsanteils des Mannes. Die Pathologien, die sich beim öffentlichen Selbst zeigen, können neben einem inaktiven privaten Selbst durchbrechen. Der liebenswürdige, aufmerksame Bankangestellte, der zur Zufriedenheit aller über Jahre brav seiner Arbeit nachgeht, entwendet eines Tages eine Tonne Goldbarren und entschwindet nach Italien.[5] Ein Familienvater sitzt mit seinen beiden Söhnen vor dem Fernseher und schaut das Programm »Aktenzeichen XY ungelöst« an. Ein Sexualmörder wird gesucht, der auf einer Autobahnraststätte eine Frau vergewaltigt und anschließend erwürgt hat. Alle entsetzen sich über die Tat. Am nächsten Morgen wird der Familienvater als Täter entlarvt und verhaftet.

Bekannt sind Beispiele aus dem Zweiten Weltkrieg: Hitler soll sich immer liebevoll um seine Hunde gekümmert haben. Erschreckend und pervers ist auch der Bericht Heinrich Himmlers, Leiter der SS unter Adolf Hitler und verantwortlich für die Ermordung Abertausender Juden. Mit nüchterner Sachlichkeit beschreibt er, wie er ihren Tod herbeiführte, Leichenberge gesehen hat und es ihm trotzdem gelungen sei, »– abgesehen von Ausnahmen persönlicher Schwäche –« anständig zu bleiben.[6] Die Pathologie seines öffentlichen Selbst war ihm unbekannt. Das Bestialische wurde abgespalten, im öffentlichen Raum ausgelebt, während gleichzeitig eine hohe private Ethik vorgelebt wurde. Solange das Privat-Selbst intakt war, gab es keinen Grund zur Beunruhigung oder zu Selbstzweifeln. Das häßliche, kranke Gesicht des öffentlichen Selbst, die Hingabe an einen perversen größenwahnsinnigen Mythos blieb bei Himmler wie bei vielen Männern unreflektiert.

Die Diskrepanz zwischen dem Verhalten in der Öffentlichkeit und im privaten Lebensraum, die viele Männer zeigen, erschreckt. Sie hat zu intensivem Suchen nach plausiblen Erklärungen geführt. Aus psychologischer Sicht ist diese Abspaltung nicht nachvollziehbar. Oft werden die Lebensgeschichten durchleuchtet und mühsam psychologische Zusammenhänge konstruiert[7], um einen Grund für die Ungeheuerlichkeiten zu finden. So soll der Judenhaß Adolf Hitlers durch die Abweisung seiner Avancen einer jüdischen Bekannten gegenüber ausgelöst worden sein und Napoleon durch seine kleine Körperstatur Größenphantasien entwikkelt haben. Die Vorstellung, daß ein Mensch privat anständig, liebenswürdig oder zumindest unauffällig sein kann, während er sich im öffentlichen oder mythischen Raum als Monster aufführt, bleibt unerträglich. Sie erschüttert unsere gängigen Beurteilungsverfahren und strapaziert unsere

Menschenkenntnis. Nach Erklärungen wird bislang fast ausschließlich in der Psychologie des Mannes gesucht. Die Psychologie wurde zur Basis der Persönlichkeit erklärt, und somit wird im privaten Raum nach Motiven geforscht. Die mythische Seite der Persönlichkeit des Mannes, die im öffentlichen Raum und in den aktuellen Mythen gründet, wird durch diese Sicht ausgeblendet.

In diesem Kapitel wird eine andere Richtung eingeschlagen. Die Hintergründe männlicher Pathologien werden nicht im privaten, persönlichen Lebensbereich gesucht, sondern im öffentlichen, mythischen Lebensraum. Die Krankheiten und Verirrungen der Seele werden nicht aus der persönlichen Beziehungs- und Lebensgeschichte eines Menschen erklärt, sondern im Zusammenhang mit der mythischen Ausrichtung der männlichen Seele gesehen. Durch die Auffassung, daß es seelische Krankheiten gibt, die spezifisch für den mythischen Persönlichkeitsteil des Mannes sind und sich aus der Mythologie des Mannes ableiten lassen, fallen die Erklärungen und Besserungsvorschläge anders aus. Nicht nach gestörten Vater- oder Mutterbeziehungen, frühkindlichen Traumata oder ödipalen Konflikten[8] wird gesucht, sondern nach Störungen in der mythischen Ausrichtung des Mannes. Eine Rückführung in die Psychologie wäre unstatthaft und führte zu einer Psychologisierung eines mythischen Phänomens. Die Mythen würden nur aus der eigenen Subjektivität heraus verstanden, während das Objektive verlorenginge.[9]

Spielsucht

Mit der Spielsucht soll begonnen werden, weil es sich um eine schwer erklärbare Sucht handelt, die mehrheitlich Männer befällt und deutlich aus der Dynamik des mythischen Seins des Menschen entsteht.

Ein Gespräch:

»Sie sind Akademiker, haben einen guten Beruf und sind bekannt für Ihre treffenden juristischen Expertisen. Ich verstehe nicht, wieso Sie immer wieder Tausende von Mark im Casino verlieren wollen!«

»Die Kugel ist rund!«

Spielsüchtige Männer verspüren einen übermächtigen Drang, die Hallen eines Casinos zu betreten, einen der unzähligen Spielläden aufzusuchen und »es« zu wagen. Sie denken an den Gewinn und wissen doch, daß letztlich immer die Bank oder der Geldspielautomat kassiert. Sie lieben den Nervenkitzel, sind fasziniert vom Rollen der Kugel, das entscheiden wird, ob sie die hundert Mark verdoppeln, verfünffachen können oder einfach verlieren. Das Spiel wird zur Obsession, wenn Spannung, Erwartung und Hoffnung nicht mehr entbehrt werden können, die ein Spieler bei jedem Einsatz spürt. Durch das Spiel haben die betreffenden Männer das Gefühl, daß sie sich einer Macht übergeben. Ihr Schicksal liegt in den Händen der Fortuna, die brutal und willkürlich darüber entscheidet, ob sie beglückt oder ruiniert die Hallen verlassen.

Bei der Spielsucht handelt es sich nicht um das Vergnügen, das erlebt wird, wenn ein bestimmter Betrag eingesetzt wird, in der leisen Hoffnung zu gewinnen, sondern es geht um ein *existentielles Ausgeliefertsein*. Der Spielsüchtige kann nicht anders, als sein Geld, für das er oft hart arbeiten mußte, der Willkür der Kugel oder Karten preiszugeben. Dieser Spieler kann auch nicht aufhören, wenn er am Rande des Ruins ist. Er muß spielen, bis er den letzten Pfennig eingesetzt und vielleicht gar seinen Besitz verpfändet hat.

»Es muß die 27 sein!« durchfuhr es den 32jährigen Buchhalter an seinem Arbeitsplatz. Sofort nach Arbeitsschluß bestieg er seinen Wagen und raste von Zürich nach Konstanz. Im Spielcasino setzte er – obwohl bereits tief verschuldet – zweitausend Mark ein. Prompt verlor er seinen Einsatz.

Dieser Mann lebte schon seit einiger Zeit von seiner Frau und seinen Kindern getrennt. Seine Spielsucht hatte ihn in den Ruin getrieben. Sein Lohn wurde verpfändet, und er lebte, obwohl erfolgreicher Buchhalter und das finanzielle Gewissen mancher Firma, in einem armseligen Zimmer in einer Vorstadt Zürichs.

Wieso setzt dieser Mann seine Existenz aufs Spiel? Wie ist es möglich, daß ein intelligenter, rational denkender Mensch sich einem solchen Unsinn hingibt und sich langsam zerstört? Oberflächlich betrachtet, steht bei der Spielsucht die Hoffnung auf Gewinn im Vordergrund. Der Spieler träumt vom Geldsegen, möchte »auf die schnelle« reich werden. Die Tatsache jedoch, daß die meisten Spieler nicht aufhören, bis sie alles verloren haben, läßt uns aufhorchen. Der Spielsüchtige macht immer weiter, steht nicht vom Spieltisch auf, wenn er einen beachtlichen Gewinn in der Tasche hat, sondern bleibt sitzen, bis dieser wieder weg ist. Ist es tatsächlich der Gewinn, auf den er hofft und den er als Handlungsmotiv vorgibt?

Wir müssen das Resultat und den Kontext des Handelns mitberücksichtigen. Die Spieler, von denen hier die Rede ist, agieren in einem öffentlichen Raum. Die Atmosphäre ist unpersönlich, der Croupier wirkt distanziert und gelangweilt. Spielsucht wird im Außenbereich und nicht im privaten Raum ausgelebt, gespielt wird fast ausschließlich in anonymen Gruppen. In diesem Raum ruinieren sich die Spieler, hier suchen sie die persönliche existentielle Vernichtung. Sie stehen unter dem Drang, an die Grenzen und noch weiter zu gehen. Diese *persönliche Katastrophe* ist das eigentliche Ziel des Spielers. Nicht den Gewinn strebt er an, sondern er möchte seinen persönlichen Untergang inszenieren. Er sucht einen ausgegrenzten, öffentlichen Raum, in dem sich das ereignen kann, was er fürchtet und nach dem er sich gleichzeitig sehnt: die existentielle Katastrophe. Das Ziel des Spielers ist die Selbstaufgabe. Um dieses Motiv zu verstehen, müssen wir weiter ausholen.

Wir alle werden zeitlebens von Ängsten und Befürchtungen geplagt. Es gehört zu den Grundqualitäten menschlichen Seins, daß wir Angst haben vor Unfällen, persönlichen Verfehlungen oder Katastrophen. Einerseits befürchten wir selber Krankheit und den Tod, andererseits ängstigen wir uns um unsere nächsten Angehörigen, unsere Partner und Kinder. Der existentielle Horror ist etwas, das uns immer begleitet. Mit dieser »Abgründigkeit des Daseins«[10] wurde der Mensch, bevor er seine Umgebung dank Gas- oder Stromlampe ausleuchten konnte, jeden Abend konfrontiert. »Die Nacht überfällt den Menschen mit Furcht und Schrekken.«[11] Verbreitet waren auch die Gebirgs- und Gewitterängste. Wir wollen angstfrei leben und die »Welt des Terrors«[12] von uns halten. Wir hören vom Schrecklichen über die Medien, sehen Bilder im Fernsehen, doch am eigenen Leib erleben wir Angst und Schrecken nur, wenn es uns persönlich trifft. Mit anderen Worten: Wir haben uns eine umfriedete Umwelt aufgebaut, damit wir den existentiellen Horror nicht gewahr werden müssen. An Angst und Horror wollen wir nicht mehr persönlich erinnert werden. Rituell werden wir nicht in die Abgründigkeit des Daseins, den existentiellen Horror eingebunden, wie es noch im 17. Jahrhundert üblich war, in dem der Hausvater die Familienmitglieder um sich versammelte, um in Chorälen und Sprechgesängen die Nachtangst aufleben zu lassen. »Da der Nacht Gefahr und Schrecken/uns Furcht und Angst erwecken ...« »Ach sieh, hier lieg ich Armer / Umringt von Furcht der Nacht.«[13]

Unser existentieller Horror wurde an den Außenraum delegiert. In unserer Wahrnehmung könnte eine Ökokatastrophe, ein Verkehrsunfall oder eine Epidemie den kollektiven oder persönlichen Untergang bewirken, von außen fällt uns das Unheil an. Der mythische Schrecken, der zum archaischen Menschen gehörte, wird heute mit äußeren Ereignissen identifiziert. Die Abgründigkeit des menschlichen Seins wird zu einer Vorstellung: Das Flugzeug könnte abstürzen, das Essen könnte verstrahlt oder die Zufallsbekannte HIV-positiv sein. Der Horror ist eine Möglichkeit des Außenbereichs und keine Realität des Innenraums, des persönlichen Seins. Wir versuchen in unserem befriedeten, privaten Raum zu verharren und wollen verhindern, daß wir an diesem mythischen Horror partizipieren.

Vor allem für den mythisch ausgerichteten Menschen ist diese Situation unerträglich. Er spürt den Schrecken und weiß von der möglichen Katastrophe. Es wird für ihn schwierig, sich innerhalb eines wohleingegrenzten Raumes seinen Tätigkeiten zu widmen, ohne den Horror am eigenen Leib zu spüren. Zwar versucht er, im Beruf, der Freizeit und in seinem Familienleben dem existentiellen Horror auszuweichen, konzentriert sich auf seine Aufgaben und versucht, seinen Idealen gemäß zu leben, doch drängt sich der existentielle Schrecken immer wieder als Dimension des Lebens auf und will respektiert werden. Er will nicht daran denken, was alles geschehen könnte, doch gleichwohl nagt in ihm die Gewißheit, daß »es« irgendwann einmal wirklich passieren könnte. Das Schreckliche könnte auch ihn erfassen und in den Abgrund reißen.

Wir müssen uns diese existentielle Situation vergegenwärtigen, wenn wir den Spieler verstehen wollen. Die Spielsucht ist ein Versuch, dem existentiellen Horror zu begegnen. Eine Extremsituation wird aufgesucht, wie bei manchen gefährlichen Sportarten wie Freeclimbing, Extremalpinismus, Bungee-Jumping oder Motorradfahren, um an die Grenzen des eigenen Seins zu gelangen. Dem Schrecklichen, das immer gefürchtet wird und von dem man weiß, daß es existiert, will man in die Augen blicken. Beim süchtigen Spieler geht es also nicht um den Gewinn, sondern er sucht die persönliche Katastrophe und will seinen Niedergang inszenieren. Der Geldverlust und die Konsequenzen, die dadurch entstehen, provozieren in ihm Erschütterungen, durch die er den existentiellen Horror wieder am eigenen Leib spürt. Er begegnet dem mythischen Horror – und lebt immer noch!

Spielsucht muß darum als ein Leiden aus verschüttetem mythischem Bezug zum Leben verstanden werden. Im Spiel wird der grauenhafte, beängstigende, göttliche Funke gesucht, der aus der Routine des Alltags befreit und den existentiellen Horror erleben läßt. Der Spieler übergibt sich den Schicksalsmächten, die das Geschehen am Spieltisch beherrschen. Durch das Verlieren spürt er wieder die übermächtigen Kräfte, die er im öffentlichen Raum vermutet und die ihn in den Abgrund stürzen könnten. Das Spiel ist eine Konfrontationsmöglichkeit mit diesen unheimlichen, übermenschlichen Mächten, die über unser Sein bestimmen. Der Spielsüchtige erhofft sich über das Schreckliche, das er beim Verlieren erlebt, wieder einen mythischen Bezug zur Welt. Das Spiel erlaubt ihm, am Mythos des Glücks, das ihn beschenkt oder ignoriert, zu partizipieren. Paradoxerweise wird darum die persönliche Katastrophe als eine Erlösung erlebt. Das Unerhörte, Gräßliche ist im überschaubaren Bereich des Spiels eingetroffen. Das, was man insgeheim immer befürchtet hat, ist geschehen, und man steht trotzdem auf den eigenen Füßen. Das Verlieren im Spiel befreit den Süchtigen von der gräßlichen Ungewißheit, wann und wo das Schreckliche zuschlagen könnte.

Anerkennungs-, Ehr- und Ruhmsucht

Die nächste Sucht, mit der wir uns hier befassen wollen, ist das übermäßige Streben nach Anerkennung durch die Öffentlichkeit. Ehre, Beachtung und Auszeichnung durch die Allgemeinheit stehen im Zentrum und rücken andere Interessen in den Hintergrund. Bei dieser Sucht ist der Mann darauf ausgerichtet, von der Außenwelt registriert, verehrt und geachtet zu werden. Die Öffentlichkeit soll ihn respektieren, das »theatrum mundi« hat für ihn eine großartige Rolle vorgesehen. Dieser Mann definiert sich über die Achtung, die ihm im Außenbereich zufällt. Die Ehre sieht er als Beweis für seine nach außen gerichtete, risikofreudige Männlichkeit. Er bewegt sich auf der Bühne des Gemeinwohls, hat den privaten Raum verlassen können und den Gefahren der Außenwelt getrotzt. Er sitzt nicht ängstlich zu Hause, zaudert und pflegt sich selber, sondern hat den Schritt in die große weite Welt gewagt. Die Zustimmung oder Bewunderung der anderen ist Leitfaden des eigenen Handelns.

Die Bedeutung der Ehre für den Mann zeigt sich schon bei den Griechen. Achilles will ein langes, ereignisloses Leben gegen ein kurzes, ruhmreiches eintauschen, und Agamemnon ist bereit, für einen ehrenhaften Tod auf dem Schlachtfeld einige Monate seines Lebens herzugeben. Die »besessene Suche nach Ruhm und Ehre wurde zu einem Teil des griechischen Männlichkeitsideals«[14] und wird verkörpert durch die Odyssee. Ihr Held Odysseus läßt sich auf unzählige Gefahren mit Ungeheuern der Welt ein, die er durch physische Kraft, List und faule Tricks besiegt. Schließlich kehrt er ruhmreich zu seiner Frau Penelope zurück.

Die Anerkennung der Öffentlichkeit zu suchen ist normal und gesund. Wenn die Beachtung der Öffentlichkeit wichtig ist, mobilisieren sowohl Männer wie Frauen Energien, sind bereit zu Taten und Opfern für die Gemeinschaft. Die Betreffenden orientieren sich nicht nur an den Inhalten des privaten Raumes, sondern sehen ihr Handeln in einem größeren Zusammenhang. Wenn ein Mann das Gefühl hat, der Blick der Allgemeinheit sei auf ihn gerichtet, dann wird er seine Handlungen und Aussagen sorgfältig auf den Effekt hin abwägen. Die Vorstellung, in der Öffentlichkeit zu stehen, ein imaginäres Auditorium vor sich zu haben, spornt an und erhöht die Leistungsfähigkeit. Von Ehr- oder Ruhmsucht sprechen wir jedoch, wenn die Anerkennung durch die Öffentlichkeit das *ausschließliche Motiv* abgibt. Der Betreffende hat sein Auge nur auf die Reaktionen der Öffentlichkeit gerichtet. Ohne das Gefühl, von den anderen beachtet zu werden, klappt er in sich zusammen. Er braucht den Applaus oder das Raunen eines Publikums. Er will in diesem unpersönlichen Raum brillieren. Er wird unruhig, wenn er eine Woche lang nicht von einem Reporter befragt wurde, oder ärgert sich, wenn ein Kollege im Fernsehen interviewt wird. Nicht die Sache, das Thema oder die jeweilige Herausforderung steht im Zentrum, sondern sein Ruhm. Der Blätterwald soll von seinen Taten flüstern. Seine Tätigkeiten sind ihm lediglich ein Mittel, von der Außenwelt beachtet zu werden. Das Privat-Selbst ist verkümmert.

Matussek beschreibt einen Unternehmensleiter[15], der wegen seiner Leistungen im öffentlichen Raum sehr geschätzt wurde. Vorsitzender des Aufsichtsrates, Mitglied diverser Verwaltungsräte, Leiter des Kirchenchores, Vorstand eines karitativen Verbandes und zudem aktiv in der Politik. Er wurde mit öffentlicher Ehre überschüttet. Eines Tages geht er für ein paar Tage in den Urlaub und erhängt sich. Er lebte vom Glorienschein der Öffentlichkeit, während er seine Psychologie, sein Privat-Selbst arg vernachlässigte. Auf sich allein gestellt, übermannten ihn Sinnlosigkeitsgefühle. Ähnliche Beispiele finden wir in der Politik: Pierre Bérégovoy, der sozialistische Ex-Premierminister Frankreichs, der sich eine Kugel in den Kopf jagte, als ihm die Öffentlichkeit die Anerkennung versagte.

Es gibt verschiedene Wege, zu Anerkennung im öffentlichen Raum zu kommen. Neben Medienpräsenz vermitteln diverse Titel und Auszeichnungen das Gefühl eigener Größe. Ein Professorentitel, Ehrendoktor, ein politisches Amt, eine Ehrenurkunde oder ein Preis wird als äußerer Beweis der Anerkennung registriert. Noch großartiger ist es, wenn eine Straße nach einem benannt wird, die persönliche Physiognomie durch eine Statue der Nachwelt in Erinnerung bleibt oder das eigene schriftliche oder künstlerische Werk der Enkelgeneration bekannt ist. Der ersehnte Platz in der Geschichte ist so gewiß.

Geradezu groteske Formen nahm die Ehrsucht des vormaligen Führers der Zentralafrikanischen Republik an, Bokassa. Der Präsident dieses armen Binnenlandes ließ sich zum Kaiser krönen, baute sich einen riesigen Palast und umgab sich mit einem großen Dienerstab. Felix Houphouet-Boigny, Präsident der Elfenbeinküste, hatte den Ehrgeiz, einen Dom zu erbauen, der den Petersdom in Rom an Größe überragt.

Bekannt sind auch Handlungen, die aus verletztem Ehrgefühl heraus geschehen wie die Duelle, die im letzten Jahrhundert verbreitet waren, wenn man glaubte, nicht die adäquate Ehrbezeugung bekommen zu haben.

Ein Kosovo-Albaner erwischt seine Frau mit einem fremden Mann im Bett. Sofort erschießt er seinen Nebenbuhler, der noch versuchte, aus dem Fenster zu springen. Vom Gefängnis aus informiert er seinen Schwiegervater. Dieser reist mit geladener Pistole in die Schweiz, wartet auf einer Kirchweih auf die Familie seiner Tochter und schießt seelenruhig auf seine drei- und sechsjährigen Enkelkinder und seine Tochter. Während seine Tochter mit einem Streifschuß den Racheakt überlebt, wird ein Enkelkind schwer verletzt und das andere durch einen Kopfschuß getötet. Der Großvater läßt sich ohne Widerstand festnehmen. Die Tat ist vollbracht, das Ehrgefühl der Familie gerettet.

Zur Zeit von Kaiser Wilhelm II. dominierte im Deutschen Reich die Vorstellung des Obrigkeitsstaates. »General Dr. von Staat.« Pflicht und Gesetzestreue galten als oberste Bürgerpflichten. Die Ehre und Anerkennung durch den Staat und seine Institutionen standen im Vordergrund. Im deutschen Parlament erschienen darum die Minister mit Säbeln an der Seite, und Gymnasiallehrer trugen an patriotischen Feiertagen ihre Offiziersuniformen. Die Anerkennung der öffentlichen Position war wichtig, das Private hatte zurückzustehen. Kaiser Wilhelm II. galt als überragende Vaterfigur. Vor ihm galt es zu bestehen. Er selber lockte mit Titeln, Medaillen und Uniformen. Wilhelm II. schien von einer Uniformmanie besessen. Auf Fotos fehlen zivile Bekleidungen fast völlig. Er tritt immerfort in Uniform auf: der Leibgardenhusaren, der Garde du Corps oder des ersten Garderegiments zu Fuß. Er begnügte sich jedoch nicht nur mit deutschen oder österreichischen Uniformen, sondern zog auch russische oder englische Uniformen an, da er als Kaiser bei den entsprechenden Regimentern die Stellung des Ehrenkommandeurs innehatte.[16] Er scheint diese Stellung nicht nur symbolisch aufgefaßt zu haben, sondern wollte »seine« Regimenter in England oder Rußland inspizieren. Die Engländer konnten sich gegen diese peinliche Aufdringlichkeit nur wehren, indem sie das Regiment des Kaisers nach Indien versetzten. Die Anerkennungsmanie jener Zeit äußerte sich jedoch auch in den 62 Abstufungen der preußisch-deutschen Hofordnung. Sie verwies Universitätsrektoren auf Platz 47, Mitglieder des Parlaments auf Platz 58 etc.[17]

Heute zeigt sich das Bedürfnis nach Ehre und Anerkennung nicht so offensichtlich. In Ermangelung einer Aristokratie, wie wir sie heute noch in Großbritannien und den skandinavischen Ländern kennen, markieren oft *materielle Objekte* die eigene Bedeutung in der Öffentlichkeit. Wir können nicht auf einen Titel wie Lord, Sir oder wenigstens O.B.E. (Order of the British Empire) hoffen und müssen darum unser Anerkennungsbedürfnis anders stillen: der diskrete Volvo, der unübersehbare Mercedes 300 SE oder das schnurlose Telefon verraten öffentliche Bedeutung. Das bescheidene Haus an der Côte d'Azur, die Skiferien in Gstaad oder das spezielle Mountain-Bike machen der Umgebung klar, wen sie vor sich hat. Die Anerkennung wird über materielle Symbole gesucht, die die Position im öffentlichen Raum andeuten. Der Betreffende grenzt sich von der Masse ab und möchte in seiner Besonderheit beachtet werden.

Während Männer eher über Titel, Positionen und materielle Symbole Anerkennung suchen, manifestiert sich das Streben nach Ehre bei Frauen oft durch die Gestaltung des Freundes- und Kollegenkreises.

Das öffentliche Selbst kann in eklatantem *Widerspruch* zum privaten Selbst stehen. Der Betreffende spielt im öffentlichen Raum eine Rolle, die nicht mit seiner Psychologie übereinstimmt. Privat mag der gleiche Mensch eine klägliche Figur sein oder konträre Werte vertreten. Eindrücklich ist das Beispiel des Engländers John Wilkes (1727–1797). Dieser Sohn eines wohlhabenden Baumwollfabrikanten war bekannt als Lebemann. Er trank übermäßig viel, aß gern und war fortwährend in Liebesaffären verstrickt. Dennoch wurde er zu einer der bedeutendsten politischen Figuren seiner Zeit und galt bei den Arbeitern und beim niedrigen Bürgertum Londons als »Inkarnation hoher sittlicher Prinzipien«. Wilkes führte gute Sitte und Moral in die Politik ein.[18] Das öffentliche Selbst widersprach seiner privaten Lebensführung. Wilkes selber definierte sich über seine öffentliche Rolle und Bedeutung. Er folgte den Mythen seiner Zeit, die nach einer sittlichen, wohlanständigen Figur verlangten, persönliche Authentizität als Kriterium war ihm sicherlich unbekannt.

Die Ehrsucht läßt sich auf die Sehnsucht, einen Platz im aktuellen mythischen Kanon zu ergattern, zurückführen. Der Betreffende richtet sich nach den aktuellen mythischen Bildern, die den öffentlichen Raum beherrschen, und will dort seine ihm gebührende Stellung. Er hofft, die Fesseln des privaten Seins zu sprengen, der Psychologie seines privaten Lebensbereiches zu entkommen, indem die Öffentlichkeit ihm Bedeutung zuschreibt. Ehrsucht ist somit der Wunsch, der Mühsal der Privatheit, des persönlichen Schicksals und der Banalität des Alltags zu entrinnen. Durch den Platz in der Geschichte, eine wichtige Position oder die öffentliche Anerkennung sinkt die Notwendigkeit, sich mit dem privaten Beziehungsumfeld auseinanderzusetzen und die persönliche Lebensgeschichte zu reflektieren. Getrost darf man ein Langweiler, ein Ekel oder Beziehungskrüppel sein, da man sich gemäß der eigenen Vorstellung längst legitimiert hat. Ein ehrsüchtiger Mensch konzentriert seine Anstrengungen ausschließlich auf jene Themen und Auftritte, die ihm in der Öffentlichkeit, im Geschäft und in seinem Berufsfeld etwas einbringen. Was er von sich sagt, weiß und preisgibt, spiegelt die mythischen Erwartungen, die das imaginäre Publikum an ihn stellt. Oft lebt er einen personifizierten Mythos und spielt als Schauspieler eine Rolle im öffentlichen Raum. Wie bei John Wilkes wird das Privat-Selbst abgespalten. Als Darsteller eines Mythos braucht man kein Privatleben.

Leistungsoriginalität

Eine weitere, häufige männliche Pathologie ist der Originalitätszwang. Der Betreffende will sich durch Unkonventionalität von seinen Mitmenschen abheben. Eine besondere Idee oder außergewöhnliche Leistung gibt seiner öffentlichen Persönlichkeit Profil. Vielleicht, weil er die Banalität des Seins und das Leben in der Psychologie fürchtet, will er sich in seiner Einzigartigkeit inszenieren. »I'm not like everybody else!«[19] denkt er für sich und versucht aufzufallen, indem er allein über den Atlantik rudert, in 24 Stunden einen Achttausender erklimmt oder sich selbst als Kunstgegenstand ausstellt. Die Originalität dient als Mittel, um aufzufallen, anders zu sein, registriert zu werden. Diese Männer versuchen, sich in den öffentlichen Raum einzubringen, indem sie ihre Rolle anders interpretieren, als der betreffende Mythos es erfordert. Sie lehnen sich gegen die Vorgaben der Mythen auf und wollen sich anders verstehen. Oft kreieren sie dadurch neue Ideen und sind zu außerordentlichen Leistungen fähig, vielfach aber steht der antizipierte Medienrummel oder wenigstens die Beachtung im eigenen Bekanntenkreis im Vordergrund. Ein Stachel sticht sie, da sie nicht ein gewöhnlicher Bankangestellter, ein typischer Lehrer, Journalist oder Unternehmensberater sein wollen. Die Originalität um ihrer selbst willen wird gesucht, da man sich so einen Platz unter den Göttern erhofft.

Ein erfolgreicher Schweizer Bankdirektor, der als unkonventioneller Denker gilt, wurde vom Radio eingeladen, zwei Minuten zu einem Thema seiner Wahl zu reden. Im Rahmen dieser Sendung werden Persönlichkeiten der Öffentlichkeit eingeladen, über ein Anliegen oder Thema eigener Wahl zu reden.[20] Statt jedoch das Wort zu ergreifen, ließ der Betreffende zwei Minuten Stille senden. Die Hörer konnten nur die Tropfgeräusche eines Wasserhahnes vernehmen. Der Betreffende hat dies als Aufruf zur Besinnung in einer Welt voller Lärm verstanden, möglich ist jedoch auch, daß ein Originalitätszwang im Vordergrund stand. Er konnte es sich vor sich selber nicht leisten, unoriginell zu erscheinen.

Beim Originalitätszwang handelt es sich um eine aktuelle Variation der männlichen Ruhm- und Ehrsucht. Während im Ersten Weltkrieg junge Männer sich über Taten auf dem Schlachtfeld Ehre erhofften, ist es heute die außergewöhnliche, besonders flippige Tat oder Idee, die einen Platz an der Sonne verspricht. Die besondere Leistung verleiht mythische Würde, so daß die Banalität des Seins überwunden ist. Der Betreffende hat eine identifizierbare Rolle im »theatrum mundi« und stellt einen personifizierten Mythos dar.

Gewalt

Als nächstes will ich mich dem Problem der männlichen Gewalttätigkeit zuwenden, einer Pathologie, die viel diskutiert wird und unter der wir als einzelne wie auch als Gruppe oder Gesellschaft zu leiden haben. Gewalt ist eine permanente Herausforderung, der wir uns immer wieder stellen müssen. Bei entsprechendem Vorwand lassen sich Männer immer wieder zu Gewalt verführen. Sie stürzen sich ins Getümmel, suchen den Kampf und wollen gar Blut sehen. »Viele junge Männer sehnen sich nach Gewalt, sie erleben sie als lustvoll und ... es bereitet ihnen Vergnügen.«[21] Kriminalstatistiken sprechen eine deutliche Sprache. Während Frauen bei Delikten wie Diebstahl oder Betrügereien relativ häufig vertreten sind, überwiegen bei Gewaltakten eindeutig die Männer.[22] Die Gefängnisinsassen in der Schweiz und in Deutschland sind überwiegend männlichen Geschlechts. Was ist es, das Männer an der Gewalt fasziniert?

Ich selber spüre, wie mein Verhältnis zur Gewalt zwiespältig ist. Bewußt lehne ich Gewalt als Mittel der Auseinandersetzung ab. Ich betrachte es als primitiv und unzivilisiert, wenn wir mit den Fäusten aufeinander losgehen, einen Konflikt kriegerisch lösen wollen und ein Ziel ohne Rücksicht auf andere Menschen anstreben. Ich verachte solche Mittel der Auseinandersetzung. Gleichzeitig spüre ich jedoch noch eine andere Seite in mir, eine ungeheuerliche Kraft, die in mir schlummert und durch bestimmte Situationen geweckt werden kann. Der rücksichtslose Autofahrer, der mich überholt, als ich einen Fußgänger über den Zebrastreifen lassen will, der Arbeitskollege, der gegen mich intrigiert, oder die Krawallbrüder, die die Fassade meines Hauses mit Farbe beschmiert haben und mich mit Drohungen einschüchtern wollen, machen mich wütend. Bilder steigen in mir auf, wie ich mit ein paar Faustschlägen die Situation bereinigen könnte oder mit einer Bombe unliebsame Mitbürger in die Luft sprenge. Solche Bilder haben eine befreiende Wirkung auf mich, sie nehmen Emotionen auf, die in mir hochdrängen. Bin ich wirklich so friedlich, wie ich vorgebe?

Unsere Gewalttätigkeit hat verschiedene Gesichter. Sie zeigt sich darin, daß wir gegenüber Frauen gewalttätig sein können, sie schlagen und quälen und versuchen, sie durch unsere physische Überlegenheit gefügig zu machen. Klar, es ist immer der andere, der sich so niederträchtig verhält. Tatsache ist jedoch, daß Tausende von Frauen unter den Folgen einer Vergewaltigung oder der Gewalttätigkeit ihrer Ehemänner oder Partner leiden. Sie fühlen sich der männlichen Körperkraft gegenüber unterlegen. Das Moment der Gewalt taucht jedoch auch in Konflikten zwischen Männern und in männlichen Systemen auf. In Männergruppen konstelliert sich unter gewissen Bedingungen rasch Gewalt, wie die Ausschreitungen in Fußballstadien oder bei Demonstrationen zeigen. »Haut den Bossen auf die Flossen!« wird geschrien und das Rathaus mit Farbbeuteln beworfen. Erschreckt wurde die deutsche Öffentlichkeit durch die Gewaltwelle, die sich in Cottbus, Dresden, Halle, Görlitz und anderen ostdeutschen Städten gegen Ausländer entlud. Rechtsradikale Jugendliche schlossen sich zusammen, skandierten »Heil Hitler« und brandschatzten Asylantenheime. »Häufig sind es nicht mehr als zehn, fünfzehn Akteure, die jedoch punktuell, bei Überfällen auf ›Ausländer‹, Linke und alles ›Undeutsche‹, schnell eine große Zahl action-orientierter, brutalisierter Mittäter gewinnen können.«[23] Die Jugendlichen der östlichen Länder fühlen sich als Deutsche und besser als die Kanaken, die Türken. Wir Männer neigen zu Gewalt. Ein Blick in die Geschichte zeigt, daß Europa während der letzten hundert Jahre von verschiedenen gewalttätigen Auseinandersetzungen heimgesucht wurde: neben dem Ersten und Zweiten Weltkrieg und der Revolution in Rußland der Bürgerkrieg in Spanien (1936–1939), die Aufstände in der DDR (1953), in Ungarn (1956) und der Tschechoslowakei (1968), die schwelenden Konflikte in Nordirland, im Baskenland und jetzt der brutale Krieg in Bosnien-Herzegowina. Es scheint, nicht der Friede ist die Norm, sondern die kriegerische, gewalttätige Auseinandersetzung. Da auch die politischen Systeme praktisch ausschließlich von Männern beherrscht werden, kann Gewalt als Qualität des männlichen Geistes betrachtet werden. Männer handeln in bestimmten Situationen gewalttätig, fühlen sich gezwungen, Gewalt einzusetzen oder mit Gewalt zu reagieren.

Was ist die Bedeutung dieser männlichen Gewalttätigkeit? Ich will hier nicht die ökonomischen oder politischen Ursachen studieren, die zu Gewalt führen können, sondern der Frage nachgehen, welche Bedeutung Gewalt in der Seele des Mannes hat. Der Mann sucht Gewalt, lehnt sie ab, umgeht, tabuisiert oder delegiert sie. Gewalt läßt ihn als Thema nicht los und zieht ihn schon als Kind an, wie ich im dritten Kapitel aufzeige. Es scheint mir zu einfach, diese Neigung auf den höheren Testosteronspiegel zurückzuführen oder durch Rollenverhalten, Imitation und Modellernen, Elternkonflikte, die ökonomische Situation oder phallisch-ödipales Verhalten zu erklären. Wir müssen uns der Frage stellen, welche Bedeutung der Gewalt als *seelischem* Akt zukommt und inwiefern Gewalt und Mannsein zusammengehören. Wir müssen versuchen, *Gewalt per se* zu betrachten, nicht nur als Handlung des anderen, sondern auch als eigene, innere seelische Möglichkeit. Wir Männer tragen die Gewalttätigkeit in uns. Dieser seelischen Qualität gilt es nachzugehen, um Gewalt zu verstehen, ohne sie zu legitimieren. Wir müssen Gewalt in ihrer schillernden archetypischen Breite erfassen, auch wenn wir dabei zu Aussagen kommen, die wir persönlich nicht sympathisch finden. Der häßlichen Fratze Gewalt muß direkt ins Auge geblickt werden. Nur durch eine vorurteilslose Betrachtung besteht die Hoffnung, sie in ihrer Bedeutung für die männliche Persönlichkeit zu erfassen. Pauschale Forderungen, daß sich »die Männer einfach zu ändern haben«, oder Appelle wie »Gewalt darf einfach nicht sein« helfen wenig, wenn wir nicht die seelischen Hintergründe der Gewaltneigung der Männer kennen.

Ich will der Gewalt im Zusammenhang mit der mythologischen Ausrichtung des Mannes nachgehen, damit sich die Möglichkeit ergibt, die unheilvollen Auswirkungen der Gewalt abzuwenden.

Betrachten wir die Bedeutung der Gewalt in Märchen oder Mythologien, so sehen wir, daß *Gewalt* oft Hand in Hand mit *Kreativität* geht. In dem Märchen »Wie der Holzfäller den Teufel überlistet und die Königstochter gewinnt«[24] gewinnt der Held die Prinzessin erst, nachdem er sich in einen Löwen verwandelt und mit dem Teufel gekämpft hat, in dem Märchen »Kagsagsuk, der arme Waisenknabe« kann sich der Waisenknabe von den Gestalten, die böse zu ihm waren, nur befreien, indem er ihnen die Köpfe zerschmettert oder sie zerdrückt.[25] Durch Gewalt wird etwas Neues in die Welt gesetzt, eine Wandlung wird eingeleitet oder Altes, Lästiges und Überholtes zerstört. In verschiedenen Mythen wird die Bevölkerung durch Gewaltakte von den Dämonen befreit. Der germanische Donnergott Thor verteidigt mit seinem Hammer Mjöllnir Götter und Menschen gegen die bedrohlichen Mächte des Utgard, die Riesen und die Midgardschlange. Herkules erwürgt mit bloßen Händen die nemeischen Löwen, und mit Hilfe des Schwertes, giftiger Pfeile und Feuer gelingt es ihm, das mehrköpfige Ungeheuer Hydra zu töten. Auch in der christlichen Mythologie kommt es immer wieder zu Gewalt. Einerseits sind die Propheten gewalttätig, andererseits verhält sich vor allem der alttestamentarische Gott oder sogar Jesus gewalttätig: Moses vernichtet wütend das goldene Kalb, David erschlägt Goliath mit der Steinschleuder, Jesus verjagt die Händler aus der Kirche, und nicht vergessen dürfen wir, daß das Christentum an sich mit einem Mord beginnt: der Kreuzigung Jesu. Im Alten Testament legt Gott Sodom und Gomorrha in Schutt und Asche, befiehlt Abraham, seinen Sohn umzubringen, und ist im Neuen schließlich bereit, seinen eigenen Sohn zu opfern. Bei all diesen Beispielen wird mit Hilfe der Gewalt verändernd in die Welt eingegriffen. Durch Gewalt wird eine neue Entwicklung vorangetrieben, eine neue Gesinnung oder ein anderes Bewußtsein etabliert.

Den Zusammenhang zwischen Gewalt und Kreativität sehen wir auch in der Geschichte unserer politischen Systeme. Unsere Demokratien sind nicht nur aufgrund eines evolutionären Prozesses entstanden, sondern auch dank der Bereitschaft von Männern (und Frauen) zu Gewalt: Louis XVI. trat nicht freiwillig zurück, und die Nationalsozialisten haben nicht wegen der überzeugenden Argumente der Alliierten die Waffen gestreckt. Gewalt steht oft am Anfang einer neuen gesellschaftlichen Ordnung oder Orientierung.

Die 68er Bewegung wurde registriert, als die Studenten in Frankreich zum Generalstreik aufriefen und Bilder von Straßenschlachten zwischen den Jugendlichen und der Polizei in die Wohnstuben flimmerten. Ohne diese Ausschreitungen wäre diese Bewegung nicht ins Bewußtsein der Öffentlichkeit gelangt. Die 68er Bewegung wurde zum Teil durch diese Straßenschlachten kreiert.

Im Rückblick mag dies schön und gut sein, doch wenn ich mir vorstelle, daß bei diesen Kreationsakten Menschen das Leben verloren haben, dann steigt wieder meine alte Abscheu gegen Gewalt auf. Hatte nicht auch Louis XVI. ein Recht auf Leben? Gab es nicht auch andere Mittel, die Bewohner von Sodom und Gomorrha zu bestrafen? Gewalt muß abgelehnt werden, da sie die Integrität und den Willen eines Mitmenschen oder einer Menschengruppe verletzt. Gewalt steht im Widerspruch zur ethischen Forderung, daß wir das Leben, den Willen und den Lebensstil unserer Mitmenschen achten sollen. Wenn ein Asylantenheim angezündet wird, eine Bombe der IRA Kinder zerreißt, eine Frau auf der Straße vergewaltigt oder in Bosnien-Herzegowina Dörfer »gesäubert« werden, dann habe ich Mühe, den kreativen Aspekt der Gewalt nachzuvollziehen. Ich blicke in das häßliche, verabscheuungswürdige Gesicht männlicher Gewalt und werde betroffen. Bin ich ein Feigling?

Gewalt ereignet sich immer in einem Spannungsfeld. Gegensätze manifestieren sich: die Deutschen gegen die Ausländer, die Serben gegen Moslems, die Katholiken gegen die Protestanten, die Schwarzen gegen Chicanos, die Sozis gegen die Kapitalisten, die Anhänger von Borussia Mönchengladbach gegen die Anhänger der Glasgow Rangers, die Arbeitnehmer gegen die Arbeitgeber, die Männer gegen die Frauen, die Armen gegen die Reichen, die Rechtsbrecher gegen die Polizei etc. Voraussetzung eines Gewalteinsatzes ist, daß die Welt in Dichotomien, klare Polaritäten eingeteilt wird. Hier bin ich, dort stehst du. Eine Trennung wird vollzogen, und ein Gegensatz stellt sich dar. Aus der Sicht des einen Pols erscheint auf der anderen Seite ein Dämon oder sonst ein feindliches Gegenüber. Aus einer solchen Gegensatzspannung heraus entsteht Gewalt. Zwei Menschen oder Gruppen stehen sich gegenüber und empfinden sich als Feinde. Beide, oder zumindest eine Seite, fühlen sich existentiell bedroht und herausgefordert. Der Betreffende oder die Gruppe versucht die eigene Position durchzusetzen: Das Fremde, Anrüchige, Andersartige, Kriminelle, Böse, Gräßliche oder auch Faszinierende wird angegriffen, damit die eigene Position gültig wird. Das Feindliche, mit der eigenen Haltung Unvereinbare wird eliminiert. Sieg bedeutet Durchbruch, Erlösung. Gewalt führt also aus der Gegensatzspannung heraus, befreit mich von meinem Zwiespalt.

Wir haben festgestellt, daß sich Mythen durch ihre *polare Struktur* auszeichnen. Sie enthalten eine Gegensatzspannung, die unsere Umwelt einteilt, eine Disjunktion. Partizipieren wir an einem Mythos, so erleben wir die Welt im Widerspruch. Ich setze mich für die Bildung ein und kämpfe dadurch gegen Unwissenheit, ich kämpfe für soziale Wohlfahrt und möchte soziale Ungerechtigkeiten eliminieren. Wenn ich an einem Mythos teilhabe, dann werde ich durch die zwei Pole herausgefordert, die sich um existentielle Herausforderungen bilden: Leben oder Tod, Sicherheit oder Gefahr, Ordnung oder Chaos, Gemeinschaft oder Individuum. Die Gegensatzspannung bringt eine Differenz in das jeweilige Thema. Wir werden bei existentiellen Herausforderungen polar vom Mythos erfaßt und müssen einen Weg aus dem Dilemma finden. Gewalt bedeutet, daß wir uns für einen Pol entscheiden. Durch den Gewaltakt befreien wir uns von der Ambivalenz und entscheiden uns für eine Seite des Mythos. Wir zerstören oder vereinnahmen den anderen Pol und setzen uns somit willentlich in Gegensatz zu einer anderen Ausprägung des Mythos. Auf unser Leben übertragen bedeutet dies, daß wir uns für die Gleichberechtigung, für eine Liberalisierung der Wirtschaft oder die Gewährung des Asyls einsetzen, ohne den anderen Pol zu berücksichtigen. Natürlich ist uns bewußt, daß die Menschen verschieden sind oder eine Liberalisierung auch eine Ausnützung der Arbeiter zur Folge haben kann, doch wir wollen entscheiden und etwas bewirken. Gewalt geschieht, wenn wir einen Pol des Mythos weiterverfolgen und den anderen bewußt ignorieren oder zerstören wollen. Ein Gewaltakt geschieht aus dem Gefühl heraus, eine Lösung finden zu müssen, endlich etwas zu verändern. Es geht nicht mehr um das Für und Wider, sondern nur noch um das Für.

Wir Männer neigen zu Gewalt, weil die Gegensatzspannung ein wesentliches Merkmal unserer Seele ist. Wir nehmen uns selber und die Umwelt über *Gegensätze* wahr. Wir empfinden die Gegensatzspannung als anregend und können sie lange aushalten. Wir spüren Diskrepanzen auf und wollen uns darin positionieren. Während eine Frau bei Gegensätzen, die sich vor ihr eröffnen, eher unbestimmt reagiert, sie weniger deutlich wahrnimmt, das Gefühl hat, beide Positionen hätten etwas für sich, oder sich von vornherein für eine Haltung entscheidet, übergebe ich mich als Mann gerne diesem Spannungsfeld. Das Rededuell, der Kampf, die unmögliche gegnerische Position fordern mich heraus. Ich suche diese Gegensatzspannung, damit mir Lösungen einfallen: Ein neues Kampfflugzeug zu entwickeln ist unsinnig, der Fußballclub Zürich wird gewinnen, Unternehmensberatung bringt nichts, ein Truppeneinsatz in Afrika ist moralisch nicht vertretbar, Golf ist nur etwas für Snobs, wir müssen die Ausländer mehr integrieren. Wir Männer leben von und in Gegensatzspannungen, werden durch sie angeregt und zu neuen Taten animiert. Das zeigt sich auch im Selbstbild, das Männer von sich entwerfen. Als Therapeut erlebe ich immer wieder, wie das Selbstbild von Männern auch eine deutlich negative Seite beinhaltet. Neben guten Seiten sehen sie in sich auch noch sehr egoistische, machtgierige oder narzißtische. Männer, die eine Therapie eingehen, entwikkeln oft ein polares Selbstbild. Sie haben das Gefühl, daß ihre guten Seiten mit einem »inneren Schweinehund« kämpfen.

Durch Gewalt wollen wir uns von einem Grunddilemma unserer seelischen Ausrichtung befreien. Wir wollen die Spannung und die Emotionen, die sich immer wieder einstellen, loswerden. Wir glauben der Aufgabe, die sich uns im Mythos stellt, nachgekommen zu sein: Der Verbrecher ist inhaftiert, die Brücke erbaut, das Leck ausgebessert, das Land befriedet oder der Angestellte entlassen. Je nach Tätigkeit präsentieren sich andere Themen im Rahmen dieser Gegensatzspannung. Durch den Gewaltakt versuchen wir, einem existentiellen Dilemma zu entfliehen. Das andere, der fremde Pol wird entweder zerstört oder einverleibt, damit der neue, bessere Pol des Mythos sich durchsetzt.

Täusche ich mich, wenn ich von mir behaupte, ich sei nicht gewalttätig? Vielleicht hatte ich das Glück, noch nicht dermaßen existentiell herausgefordert zu werden, daß ich einen der tragenden Mythen unserer Zivilisation verteidigen mußte. Unter anderen Umständen, in einer anderen Zeit oder als Angehöriger einer anderen Schicht wäre auch ich gewalttätig, fühlte mich dazu aufgerufen, das Böse zu bekämpfen oder eine Gegensatzspannung zu lösen.

Eine solche Gegensatzspannung führte nicht unwesentlich zum Ausbruch des Zweiten Weltkrieges. Der öffentliche Raum in Deutschland wurde durch eine starke Dichotomie geprägt. Die Deutschen fühlten sich existentiell herausgefordert. Die Spannung wurde verursacht durch die Rollenzuschreibung, die nicht angenommen werden konnte, und das Bedürfnis nach einer positiven nationalen Identität. Deutschland galt als der Schuldige des Ersten Weltkrieges, hatte enorme Reparationszahlungen zu leisten und wurde geographisch dezimiert. Gleichzeitig war da immer noch der Traum eigener nationaler Größe mit einem gebührenden Platz in der Geschichte. England und Frankreich konnten sich in ihren Kolonialreichen sonnen. Der Deutsche wurde hin- und hergerissen zwischen dem Wunsch nach Größe und der Akzeptanz der eigenen mediokren nationalen Rolle in Europa. In dieser Situation präsentierte sich der Nationalsozialismus als Erlösung. Er bot eine Vision eigener Größe an und gab gleichzeitig eine Begründung für die bisherige Schmach und das eigene Ungenügen. Der großartige Arier sollte auferstehen, der sich durch Disziplin, Stärke und Gemeinschaftssinn auszeichnet. Der Gegenpol dieses Mythos, Egoismus und Materialismus, wurde durch die Nationalsozialisten auf die Juden und Zigeuner projiziert. Sie wurden zu Gegnern der deutschen Kultur erklärt. Die Juden repräsentierten den abgespaltenen Gegenpol des damaligen, grandiosen deutschen Mythos. Die Gegensatzspannung sollte durch den abscheulichen Akt der Judenvernichtung aufgehoben werden. Die Ausrottung der Juden wurde zur Heldentat deklariert, in der perversen Annahme, daß dadurch dem arischen Menschen zum Durchbruch verholfen werde. »Doch nur das Paradies rechtfertigt die Hölle. Darum darf es um nichts Geringeres gehen als um das innerweltliche Heil, um die menschheitliche Erlösung. Darum nimmt man – als Mission – das Heilsverbrechen auf sich.«[26]

Die Juden standen für das Gegenteil dessen, was die Deutschen wollten. Eine völkische Gemeinschaft wurde angestrebt, während die Juden für Parasitentum und Egoismus herhielten. Dieser Gegenpol mußte ausgerottet werden, damit sich Deutschland erlöse, zu einer höheren Reinheit und zu den eigentlichen Idealen finde. »Der Jude ist eben nur die eine und faßbare Figur, auf die sich alle Ängste und Aggressionen des beschädigten Selbstbewußtseins bündeln lassen; mit der Judenvernichtung soll, symbolisch, der Sündenfall der Moderne ausgelöscht, die Last der Vereinzelung getilgt und alles Unheil der neueren Geschichte ins übermenschliche, herrschaftlich befestigte Heil zurückverwandelt werden.«[27]

Als »Heilsverbrechen« wird die Untat begangen, damit die Erlösung möglich wird. Das Gräßliche muß für dieses Ziel auf sich genommen werden. Die Zerstörung erscheint nicht als Übel, sondern im Lichte eines geheimen Ziels, aus einer »unbewußten Sehnsucht nach einem neuen Leben«[28]. Gewalt wird gesucht in der Hoffnung auf Wandel.

Diese uralte Sehnsucht zeigt sich auch in den grauenhaften ethnischen Säuberungen der Serben in Bosnien-Herzegowina. Die Kroaten und vor allem die Moslems repräsentieren den Gegenpol zu einem nationalen Mythos. Für Groß-Serbien ist man zu den gräßlichsten Schandtaten fähig. Der Mythos des eigenen Landes fordert dieses »Opfer«, da das andere, das Fremde als Bedrohung empfunden wird. Statt sich dieser anderen Position in einem rituellen Kampf zu stellen, wird in »Lösungen« gedacht, ausgerottet.

Leider sind ähnliche Tendenzen bei gewissen Gruppen von Jugendlichen in Deutschland zu beobachten. Wenn Vietnamesen und Türken angegriffen werden, so verbirgt sich dahinter der Versuch, die Unsicherheit, die die deutsche Identität mit sich bringt, zu meistern. Auch diese Jugendlichen handeln aus einer Gegensatzspannung heraus. Sie reagieren auf ein kollektives Leitbild, das von den Politikern und den Medien zelebriert wird. Sie spüren eine Doppelbödigkeit, wenn von der eigenen Friedfertigkeit, der Großzügigkeit und Offenheit den Ausländern gegenüber die Rede ist und der Umwelt die Botschaft vermittelt wird, daß man vor den Deutschen keine Angst zu haben brauche. Sie ahnen, daß sich unheimliche Kräfte im Schatten Deutschlands verstecken müssen. Das Idealbild, an dem sich die Deutschen orientieren, entlarvt sich als Abwehrzauber. Wo bleiben die Überlegenheitsgefühle, die Ablehnung des Fremden und das Gefühl der Einzigartigkeit der deutschen Kultur? Die Gewaltakte der Jugendlichen sind der verzweifelte Versuch, die ganze Breite des nationalen Mythos aufleben zu lassen, damit er ausgefochten wird.

Die Gewaltakte dieser Jugendlichen sind in ihren Augen grandios. Sie haben durch ihre Aktionen einen sensiblen Nerv Deutschlands getroffen. Ihre ungeheuerlichen Handlungen lösen darum Emotionen, Schrecken, Betroffenheit und heftige Diskussionen aus. Sie wählen für sich die Insignien der Nationalsozialisten, damit auf ihre Handlungen und Aussagen reagiert wird. Sie thematisieren das Bedürfnis nach Größe, das bei jedem Land dieser Ausdehnung natürlich ist, und benützen dazu die Metapher des Deutschen Reiches. Der Effekt ist für sie wichtig. Die Vorstellung vergangener Größe mobilisiert bei allen Energie und weckt schlafende Drachen.

Was bei allen diesen Beispielen problematisch ist, ist ihre Einseitigkeit. Gewalt entsteht, wenn ein Mythos einseitig ausgelebt wird. Jeder Mythos hat zwei Seiten, eine helle und eine dunkle. Beide Pole müssen wir als Möglichkeit zulassen. Wenn wir blauäugig glauben, nur den positiven Pol zu vertreten, droht sich der vernachlässigte Pol mit Gewalt wieder aufzudrängen. Als Deutscher, Schweizer oder Engländer ist man nicht einfach tolerant, schätzt die Ausländer und ist fasziniert vom Fremden, sondern gleichzeitig hat man auch starke Gefühle der Abneigung gegen das Unbekannte und Fremdländische. Ist man mit der Kultur, in der man aufwuchs, identifiziert, partizipiert man an den heimischen Mythen, so fühlt man sich überlegen, so wie sich die Ureinwohner Australiens anfänglich den Weißen überlegen fühlten, da diese armen Wesen keinen Kontakt zur Traumzeit haben. Wir dürfen es nicht rechtsradikalen Jugendlichen überlassen, diese abgespaltenen Gefühle auszudrükken, sondern müssen sie in uns bewußt zulassen, so wie die Deutschen vor dem Zweiten Weltkrieg ihre Biederkeit und ihren Egoismus bei sich hätten zulassen sollen, anstatt sie auf die Juden zu projizieren. Nur so können wir hoffen, daß der Gewaltakt nicht konkret vollzogen wird, sondern als Herausforderung innerhalb eines mythischen Feldes gesehen wird.

Daß die Abspaltung des Gegenpols eines Mythos nicht möglich ist, sehen wir an verschiedenen Beispielen der Geschichte. Ausgang der Französischen Revolution war 1789 der Sturm auf die Bastille. 1793 wurde König Louis XVI. hingerichtet. Nach der Revolution erfolgte die Schreckensherrschaft Robespierres. Alles Aristokratische wurde ausgerottet: »égalite, liberté, fraternité« wurde angestrebt. Vergessen wurde, daß zum Mythos der Gleichheit auch die Ungleichen, die Aristokraten, gehören. Nachdem der französische Adel ausgerottet oder verjagt worden war, kam es prompt zur Gegenströmung. Napoleon ließ sich trotz des Leitspruchs der Französischen Revolution zum Kaiser krönen.

Eine ähnliche Entwicklung geschah in Rußland. Nach der »gloriosen« Oktoberrevolution von 1917 und der brutalen Erschießung der Zarenfamilie wurde nicht die Herrschaft des Proletariats errichtet, sondern eine neue Diktatur. Unter einem anderen Vorzeichen regierten Stalin, Chruschtschow und Breschnew genauso brutal und diktatorisch wie Nikolaus I. Da der Gegenpol, die Aristokratie, physisch vernichtet wurde und nicht mehr im öffentlichen Raum vorhanden war, degenerierte der kreative, revolutionäre Akt und führte zum Gegenteil von dem, was ursprünglich beabsichtigt war. Der abgespaltene Pol rächte sich und übernahm die Herrschaft.

Fazit? Ein Bekannter erzählte mir von einem eigenartigen Erlebnis. Er teilte seine Wohnung mit einem Schwarzen aus Panama. Ein halbes Jahr ging es gut. Mit der Zeit nervten ihn jedoch die vielen Gäste, die sein Wohngenosse jeweils zum Abendessen einlud, und dessen Kritik an unserer Gesellschaft. Meistens stimmte er zwar den Vorwürfen seines schwarzen Wohngenossen zu: Wir sind rassistisch, unterdrücken Minderheiten und beuten die Dritte Welt aus, doch plötzlich, nach einer längeren Diskussion und Pauschalkritiken dem Westen gegenüber, platzte ihm der Kragen, und er schrie heraus: »Wenn du weiter an unserer Kultur herumnörgelst und deine Hautfarbe als Entschuldigung für deine Probleme brauchst, dann gebe ich dir ein Flugticket nach Afrika – einfach!« Zutiefst betroffen über seinen Affektausbruch, versuchte er sich später bei seinem Wohngenossen zu entschuldigen. Er selber hätte sich auf die Zunge beißen können wegen seiner unbedachten Worte. Eigenartigerweise war jedoch von diesem Tag an die Beziehung zu seinem Mitbewohner entspannter, sie mochten und respektierten sich gegenseitig. Ihre Beziehung war durch den Mythos geleitet, daß es keine rassischen Unterschiede gibt und Fremdenfeindlichkeit unter zivilisierten Menschen unbekannt ist. Seine rassistischen Gedanken, seine Überlegenheitsgefühle und seinen Fremdenhaß hatte mein Bekannter bei sich nicht zugelassen, und die entsprechenden Gefühle wurden abgespalten.

Wir müssen uns als Männer vor Abspaltungen hüten. Gewalt entsteht, wenn wir gewalttätige Phantasien, destruktive Gedanken und unmögliche Wünsche nicht zulassen. Diese inneren Strebungen müssen wir als natürlichen Gegensatz zur lichten Seite unserer Mythen akzeptieren. Wir werden nicht edel, wenn wir vorgeben, edel zu sein. Der Gegenpol darf niemals eliminiert oder abgespalten, sondern muß als die andere Seite der eigenen bewußten Haltung respektiert werden. Wir brauchen als Männer Orte, wo wir fluchen, schimpfen und Gedanken äußern können, die wir nicht mit unserer besonnenen, bewußten Haltung vereinbaren können. Im öffentlichen Leben braucht es Platz für solche unangebrachten Gedanken, Toleranz gegenüber den Mitmenschen, die es wagen, solche Phantasien zu äußern. Wenn wir solche Bilder zulassen, besteht auch die Hoffnung, daß sie uns Energie verleihen und dazu motivieren, Veränderungen anzustreben.

»Am liebsten würde ich dich an den Haaren nehmen, dich stoßen und dein Gesicht in den Dreck zerren!« schnauzte mein Biologielehrer mich kurz vor dem Abitur an. Ich war entsetzt über seine Äußerungen. Wie konnte er es wagen, so über einen Schüler zu sprechen. Sein Gesicht verriet jedoch auch ein Schmunzeln. Er hatte bei sich eine Phantasie zugelassen, die in ihm aufgestiegen war, als ich mich nicht sehr interessiert für sein Fach zeigte. Dieses Bild enthielt Energie, vermittelte eine Botschaft und hat mich, da es spielerisch vorgetragen wurde, motiviert, mich seriöser diesem Fach zu widmen.

Verdächtig sind mir Männer, die vorgeben, nicht gewalttätig zu sein, sich friedlich geben und von sich behaupten, sie seien offen, tolerant und friedlich. Männer, die vorgeben, niemals Freude an Gewaltszenen zu haben oder keine grandiosen Phantasien. Vor ihnen schaudert mir. Wann melden sich die unterdrückten Dämonen?

Vergewaltigung

Zum Schatten der männlichen Seele gehören auch die sexuellen Vergewaltigungen. Die häufigste Art ist nicht der Triebtäter, der des Nachts in die Wohnung einer Frau steigt, sie ans Bett fesselt und sich an ihr sexuell vergeht, oder der privat unauffällige Mann, der 23 Frauen auf offener Straße vergewaltigt, indem er sie mit gezückter Pistole zwingt, ihn manuell oder oral zu befriedigen, sondern die Hunderte von Belästigungen, die sich im halbprivaten Bereich ereignen. Neben den pathologischen Vergehen, denen gemeinsam ist, daß sie nicht im persönlichen Beziehungsfeld begangen werden, richte ich meine Aufmerksamkeit hier auf die unzähligen Vergewaltigungen im Beziehungskreis des Täters: der Bekannte, der sich plötzlich aufdrängt, nachdem man ihm in der eigenen Wohnung eine Tasse Kaffee angeboten hat, oder der Kollege, der sich in der Tiefgarage der Bekannten insistent aufdrängt. Wie die Gewalt verstößt die Vergewaltigung oder Belästigung gegen die Integrität und Würde des anderen Menschen und ist moralisch-ethisch verwerflich. Dies entbindet uns jedoch nicht von der Aufgabe, der Bedeutung der Vergewaltigung im Zusammenhang mit der männlichen Seele nachzugehen. Obwohl natürlich nur ein kleiner Bruchteil der Männer Frauen effektiv vergewaltigt, müssen wir uns nach der seelischen Bedeutung der Vergewaltigung fragen. Um diese Frage zu beantworten, wollen wir uns zuerst mit der Bedeutung der Sexualität beim Mann befassen.

Sexualität soll sich nach unseren kulturellen Vorstellungen im privaten Raum abspielen. Als großartiges Ausdrucksmittel, durch das Männer und Frauen sich gegenseitig mitteilen, ihren Phantasien hingeben und ihre körperlichen Sinne erleben, bereichert Sexualität unsere intimen Beziehungen. Durch die Sexualität drücken wir unsere Beziehung zu einem Mitmenschen aus, zeigen unsere Liebe und Wertschätzung oder lassen ihn oder sie unsere sinnliche Wildheit miterleben. Sexualität gehört, so der allgemeine Konsens, in den privaten Raum. Liebesbezeugungen im öffentlichen Raum sind Tabus unterworfen. Dadurch, daß wir Sexualität dem privaten Raum zuordnen, unterstellen wir sie gleichzeitig der Psychologie. In der Öffentlichkeit schimmert Sexualität höchstens in der Erotik durch, doch auch sie wird nur beschränkt zugelassen. Eine betont erotische Ausstrahlung wird im öffentlichen Bereich als Aufforderung zu bezahlbaren Liebesdiensten verstanden. Aus der Öffentlichkeit wurde Sexualität verbannt.

Dem war jedoch nicht immer so. Wie Sennett[29] beschreibt, gehörten zum »public man« des 18. Jahrhunderts regelmäßige »Pilgerfahrten ins Reich der Lüste«. Ob in Bordellen, bei Lebedamen oder anderen Frauen, Sexualität wurde als *unpersönlicher* Akt gelebt. Nicht die Beziehung stand im Vordergrund, sondern die Sexualität an sich. In Frankreich galt die »l'heure bleue«, die Stunde unmittelbar nach Arbeitsschluß und vor der Rückkehr zu Frau und Kindern, als der Moment der unpersönlichen Sexualität, die Stunde der Geliebten. Sexualität brauchte also nicht ausschließlich im privaten Raum gelebt zu werden, sondern sie konnte auch eine Qualität des unpersönlichen Raumes darstellen.

Mehr als Frauen nehmen Männer Sexualität auch als unpersönliches Thema wahr. Die männliche Seele spürt der Sexualität im öffentlichen Raum nach. Damit meine ich, daß sie nicht nur in eine Beziehung eingebunden sein muß und ein Erlebnis ist, das man mit einem auserwählten Menschen teilt, sondern auch eine Kraft, die sich im Außenbereich manifestiert. Männer verdrehen die Köpfe, wenn ein attraktives Mädchen vorbeispaziert, und reagieren augenblicklich, wenn eine Serviererin einen tiefen Ausschnitt trägt. Zum Ärger mancher Frauen reagieren sie ziemlich undifferenziert. Es geht nicht um die Wertschätzung eines schönen Körpers oder eines hübschen Gesichts, wie es viele Frauen bei den Männern tun, sondern das Kopfumdrehen erfolgt fast reflexartig. Männer sind fähig, eine attraktive Ehefrau zu vernachlässigen, da sie von einer Unbekannten in der Straßenbahn träumen. Dieser Aspekt der Sexualität ist für Frauen oft kränkend. Sie blicken auf den müden Romeo, der wieder einmal vor dem Fernseher eingenickt ist, und fragen sich, was bloß aus dem feurigen Verehrer und Liebhaber von anno dazumal geworden ist. Sie wollen nicht auf die Mutter- und Ehefraurolle reduziert werden, sondern sähen sich auch gerne als Verführerin oder Halbweltdame.

Während des Militärdienstes saß ich im Wirtshaus unter Dienstkollegen. Ich erwähnte beiläufig, daß ich nach dem Dienst in der Armee mit einem Kollegen ein Lager leiten würde, an dem achtzehn Frauen zwischen Zwanzig und Fünfundzwanzig teilnehmen. Die Reaktionen waren fulminant. Szenen wurden ausgemalt, wie all diese Frauen des Nachts über mich herfallen werden, einige warfen mir neidvolle Blicke zu. Mich ärgerten jedoch nicht nur diese Anspielungen, sondern auch die Tatsache, daß solche Phantasien mir durchaus vertraut waren. Das Problem ist, daß Männer Sexualität auch als Faszinosum der Außenwelt erleben. Die unpersönliche Sexualität in Begegnung mit der unbekannten Frau hat eine große Anziehungskraft. Diese Attraktion gründet in der Sehnsucht, Sexualität männlich, ohne lästige Psychologisierungen, zu erleben. Die Begegnung mit der Anima per se wird gesucht und nicht jene mit Ruth Hohlenstein aus Brüttisellen.

Der öffentliche Raum wurde, abgesehen von Tanzsälen und Discos, weitgehend entsexualisiert. Die Rollen, die der Mann dort einnimmt, definieren ihn nicht als Sexualwesen. Flirten wird als Vorspiel betrachtet, als Aufforderung zur Beziehungsaufnahme, und die unpersönliche Erotik scheint kein Thema zu sein oder wurde in die Prostitution abgedrängt. Diese wird bei uns jedoch kaum kultiviert, sondern eher verachtet. Als Erlebnismöglichkeit wurde Sexualität dem mythisch besetzten Raum entzogen. Sowohl Männer wie Frauen begegnen dadurch Sexualität nicht über mythologische Figuren, Archetypen, sondern psychologisieren den Sexus. Die Beziehung erlaubt Sexualität, außerhalb wird sie geahndet. Sexualität kann daher nicht über mythische Vorbilder gelebt werden, wie es zum Beispiel bei der Tempelprostitution in Griechenland möglich war, sondern wird zur reinen Privatangelegenheit.

Die Folge ist jedoch, daß wir im öffentlichen Raum der Sexualität nur in ihren Zerrformen begegnen. Außer bei den nackten Frauen am Kioskaushang und dem langweiligen Sexfilm im Fernsehen wird Sexualität öffentlich nicht gelebt.

Vergewaltigungen sind der pathologische Versuch, Sexualität im öffentlichen oder halböffentlichen Raum zu erleben. Aus der Sicht des Mannes soll das abwesende Weibliche wieder in diesen Raum zurückgeholt werden. Er will dem gefürchteten, faszinierenden und erregenden Weiblichen direkt begegnen, ohne sich psychologisch auf eine Frau einlassen zu müssen. Er sucht die Sexualität an sich, als unpersönlichen Akt. Vergewaltigungen im öffentlichen oder halbprivaten Raum sind der abartige Versuch, sich dem Mythos Sexualität zu stellen. Der Archetyp der Sexualität will gelebt werden, ohne die mühsamen Komplikationen, die durch eine persönliche Beziehung entstehen. Die Frau an sich, als mächtiger Gegenpol zur männlichen Einstellung, wird gesucht. Das Weibliche soll gewaltsam angeeignet werden. Durch die Vergewaltigung kann der Mann sich auch wieder vom Weiblichen trennen und zu seiner männlichen Einstellung zurückfinden, ohne sich mit Psychologie auseinandersetzen zu müssen.

Fünf Frauen hat er belästigt. Einer Mutter mit einem Kleinkind hat er in einer Unterführung aufgelauert. Mit erigiertem Penis ist er auf diese Frau zugetreten, als sie, einen

Kinderwagen vor sich herschiebend, die Unterführung passieren wollte. Mit wirrem Blick hatte er sie angeblickt und sein Glied an ihren Rock gestoßen. Die entsetzte Frau konnte sich wehren. Nun sitzt dieser siebzehnjährige Vergewaltiger vor mir, ein schmächtiges Knäblein, das kaum zu sprechen wagt und rot wird, wenn ich mit ihm über Mädchen reden möchte. Nein, Beziehungen zu Altersgenossinnen hat er keine. Seine Vergewaltigungsversuche waren unpersönliche Akte, er suchte das Weibliche an sich. Da der öffentliche Raum keine ritualisierten Formen für unpersönliche Sexualität anbot, suchte dieser junge Mann über Vergewaltigungen eine Initiation in die für ihn unheimliche Welt der Sexualität. Die Frauen waren für ihn, wie meine Abklärungen ergaben, keine Individuen, sondern halbreale, eben mythische Gestalten.

Auseinandersetzungen mit der mythischen Tiefe des Menschen sind immer mit Angstgefühlen verbunden. Die eigene Position ist durch die mächtige Kraft gefährdet. Dort, wo wir von der Kraft eines Mythos erfaßt werden, spüren wir einen Schauder, ein Erschrecken oder eine ungemeine Faszination. »Der Gott der Mystiker und Theologen ist schrecklich und süß in einem.«[30] Der Mythos vermittelt dem jeweiligen Erlebnis Tiefe. Auch in der Vergewaltigung dringt diese existentielle Angst und Faszination durch. Im Gegensatz zu anderen mythisch motivierten Tätigkeiten nimmt der Mann jedoch diese Angstgefühle nicht auf sich, sondern delegiert sie an die Frau. Während er sie im Beruf, in Kriegen, bei Duellen oder anderen Herausforderungen am eigenen Leib spürt, ist es bei der Vergewaltigung das Opfer, das von Panik befallen wird. Das Opfer lebt die Angst aus und vermittelt damit dem Akt ungewollt archetypische Qualität: Der mythische Schrecken ist plaziert. Aus mythologischer Sicht beteiligt sich das Opfer unfreiwillig an einem degenerierten Ritual, durch das ein Mythos angerufen wird. Der Mann sucht die Vereinigung mit dem Weiblichen an sich, mit einer mythischen Figur. Bei der Vergewaltigung handelt es sich daher um eine Verirrung des Mannes, da er den Schauder und die Angst nicht auf sich selber nimmt, wie es die Kampfflieger im Zweiten Weltkrieg, die Bergsteiger oder Abenteurer tun, sondern diese Gefühle feige an das Opfer delegiert.

Eigentlich sollte die Angst an den Mann zurückgegeben werden. Würden Frauen bei einer drohenden Vergewaltigung nicht mit Schreck reagieren, so ist vorstellbar, daß der Dämon auf den Vergewaltiger zurückfällt und bei ihm Panik ausbräche. Moderne Formen der Selbstverteidigung lehren dies. Gerade durch das Sich-Wehren zeigen Frauen, daß sie nicht gewillt sind, den Schrecken auf sich zu nehmen und alleine zu tragen, sondern ihn an den Vergewaltiger zurücksenden, der nun paradoxerweise eher das findet, was er suchte. Wie bei den dionysischen Mysterien, wo die Mänaden sich der Ekstase hingeben, in wilder Erregung durch die Dörfer ziehen und den Männern das Fürchten beibringen[31], müßten sich auch die gewalttätigen Männer ängstigen. Solange wir jedoch keine öffentlichen ritualisierten Formen der Erotik kennen, wird das Problem der unpersönlichen, mythischen Sexualität bestehen.

Größenwahn

»I am the greatest.«
MOHAMMED ALI

Beim Größenwahn leidet der Mann an einer übersteigerten Grandiosität. Er wird von seinen Größenvorstellungen erfaßt, schreibt sich persönlich übermächtigen Einfluß zu, sieht sich als genialen Erfinder, neuen Messias oder als Personifikation einer neuen Bewegung. Der Kontakt zur Realität ist abgebrochen. Der Betreffende überschätzt sich selber und kann seinen Einfluß nicht mehr nüchtern beurteilen. Größenwahn ist insofern eine übersteigerte Form der Grandiosität, als sich der Betreffende selber mit einem Mythos identifiziert, statt sich von ihm beseelen und leiten zu lassen. Größenwahn muß als Leiden am »öffentlichen Selbst«, wie es Matussek[32] beschreibt, verstanden werden. Der Betreffende gibt sich selber eine kosmische Bedeutung, sieht sich als Übervater, neuer Priester oder wenigstens äußerst bedeutende Gestalt des öffentlichen Lebens. Während ich im vierten Kapitel dieses Buches beschrieben habe, wie die Grandiosität zu höherer Leistung animiert, da der Mann sich sehr nahe zum Mythos fühlt, spreche ich hier von der krankhaften Dimension.

Größenwahn wird von Gelder und anderen als eine seelische Krankheit beschrieben[33], eine Psychose, bei der sich der Betreffende mit einer Gestalt aus der Politik, der Wirtschaft, der Kultur oder der Geschichte appersonalisiert. Er glaubt, er sei der amerikanische Präsident, ein berühmter Star, Napoleon oder Einstein. Während Frauen mit psychotischem Größenwahn sich eher eine edle, aristokratische Abstammung geben, neigen Männer dazu, sich als Person des öffentlichen Lebens zu sehen.

Mark David Chapman glaubte, er sei John Lennon. Bei der Arbeit pflegte er das Namensschild »John Lennon« über seinem eigenen zu tragen, heiratete auch eine um vier Jahre ältere japanische Frau (Yoko Ono war um sechs Jahre älter als Lennon) und unterschrieb, als er seine letzte Stelle kündigte, mit Lennons Unterschrift. Chapman appersonalisierte sich mit einer großen Gestalt des öffentlichen Lebens. Da er aus seiner Sicht der wahre Lennon war, mußte der »falsche« Lennon umgebracht werden.

Größenwahn zeigt sich durch *persistierende Überlegenheitsgefühle.* Der Betreffende fühlt sich selber als etwas Besseres und glaubt, über besondere Eigenschaften oder Fähigkeiten zu verfügen. Matussek beschreibt den Fall eines Sechzehnjährigen, bei dem während einer Parisreise eine Psychose ausbricht. In der Psychotherapie stellt sich heraus, daß er sich als etwas Besonderes wahrnimmt. Aufgrund einer gelungenen Klassenarbeit sieht er sich als »Klassenbester«. Eine anschließende Reise nach Paris vermittelt ihm das Gefühl, ein »Weltreisender« zu sein. Die Klassenarbeit und die Parisreise lösten in diesem jungen Mann Überlegenheitsgefühle aus. Sein öffentliches Selbst wurde massiv narzißtisch besetzt. Durch das Gefühl der eigenen Größe glaubte er zudem, in die Gemeinschaft zurückzufinden und seine persönliche Isolation zu überwinden.

Sowohl bei der Appersonalisation wie auch bei der Selbstüberschätzung manifestiert sich eine *Überbewertung des öffentlichen Selbst.* Die Einheit der Persönlichkeit kann jedoch auch bei extremen Größenvorstellungen und Überlegenheitsgefühlen durchaus gewahrt sein. Der Betreffende gibt sich eine prominente Rolle, glaubt, überaus wichtig zu sein und bedeutende Aufgaben erfüllen zu müssen. Dieses Gefühl eigener Größe steht oft in eklatantem Widerspruch zu der von den Mitmenschen wahrgenommenen Bedeutung.

Ein Bekannter hielt einen Vortrag in einem psychologischen Institut in Zürich. Der Vortrag war von langer Hand vorbereitet und angesagt worden. Auf sein Drängen hin wurde er aus dem Ausland eingeladen, um über das Thema seines Buches zu sprechen. Als ich ihn fragte, wie sein Vortrag angenommen worden sei, berichtete er mir stolz, er hätte eine stehende Ovation von fünf Minuten erhalten. Natürlich ließ ich mich beeindrucken, nicht ahnend, daß nur drei Zuhörer zu seinem Vortrag erschienen waren ...

Die Überbewertung des öffentlichen Selbst kann positive Auswirkungen auf die Arbeitsmoral haben. Ein Mann in mittleren Jahren erklärte mir stolz, als ich mit ihm über seine Arbeit beim städtischen Reinigungsamt sprach, wie er und sein Chef beschlossen hätten, andere Besen anzuschaffen. Die

Besen aus Taiwan, die sie jetzt verwenden, seien zwar billiger, doch viel rascher verbraucht. Er habe der Leitung darum empfohlen, teurere, schweizerische Besen zu kaufen, die günstiger zu stehen kämen, da sie viel länger eingesetzt werden könnten. Sein Vorschlag sei von der Direktion begeistert aufgenommen worden. Nach seinen Schilderungen hatte sie sich nur dank seiner Intervention dazu entschlossen, allen städtischen Angestellten schweizerische Besen auszuhändigen. Er betrachtete sich offensichtlich als einen der wichtigsten Männer seiner Abteilung. Ich selber war ein wenig skeptisch, bekleidete er doch eine ziemlich untergeordnete Stellung in seinem Betrieb. Als Straßenpfleger wurde er selten bis nie um Rat gefragt und durfte seine Arbeit nur unter Anleitung seines unmittelbaren Vorgesetzten, eines Hilfsarbeiters, durchführen. Seine Chefs hat er nie persönlich zu Gesicht bekommen. Aufgrund der Überschätzung seiner Stellung im Betrieb empfand er seine Arbeit jedoch als spannend.

Kennzeichnend für die Überbewertung des öffentlichen Selbst ist die durch keine Gegenkräfte relativierte Einschätzung der eigenen Position. In Extremfällen bläht sich das öffentliche Selbst auf, wächst, bis es schließlich platzt und in sich zusammenfällt. Männer mit solchen Größenvorstellungen kennen keine Grenzen, suchen immer weiter, expandieren und wollen sich selber in immer grellerem Licht sehen: Napoleon I. ließ sich in bewußter Anlehnung an Karl den Großen am 2. Dezember 1812 in Paris zum erblichen Kaiser krönen, Präsident Sese-Seko Mobutu von Zaire befahl seinen Staatsbeamten, sein Porträt über das Christuskreuz zu hängen, und Nicolaie Ceausescu errichtete sich in megalomaner Verblendung in Bukarest einen gigantischen Regierungspalast. Diese Männer schrieben oder schreiben sich selber göttliche Bedeutung zu und glauben, daß sie prädestiniert seien, eine öffentliche oder nationale Aufgabe zu übernehmen. Sie haben den »Ruf« bekommen und müssen sich nun wohl oder übel dieser überwertigen Aufgabe widmen. Sie haben die Grenze zwischen gesunder Identifikation mit einem übergeordneten Mythos und Selbstverblendung überschritten.

Beim Größenwahn und der Überbewertung des öffentlichen Selbst identifiziert sich der Betreffende mit einer mythischen Gestalt. In inflationärer Selbstüberschätzung wird er zum Träger eines Mythos, bleibt nicht bescheidener Diener. Diese Versuchung, sich selbst zu überschätzen, ist groß, wenn man in Amt und Würde steht oder zu einer öffentlichen Figur geworden ist. Die Projektionen der Allgemeinheit werden persönlich verstanden. Der Betreffende lebt den Mythos, den er im öffentlichen Raum registriert.

Männer mit Größenwahn oder einer Überschätzung des öffentlichen Selbst entwickeln oft ungeheure Kräfte und Energien. Sie leben eine Seite des Archetypus, der sich im Mythos manifestiert. Die persönliche Identifikation mit dem Mythos führt jedoch oft zu existentieller Einsamkeit. Götter sind einsam. Da das Gegenüber fehlt, leben sie in einer Seelenwüste. Unbewußt wird darum die Katastrophe gesucht, damit man wieder vom Götterhimmel fällt. Der inflationären Überschätzung der eigenen Rolle folgt der Zusammenbruch, da es seelisch unerträglich ist, einen Mythos zu leben.

Selbstverherrlichung

Eine ähnliche Überschätzung der eigenen Person finden wir im Bruder des Größenwahns, der *Selbstverherrlichung* oder *Egomanie*. Bei dieser Pathologie wird die eigene Person nicht mit einer überwertigen Idee, mit einem gesamtgesellschaftlichen Auftrag, einer Position oder einer Mission identifiziert, sondern »man hat sich selbst am liebsten« und ist überzeugt, ein interessanter Mensch zu sein. Der Egomane wartet auf die gute Position im Betrieb, der Akademie oder Wirtschaft, die ihm seine eigene Größe bestätigt. Der eigenen Persönlichkeit dient die Aufmerksamkeit, und man deklariert sich selber als ein Objekt von allgemeinem Interesse. Der Ehrgeiz richtet sich darauf, sich selbst zu lancieren. Der Egomane betrachtet sich selber als Ziel und Vehikel seiner Größenvorstellungen. Das phantasierte öffentliche Selbst ist narzißtisch besetzt. Egomanen neigen dazu, ihren Lebensstil übermäßig zu kultivieren, und sind überzeugt, daß ihnen eigentlich mehr zusteht als den anderen. Gemäß eigener Einschätzung sind die eigenen Ideen hochinteressant, die Hobbys außergewöhnlich und die eigenen Pläne originell.

Egomanie wird oft unbeabsichtigterweise von Müttern gefördert. Sie sind fasziniert, wie ihre Söhne Ideen entwickeln und Projekte beginnen: ein sechsjähriger Knabe zeichnet Pläne für einen Staudamm, ein Achtjähriger kennt die Flaggen aller Schiffahrtsnationen oder der neunjährige Sohn produziert in der Schule bereits eine eigene Zeitung. Da sie dieses Angeregtsein durch Sachthemen außerhalb des privaten Raumes oft nicht nachvollziehen können, glauben Mütter an genuine, außergewöhnliche Leistungen des eigenen Sohnes. Sie reagieren psychologisch, wenn sie dem Kind nur den persönlichen Anteil widerspiegeln. Das aufkeimende mythische Interesse wird psychologisch umgedeutet: Du *bist* ein außergewöhnlicher Mensch, wird als Botschaft vermittelt.

Egomanen verstecken sich häufig hinter einer scheinbar hyperkritischen Haltung dem Leben gegenüber. Sie sitzen selbstzufrieden im Wirtshaus, halten vor Arbeitskollegen, Bekannten oder zu Hause Audienz und schimpfen über die »korrupten Politiker«, den miesen Staat und die Welt an sich. Diese hyperkritischen Redeschwalle oder Monologe dienen dazu, sich selbst und den anderen die Begründung zu geben, wieso der öffentliche Raum nicht betreten wird. Natürlich würde er es besser machen, doch wieso soll er sich »mit diesen Idioten« einlassen? Einer politischen Partei will sich der Egomane nicht anschließen, weil keine Partei zu ihm paßt. Die Teilnahme an einer Demonstration oder das Unterschreiben einer Initiative wird als großartiges politisches Engagement verstanden. Egomanen vermitteln der Umgebung die Botschaft, daß sie es besser machen könnten, wenn man für sie nur endlich einen Thron bereitstellen würde. Ihre Selbstzentriertheit verrät sich oft auch durch ein auffälliges Desinteresse für die Leistungen der Mitmenschen. In projektiver Abwehr werden hinter dem Einsatz anderer materielle Motive oder Machtgelüste vermutet. Das Urteil über andere Menschen ist oft durch Zynismus geprägt. Der Egomane inszeniert sich selber, seine eigene Größe in *seinem privaten Umkreis,* fürchtet jedoch die Auseinandersetzung im öffentlichen Raum.

Solche Männer sind oft zu ambitioniert, um den Schritt in den öffentlichen Raum zu wagen. Sie inszenieren sich selbst, ohne daß eine breitere Öffentlichkeit etwas davon bemerkt. Sie wollen sich nicht ins Getümmel stürzen, erwarten jedoch von der Umgebung Ehrbezeugungen. Wenn sie schließlich einen Posten ergattert haben, dann breiten sie sich aus und fühlen sich legitimiert, jede noch so flüchtige Idee im eigenen Herrschaftsbereich zu präsentieren. Unbewußt fürchten sie vielleicht, daß ihre Vorstellungen über sich im öffentlichen Raum kritisiert werden könnten.

Der Egomane hat den Schritt in die Öffentlichkeit nie gewagt, sondern behandelt die Mythen des Außenraumes despektierlich, weil er seinen eigenen Mythos lebt. Vielleicht munkelt man über ihn, er sei hochmusikalisch, weigere sich jedoch, ein Instrument zu lernen, beherrsche viele Sprachen, wolle sich jedoch nicht durch eine falsche Aussprache blamieren, oder sei hochsensibel, darum könne er nicht auf andere Menschen eingehen. Beim Größenwahn kommt es zu einer Identifikation mit dem Mythos, bei der Egomanie wird der wahrgenommene Mythos im privaten Raum autistisch inszeniert.

Ein Bekannter, der egomanische Tendenzen aufweist, fiel

dadurch auf, daß er die Wohnung, die er mit seiner Freundin teilte, ganz nach seinen Bedürfnissen eingerichtet hatte. Im Wohnzimmer war kaum Platz vorhanden für Gäste, sondern es diente seinem Hobby, dem Modellflugzeugbau. Bekannte mußten sich mit zwei Stühlen und einem kleinen Sofa begnügen, durften dafür die fertiggestellten oder begonnenen Werke des Gastgebers bewundern. Ein weiteres Zimmer diente als sein Arbeitsplatz, und das gemeinsame Schlafzimmer schließlich war von seinen Büchern und Sportutensilien übersät. An den Wänden hingen die Bilder des Gastgebers, und im Gespräch, bei dem er die Fähigkeit, auf ein gemeinsames Thema einzugehen, völlig vermissen ließ, dominierte bald nur noch sein Tätigkeitsgebiet: die Architektur. Als Gast spürte man bald, daß man ein kleines privates Königreich betreten hatte.

Bei der Egomanie identifiziert sich der Betreffende ebenfalls mit einem Mythos. Im Gegensatz zum Größenwahn wird sie jedoch nicht im öffentlichen Raum ausgelebt, sondern privat inszeniert. Der private Raum wird zur Darstellung eigener Größenvorstellungen benützt. Oft versteckt der Egomane seine Größenvorstellungen hinter einer psychologischen Fassade. Oberflächlich betrachtet vermittelt er den Eindruck, als hätte er den privaten Lebensraum und das persönliche Beziehungsnetz zum Zentrum des eigenen Lebens gewählt, in Wirklichkeit benützt er sie nur zur Selbstdarstellung. Hinter der psychologischen Haltung verbirgt sich ein verhinderter Mythologe. Nicht die Psychologie ist im Vordergrund, sondern das private Territorium wird für die eigene, persönliche Mythologie mißbraucht. Hinter scheinbarer Schüchternheit und Öffentlichkeitsscheu verbirgt sich ein selbstgekrönter König.

Er ist der große Denker, der nie herausgefordert wurde, der große Schauspieler, der nie eine Rolle übernahm, oder der kritische Zeitgenosse, der jedoch noch nie eine Verpflichtung eingegangen ist. Die Haltung des Egomanen ist unreligiös, da er nicht an die transzendente Kraft der mythischen Vorbilder glaubt, sondern sich selbst zu einer mythischen Gestalt erklärt. Musik vermittelt nicht Ergriffenheit oder wühlt auf, sondern ist für ihn eine Möglichkeit, zu zeigen, was für ein brillanter Spieler er ist. Er versucht die Mythen zu vereinnahmen und weicht der Gegensatzspannung, die einen mythisch besetzten Raum auszeichnet, aus. Statt sich der Problematik, den Schattenaspekten und dem polaren Spannungsfeld auszusetzen, zieht er sich in sich selber zurück oder versucht sich durch Größenvorstellungen vom mythischen Kampf zu distanzieren.

Die Gefahr beim Egomanen ist die Depression. Die Katastrophe kommt von innen, stellt sich ein, wenn das sorgfältig aufgebaute System zusammenbricht oder die internen Ehrbezeugungen ausbleiben.

Psychokrüppel

Als letzte männliche Pathologie will ich den Mann erwähnen, der nur mythisch orientiert ist. Der Mann, der seine Psychologie völlig vernachlässigt. Solche Männer verfügen über kein Sensorium für Beziehung, reflektieren nicht ihre persönliche Lebenssituation und akzeptieren die persönliche Biographie nicht als Faktor des Handelns und Denkens. Es sind Rationalisten, die die Umwelt nur aus der mythischen Perspektive verstehen wollen. Wegen dieser einseitigen Ausrichtung haben sie Mühe, hinter dem Polizisten, dem Bankkaufmann, dem Verkäufer oder dem Lehrer den individuellen Menschen zu erkennen. Andere Menschen werden zu Rollenträgern im öffentlichen Raum reduziert. Nur der Beruf ist wichtig, die Karriere spielt eine Rolle, auch wenn zu Hause die eigene Frau an Depressionen leidet und die Kinder ihren Vater nur vom Fernsehen her kennen. Der Psychokrüppel ist unfähig, eigene Gefühle gewahr zu werden, und zeichnet sich oft durch eine große Unsensibilität in Beziehungen aus. Ich gehe auf diese Pathologie hier nicht ein, weil sie bereits in diversen Büchern über den Mann beschrieben wurde.[34]

Zusammenfassung

Spielsucht, übertriebenes Ehr- und Anerkennungsbedürfnis, Gewalt, Größenwahn und Selbstverherrlichung sind einige auffällige männliche Pathologien. Weitere Pathologien wie Arbeitssucht, Alkoholismus oder vielleicht bestimmte Neurosen ließen sich anfügen. Ziel dieses Kapitel war jedoch nicht, eine vollständige Pathologie des Mannes zu entwerfen, sondern Hinweise zu geben, wie männliche Pathologien aus mythischer Perspektive aussehen können. Meine Hoffnung ist, daß der Leser durch diese kurze Mythopathologie seinen Blick für mögliche Zusammenhänge zwischen einer seelischen Krankheit des Mannes und den Mythen geschärft hat. Bei den hier beschriebenen männlichen Pathologien handelt es sich um seelische Krankheiten, bei denen der Mann nicht in ein archetypisches Kräftespiel eingebunden ist oder aufgrund eines schwachen Ichs und einer geringen Reflexionsbereitschaft einem Mythos verfällt. Der Egomane, der meines Erachtens heute häufig anzutreffen ist, vermißt die existentiellen Herausforderungen, die Mythen kreieren. Solche Männer suchen das Tremendum, den Horror, den Schauder, die Faszination oder die Euphorie des Mythos, wollen den göttlichen Funken spüren, sind jedoch überfordert. Aus dem Gefühl seelischer Desorientierung entziehen sie sich dem öffentlichen Raum (Selbstverherrlichung, Egomanie), inszenieren die direkte, oft selbstzerstörerische Konfrontation mit dem Mythos (Spielsucht, Anerkennungssucht) oder aber wollen einen Mythos vereinnahmen (Größenwahn). Was bei all diesen Pathologien kompensiert wird, ist das Gefühl, von der göttlichen Kraft des Mythos ausgeschlossen zu sein. Vielleicht hoffen die Männer sowohl bei der Spielsucht wie auch der Ehrsucht, dem Größenwahn, der Gewalt und der Selbstverherrlichung auf den göttlichen, belebenden Funken, die Berührung mit der göttlichen Kraft des Mythos, der dem eigenen Dasein Sinn und eine Aufgabe vermittelt. Beim Fehlen eines Temenos, der in den entsprechenden Mythos einführt, werden Zerrformen ausgelebt. Es ist diesen Männern nicht möglich, ihre Rolle angesichts eines Mythos zu definieren, und so wird der Auseinandersetzung im öffentlichen Raum ausgewichen.

Männer drängt es zu den Mythen, durch die der öffentliche Raum gestaltet wird. Die Kräfte »dort draußen« wollen aufgespürt und konfrontiert werden, sei es durch die Arbeit, die Politik, den Sport oder die Kultur. Hier gilt es den Mann zu stärken, so daß er bereit ist, sich dem Kampf im öffentlichen Raum zu stellen. Wenn er sich jedoch in den privaten Raum zurückzieht, seine Identität ausschließlich auf dem Privat-Selbst aufbaut, nur seinen privaten Interessen nachgeht, droht der Außenraum zu verwüsten. Die »großen Notwendigkeiten des Lebens« (Freud) verlangen nach einer mythischen Antwort und nach grandiosen Lösungen. Wenn der Bezug des Mannes zum öffentlichen Raum vergessen oder sozial nicht mehr legitimiert wird, droht eine Vernachlässigung dieses Raumes. Der Mann, dem seine Kultur nicht mehr gerecht wird, droht in die Pathologie zu flüchten oder sich nur noch auf seine Psychologie zu konzentrieren. Er läßt sich nicht mehr durch die Mythen beseelen. Er übernimmt eine weibliche Definition des Daseins. Keine Gesellschaft wird jedoch überleben, wenn nicht ein Teil ihrer Mitglieder bereit ist, den Kampf mit den Mythen aufzunehmen.

6. Kapitel

Im Spannungsfeld zwischen archaischer Wildheit und Überzivilisierung

Die Mythotherapie des Mannes

Das Verhältnis der Männer zur Psychotherapie ist zwiespältig. Einerseits gibt es eine kleine Gruppe von differenzierten Männern, die bereit sind, an sich zu arbeiten, ihre persönlichen Gefühle und Beziehungen reflektieren und das Persönliche wichtig nehmen, wenn sie an seelischen Schwierigkeiten leiden; andererseits steht ihnen die große Schar jener Männer gegenüber, die eine Therapie für sich kategorisch ausschließen. Das Konsultationszimmer eines Therapeuten aufzusuchen wäre für sie ein Zeichen der Schwäche oder der Beweis hochgradiger Gestörtheit. Die Arbeit, der Beruf, das Hobby oder die Politik ist wichtig, Zeit für Psychogequassel haben diese Männer keine. Die Forderung des Feminismus an diese Männer lautet, daß sie umdenken und bereit sein müssen, den Blick auf sich zu richten. Sind Männer therapieresistent? Meine Überzeugung ist, daß der Fehler nicht nur bei den Männern liegt, sondern bei unserem herkömmlichen therapeutischen Ansatz. Wenn das Persönliche, die Beziehungskisten, das Private und die eigene Biographie im Vordergrund stehen, dann wird die männliche Seele nicht angesprochen. Das mythische Sein und das öffentliche Selbst bleiben ausgeklammert. Eine Psychotherapie für Männer erfordert andere Qualitäten: Männer müssen durch die Therapie wieder an existentielle Herausforderungen herangeführt werden, ihr öffentliches Selbst betrachten und den Blick in die Weite ihres mythischen Umfeldes richten. Der Therapeut ist bei diesem Prozeß nicht nur einfühlsamer Begleiter, sondern muß auch die Rolle des Advocatus diaboli einnehmen, damit die mythische Spannung sich konstelliert.

Die Ausrichtung der Seele unterscheidet die Geschlechter. Frauen erleben sich eher als psychologische Wesen, Männer suchen ihre Selbstverwirklichung über mythische Vorbilder. Wie soll die Therapie des Mannes aussehen? Im ersten Kapitel habe ich dargestellt, wie die meisten Männer sich instinktiv der Therapie entziehen. Sie spüren, daß die Ausgerichtetheit der Therapie auf das Private, Persönliche und ihre Beziehungen ihnen wesensfremd und einseitig ist. Das Männliche verlangt nach einer anderen Therapieform. Der konventionelle psychotherapeutische Ansatz, der die persönliche Biographie aufarbeitet, vermittelt nicht die Hilfe, die viele Männer suchen. Ein Teil der Seele des Mannes verweigert sich, wenn in der vertrauensvollen, persönlichen Atmosphäre eines Sprechzimmers in der Kindheit gegraben, die Elternbeziehung diskutiert, nach Lösungen gesucht und die Beziehung zum Therapeuten reflektiert wird. Der Kern der männlichen Seele wird nicht berührt.

Ein bekannter Psychotherapeut schickt einem Verlag ein Buchmanuskript. Er bietet es exklusiv diesem Kleinverlag an und beteuert in überschwenglichen Worten, daß er ihn gewählt hat, da er sich dort am besten aufgehoben fühle und von seiner Linie absolut überzeugt sei. Der Verleger und ein Lektor studieren das Manuskript und diskutieren die Möglichkeit einer Publikation. Der Inhalt ist interessant, der Autor schreibt über seine Erfahrungen und fordert auf eindrückliche Weise, daß in dieser Arbeit nur überzeugt, wer »echt« ist. Ein Psychotherapeut soll zu seinen Gefühlen und Motiven stehen und darf seine Patienten nicht manipulieren. Der Verlag überlegt sich, ob er das Buch veröffentlichen soll, bis er zufällig herausfindet, daß ein anderer Verlag dieses Buch inzwischen definitiv in sein Programm aufgenommen hat. Offensichtlich hielt es der Autor nicht für nötig, den Verlag über sein mehrgleisiges Vorgehen und die bevorstehende Publikation zu informieren. Die Handlung eines analysierten Menschen?

Dieser kleine Vorfall weist auf ein weiteres Problem der psychologischen Therapie hin. Während das Privat-Selbst reflektiert, analysiert und schließlich vielleicht sogar geheilt wird, bleibt das öffentliche Selbst unangetastet. Im persönlichen Lebensbereich mag der Betreffende ausgeglichen und sich seiner bewußt sein, im öffentlichen Bereich sind die Dämonen oft nicht erkannt, geschweige denn gebannt oder angebunden. Während sich der Betreffende also privat und persönlich als reflektiert und echt gibt, dringen im öffentlichen Lebensbereich ganz andere, oft völlig unreflektierte Seiten durch: Betrug, Macht, Unsensibilität und eventuell Gewalt, jedoch auch rebellisches Verhalten, Durchsetzungsvermögen, Wildheit und Originalität. Dieser öffentliche, mythische Bereich des Mannes stellt sich in der herkömmlichen Therapie nicht dar.

Es braucht eine andere Form der therapeutischen Arbeit, ein anderes Setting, eine andere Sprache, um bei Männern auch die mythische Seite anzusprechen und damit sie fähig werden, ihre Anliegen zu thematisieren. Die Therapie muß um die mythische Dimension erweitert werden, damit Männer die Leiden, den Schatten, die Schwierigkeiten und die Ängste, die sie im Zusammenhang mit der Auseinandersetzung mit den Mythen erleben, einbringen können.

Die Mythographie

»Als ich noch ein Kind war, herrschte nicht der Wohlstand von heute, die große Wirtschaftskrise herrschte, und Bescheidenheit war gefordert. Mit 14 Jahren bekam ich meine erste Schublade, so wie es in den kleinbürgerlichen Familien von damals üblich war. Mit 16 durfte ich das erstemal lange Hosen tragen und ins Dorf ausgehen, doch die Stimmung war schlecht: die Deutschen hatten soeben Paris erobert ...«

Auffallend ist, wenn man diesem alten Mann lauscht, daß er persönliche Erlebnisse mit Ereignissen der Zeit verbindet. Seine erste Schublade erinnert ihn an den geringen Wohlstand und sein erster Ausgang an ein kriegerisches Ereignis. Er möchte über seine Kindheit erzählen, doch immer wieder fallen ihm auch Zeitthemen ein: Die Politik, die wirtschaftliche Situation, Gedanken zu seiner sozialen Schicht und zur allgemeinen Befindlichkeit fließen ein. Lenkt er ab?

Diese Kindheitserzählung verweist auf eine Neigung des Mannes, die in der Therapie berücksichtigt werden muß. Männer tendieren dazu, ihre Hintergrundmythen mit einzubeziehen, wenn sie über ihr persönliches Leben reflektieren. Wenn sie versuchen, sich auf ihre persönliche Vergangenheit zu konzentrieren, sich an bedeutende persönliche Ereignisse und Vorfälle erinnern wollen, dann drängen sich immer wieder auch allgemeine Themen auf. Hinter diesen verbergen sich die Mythen, die den Betreffenden beeinflußt haben: Gedanken zur damaligen wirtschaftlichen Situation, zu technischen Entwicklungen, zu politischen Ereignissen, zur sozialen Schicht oder zur Lage der Nation. Dieser mythische Kontext, der Männer neben dem Persönlichem stark prägt, muß in der Therapie berücksichtigt werden. Eine männliche Therapie beginnt darum bei der *Mythographie*: Das mythische Umfeld, das während der Kindheit aktuell war und die Heimatregion prägte, muß identifiziert werden. Eine Therapie für Männer konzentriert sich darum nicht zuerst auf die persönliche Anamnese, sondern versucht sich einen Überblick über die Mythen zu verschaffen, in denen der Betreffende lebt. In welches mythische Umfeld wurde er geboren?

Diese Mythen zu erkennen ist oft schwierig. Sie sind uns nicht bewußt, abgespalten oder verpsychologisiert. Wenn ich über meine Kindheit nachdenke, dann kommen mir einzelne Erlebnisse in den Sinn: eine Autofahrt durch eine überschwemmte Straße oder ein Vorfall in der Grundschule. Wie kann so mit der Mythographie begonnen werden? Es braucht eine langsame, systematische Annäherung, wenn die Mythen der Kindheit erkannt und aufgearbeitet werden sollen. Die Mythen können erkannt werden, wenn wir uns unserer Herkunftsfamilie und -region von außen nähern. Statt sich auf die Familiengeschichte als Einstiegstor in die eigene Seelengeschichte zu beschränken, richten wir den Blick in die Weite des Umfelds. Welche Eigenheiten werden den Bewohnern des Dorfes, der Stadt zugeschrieben, in der ich aufwuchs? Wie wirkte die Umgebung auf mich ein?

Rudolf Steiner (1861–1925), der von seiner Kindheit so berichten wollte, wie es »die Dinge, nicht das Persönliche forderten«[1], schreibt: »Als ich einundeinhalbes Jahr alt war, wurde mein Vater nach Mödling bei Wien versetzt. Dort blieben meine Eltern ein halbes Jahr. Dann wurde meinem Vater die Leitung der kleinen Südbahnstation Pottschach in Niederösterreich, nahe der steirischen Grenze, übertragen. Ich verlebte da die Zeit von meinem zweiten bis meinem achten Jahre. Eine wundervolle Landschaft umschloß meine Kindheit. Der Ausblick ging auf die Berge, die Niederösterreich mit der Steiermark verbinden: der ›Schneeberg‹, Wechsel, die Raxalpe, der Semmering. Der Schneeberg fing mit seinem nach obenhin kahlen Gestein die Sonnenstrahlen auf, und was diese verkündeten, wenn sie vom Berge nach dem kleinen Bahnhof strahlten, das war an schönen Sommertagen der erste Morgengruß …

Auf dem kleinen Bahnhof aber vereinigte sich alles Interesse auf den Eisenbahnbetrieb. Es verkehrten zwar damals in dieser Gegend die Züge nur in größeren Zeitabständen; aber wenn sie kamen, waren zumeist eine Anzahl von Menschen des Dorfes, die Zeit hatten, am Bahnhof versammelt …

Ich glaube, daß es für mein Leben bedeutsam war, in einer solchen Umgebung die Kindheit erlebt zu haben. Denn meine Interessen wurden stark in das Mechanische dieses Daseins hineingezogen. Und ich weiß, wie diese Interessen den Herzensanteil in der kindlichen Seele immer wieder verdunkeln wollten, der nach der anmutigen und zugleich großzügigen Natur hin ging, in die hinein in der Ferne diese dem

Mechanismus unterworfenen Eisenbahnzüge doch jedesmal verschwanden.«[2]

Steiners Kindheitserinnerung trägt Züge einer Mythographie, die Auseinandersetzung zwischen Geist und Natur, zwischen Technik und dem Erdhaften dringt durch: äußere Wirklichkeiten, die Steiner sein Leben lang beschäftigten.

Oft helfen zugeschriebene Eigenschaften bei der mythographischen Analyse weiter. Verhaltensweisen oder Seltsamkeiten, die eine Menschengruppe oder Region auszeichnen sollen. Von den Bewohnern des Dorfes Fällanden bei Zürich hieß es, daß sie zu ausgiebigen Festen und orgiastischen Trinkgelagen neigten. Die Schüler des Freien Gymnasiums in Zürich wurden der elitären geistigen Beschränktheit und des Snobismus bezichtigt, und die Guggenbühls, die vom rechten Zürichseeufer herstammen, waren bekannt für ihre starken Hände. Hinter solchen pauschalen Eigenschaften verbergen sich oft mythische Bilder. Die starken Hände verweisen auf einen protestantischen Mythos, der meine Herkunftsfamilie prägt: In der Arbeit liegt der Sinn des Lebens, und der Snobismus-Vorwurf verrät eine soziale Hierarchisierung, die sich um jene Schule konstelliert. Solche scheinbar oberflächlichen Zuschreibungen vermitteln den Schlüssel zum Mythos, an dem jemand hintergründig partizipiert.

Oft können sogar Klischees mythographische Hinweise geben. Den Psychologiestudenten wird vorgeworfen, sie seien selber »nicht ganz normal« und studierten Psychologie nur wegen eigener psychischer Schwierigkeiten. Als Psychologe weist man natürlich einen solchen Vorwurf entrüstet von sich und erkennt ihn als eine Abwehr oder Ablenkung von eigenen Problemen. Aus mythischer Perspektive hat dieser Vorwurf jedoch etwas Wahres an sich. Natürlich spinnen die Psychologiestudenten nicht mehr als andere Menschen, sie gewichten jedoch Abnormalität anders. Das Unheimliche, Pathologische, Bizarre und Fremde des Menschen wird nicht ausgegrenzt, sondern als Quelle für Veränderungen und Wandel angesehen. Gemäß diesem Mythos wird aus Dunklem Helles, aus Kot Gold. Viele Psychologiestudenten werden von diesem Mythos erfaßt, der sich im Vorwurf oder Klischee andeutet.

Eine mythographische Untersuchung wendet sich auch den Mythen zu, die die *soziologische Gruppierung*, der der Betreffende angehört, entwickelt hat. Um die soziokulturelle Positionierung zu legitimieren oder zu ertragen, kreieren Schichten oder soziale Kreise Mythen, axiomatische Erklärungen, die definieren, wer man als Angehöriger der betreffenden Schicht ist und wie man sich zu verhalten hat. Bei den Angehörigen der oberen Mittelschicht in Zürich gilt es als unpassend, viel Geld in ein Auto zu investieren oder Reichtum zu zeigen. Ein Angehöriger der Oberschicht in England interessiert sich nicht für Fußball, Technik und Buchwissen, dafür pflegt er seinen Humor. Ist jemand als Unterschichtkind aufgewachsen, so wirkt vielleicht der Mythos nach, daß geistige Arbeit faulenzen bedeutet oder, wie ich es vor allem bei Menschen beobachte, die in ehemals unterworfenen Gebieten aufwuchsen, daß man möglichst versuchen soll, die Oberen reinzulegen. Wenn der englische Rockmusiker Pete Townsend von den Who heute noch zu einem Interview in verwaschenen Jeans und einem leicht schmuddeligen Pullover erscheint, so verrät er einen Mythos, an dem er partizipiert. Er drückt aus, daß er »aus der Gosse« stammt. Auch als mehrfacher Millionär orientiert er sich an dem Arbeitermythos, in den er hineingeboren wurde.

Vor allem in Ländern mit starker hierarchischer Gliederung beeinflussen die Mythen der verschiedenen Schichten das Verhalten und die Wahrnehmung enorm. Was ein Mann glaubt, denkt, sieht, selbst wie er spielt, spricht und streitet, wird dann durch die Mythen seiner Schicht oder seines sozialen Kreises gesteuert. Während es in einem sozialen Kreis möglich ist, sich gegenseitig anzuschreien, ohne daß dies weitere Folgen hat, wird in einem anderen Mißfallen durch Andeutungen ausgedrückt. Der eine Kreis richtet sich nach dem Mythos der »Echtheit« oder der »wahren Emotionen«, die geäußert werden müssen, falls wir friedlich zusammenleben und nicht krank werden wollen, in einem anderen wird auf die Disziplinierung der Affekte großer Wert gelegt.

Eine Mythographie fokussiert nicht auf das Private, sondern analysiert die seelischen Botschaften der weiteren Umgebung. Der Blick richtet sich in die Weite. Die Mythographie sucht nicht nach persönlichen Bezügen, sondern setzt bei der Sache, dem Außen an und will die Temenoi kennenlernen, die den Betreffenden faszinierten und prägten. Die kollektiven, mythischen Kräfte, die auf den betreffenden Menschen einwirkten, werden herausfiltriert. »Im Kreis 4 der Stadt Zürich, wo ich aufwuchs, herrschte eine ganz spezielle Atmosphäre«, erinnert sich ein bekannter Schweizer Schriftsteller. »Wir Knaben schlossen uns zu Banden zusammen, durchstreiften die Straßen und bewarfen die vornehmen Leute mit Schneebällen und Dreckschollen, wenn sie zu Einkäufen zur Bahnhofstraße wollten.« Dieser Schriftsteller orientiert sich am Mythos des Arbeiterkindes, das den Gestank der Straße kennt.

Oft verraten sich diese Mythen über *Erinnerungsdetails.* Ein befreundeter Analytiker schilderte, wie ihn in seiner Heimatstadt die Betonung der Vertikale beeindruckt habe. In seiner Erinnerung ist seine Heimatstadt voller Kirchen, die impertinent in die Höhe ragen. Er selber glaubt, daß diese Eigenschaft seiner Heimatstadt auf seine Persönlichkeit abfärbte: Auch er suchte zeitlebens das Vertikale und wollte sich vom Boden abheben. Eine seelische Qualität der Stadt hat sich auf ihn übertragen.

Eine mythographische Anamnese beinhaltet auch die Betrachtung der *Geschichte* der Herkunftsfamilie, der Abstammungsregion und der Nation. Damit meine ich jedoch nicht die aufgeschriebene Historie, sondern die erzählte und mündlich tradierte Geschichte; das, was man in der Familie, im Dorf, der Region oder Nation noch von der Vergangenheit wissen will. Aus dem Leben der Ahnen und den effektiven historischen Ereignissen holen sich die Mythen ihren Stoff. Sie wählen aus der Vergangenheit Vorkommnisse aus, damit sie ihre Geschichte erzählen können. Wie beim Beispiel des Innerschweizers im ersten Kapitel sinken historische Ereignisse in die Tiefe des Unbewußten und liefern mythische Vorgaben, die je nachdem zitiert werden: Seine Ablehnung der EG gründet in einem Mythos, der die Region besetzt und sich in den erinnerten historischen Ereignissen darstellt. In der Einstellung vieler Männer wirken die Mythen ihrer Abstammungsregion oder Herkunftsfamilie nach.

Der britische Labourführer John Smith ist bekannt für sein ruhiges Temperament und seine innere Sicherheit. Nach der Geschichte der Smiths stammen sie von den einzigen Überlebenden des schottischen Fischerdorfes Ardrishaig an der Nordsee ab. Alle anderen Dorfbewohner wurden damals durch eine Typhus-Epidemie hingerafft. Diese Geschichte entwickelte sich bei den Nachfahren zu einem Mythos, der die Einstellung zum Leben prägt. Sie lassen sich nicht so rasch erschüttern. Vielleicht verdankt John Smith diesem Familienmythos sein Temperament, so daß er seelenruhig im Fond eines Wagens schlafen kann, während dieser mit Blaulicht und heulender Sirene durch London rast.

Nationale Mythen, an denen wir natürlich auch teilhaben, sind oft schwierig zu erkennen. Wenn wir von unserer heimischen Kultur umgeben sind, droht die Reflexion affektgeladen und banal zu werden. Nicht die Mythen der eigenen Nation werden diskutiert, sondern Vorurteile und Klischees: Die Schweizer sind verhalten und egoistisch, die Deutschen übergründlich und ohne Humor. Wir wehren uns gegen solche Klischees. Solche Vorurteile können jedoch auch ein Weg sein, zu den nationalen Mythen zu finden. Hinter einer Eigenschaftszuschreibung, die sich eine Nation gibt, kann sich ein Mythos verstecken.

Auch hinter den Affekten, die Ausländern gegenüber geäußert werden, verbergen sich nationale Mythen. Die Äußerungen, vor allem vieler junger Männer, über Bürger von Ex-Jugoslawien erschrecken: Drogenhändler, Betrüger, Räuber seien sie und hätten nur Gewalt im Kopf, wird ihnen vorgeworfen. Diese Männer sehen rot, wenn sich jemand mit einem östlichen Namen vorstellt. Hinter diesen groben, pauschalen und fremdenfeindlichen Vorwürfen zeigen sich auch nationale Mythen. Wer seid ihr denn als Schweizer, Deutsche oder Holländer? Was zeichnet euch aus? Die fremdenfeindlichen Äußerungen müssen in der Therapie im Rahmen einer Mythographie zugelassen werden, damit die eigenen nationalen Mythen erkennbar werden.

Leichter sind die eigenen nationalen Mythen aus der Distanz zu erkennen. Da es sich um axiomatische Grundvorstellungen, die eine Nation zur Bewältigung ihrer spezifischen Herausforderungen entwickelt hat, handelt, braucht es Abstand, um dieser mythischen Muster gewahr zu werden. In der Fremde merkt ein Engländer erst, das eine Seite in ihm sich nach dem Mythos des aristokratischen Landlebens sehnt, ein Schweizer, daß in seinem Land der Mythos der persönlichen Autonomie stark ist, oder ein Bürger der Vereinigten Staaten, daß man in seinem Land in grandiosen Lösungen denkt.

Eine mythographische Anamnese ist eine Entdeckungsreise zu den Mythen, die einen als Kind, Jugendlichen und im Erwachsenenalter angesprochen haben. In einer Mythographie zeichnet sich die geistige Seelenlandschaft ab, in der man lebt.

Mythische Kernereignisse

»Ich war dabei, als die Globus-Krawalle in Zürich tobten. Es war ein heißer Sommer. Wir standen in Reih und Glied, die Polizei auf der anderen Seite. Ich spürte in mir eine Wut gegen diese Gesellschaft, gegen den Krieg in Vietnam und die ewigen Ja-Sager. Wir waren uns einig. Für mich war klar, daß ich mich niemals kritiklos in diese Gesellschaft einfügen werde, sie mußte verändert werden«, meint ein 45jähriger erfolgreicher Anwalt heute, wenn er über seine Vergangenheit reflektiert. Er war vom Mythos der 68er Jahre erfaßt, der ihn heute noch in seiner Handlung beeinflußt und ihm innerlich als Orientierung dient.

Eine männliche Therapie muß solche *mythischen Kernereignisse* aufdecken. Damit sind umwerfende, schreckliche, faszinierende oder gewalttätige Erlebnisse gemeint, durch die man sich in die Welt geworfen fühlt. Erlebnisse, durch die der private Raum des eigenen Daseins gesprengt und die Auseinandersetzung mit den unpersönlichen Kräften erlebt wird. Erlebnisse auf dem Territorium eines Temenos, die bis ans Mark gehen. Eine existentielle Herausforderung wird spürbar, und eine außergewöhnliche Kraft läßt das Dasein in einem anderen Licht erscheinen. In solchen Kernereignissen brechen die Mythen durch. In ihnen offenbaren sich mythische Quellen und eine Möglichkeit der seelischen Regeneration. Mythische Kernereignisse verbergen sich oft hinter beruflichen Herausforderungen oder Katastrophen. Ich selber kann mich an ein solches Ereignis erinnern, das für mich als jungen Gitarristen bedeutsam wurde:

Eine Konzerttour. Ich saß im Smoking vor dem zahlreich erschienenen Publikum. Nachdem ich zwei Stücke mit Bravour gemeistert hatte, war ein Stück des mexikanischen Komponisten Ponce an der Reihe. »Scherzino Mexicano« hatte ich schon mehrmals in Konzerten vorgetragen, ich konnte es im Kopfstand spielen. Die ersten Takte gingen leicht von der Hand, die Musik floß. Plötzlich suchten meine Finger vergeblich nach dem nächsten Akkord, hilflos verloren sie sich auf dem Griffbrett – doch die Fortsetzung des Stückes war endgültig dem Kopf und den Händen entschwunden –, eisige Stille dröhnte im Saal. Noch nie waren die Zuhörer so nah und präsent.

Eigenartigerweise war der Moment, als alle Blicke des Saales gebannt auf mir lagen und nicht das leiseste Hüsteln hörbar wurde, nicht traumatisch, sondern *göttlich*. Persönlich zwar unangenehm, doch von einer anderen Warte aus gesehen umwerfend. Es hat mich aus der Beschränktheit meines eigenen Seins herausgerissen und die übermächtigen Erwartungen im Saal spüren lassen. Ich war voll präsent, hatte eine Zäsur erlebt und mich von eigenen professionellen und privaten Erwartungen befreit. Auf einen Schlag spürte ich die Einengung, die der Beruf eines klassischen Gitarristen für mich mit sich gebracht hatte. Mein Versagen war ein rebellischer Akt, durch den ich gewaltsam einen sozial eingeschliffenen Ablauf stören und mich gleichzeitig wiederbeleben wollte. Der Mann in mir widersetzte sich dem perfekt inszenierten Musikvortrag und wollte nicht zum Diener der Komposition werden. Aus meiner Perspektive wurde die Musik durch den gesellschaftlichen Akt gezähmt, so daß sie an Dämonie und chaotischer Kraft verlor. Zwar genoß ich die Klänge, doch seelisch aufgewühlt wurde niemand, und ich selber wurde zum Angepaßten. Was vordergründig wie eine Niederlage aussah, war in Wirklichkeit ein mythisches Kernereignis.

In einer männlichen Therapie gilt es, solche Ereignisse zu reflektieren, bei denen der Betreffende das Gefühl hat, persönlich aus den Angeln gehoben zu werden. Im Gegensatz zu persönlichen Ereignissen oder Traumata, wie eine problematische Beziehung, eine zerrüttete Ehe, eine schreckliche Kindheit oder Krankheiten, geschehen mythische Kernereignisse in Auseinandersetzung mit der Außenwelt, mit den Mythen, die sich im Beruf, einer Institution, der Region oder Politik darstellen.

Mythische Kernereignisse sind oft mit Gewalt verbunden. Diese muß jedoch nicht konkret sein, sondern kann sich auch als bewußter, aggressiver Willensakt ausdrücken, durch den die Verzivilisierung abgewehrt wird: ein provozierter Rausschmiß aus der Schule, die Auflehnung gegen den Chef oder Einsatz für eine bestimmte politische Idee. Männer suchen solche Erlebnisse, damit sie wieder in Kontakt mit den Mythen kommen und so im Leben einen Sinn spüren. Viele suchen den Kontakt zu den Kräften außerhalb des privaten Selbst über konkrete Gewalttätigkeiten. Der schottische Schriftsteller Alexander Stuart in seinem Roman »Tribes«[3]:

»›Komm, wir jagen ihnen einen Schrecken ein‹, zischt Nick. Er fühlt sich plötzlich anders, häßlich und mächtig, gleichzeitig jedoch voll Freude, im Wissen, was nun kommen wird. Nick zieht seine Gurgel zusammen, zieht seinen Kopf zurück und gibt den unglücklichen Jugendlichen, die jahrzehntelang nur Haß erlebt haben, seinen gräßlichen Schrei: ›Oiii!‹ Die anderen haben kein Glück. Sie wirken hilflos und verloren. Junge Männer in smarten Kleidern und der Furcht vor Gott oder Allah oder was auch immer in ihren fremdländischen Gesichtern ... Langsam schreitet er voran, Trevor und Simon neben ihm. Die anderen sind bereit zurückzuschlagen, ihr Haß ist spürbar. Sie machen nicht den Anschein von Dummheit und erwecken auch nicht den Ekel, den Nick sonst braucht. Sie können nirgendwohin. Sie werden zusammengeschlagen – es geht nun nicht mehr um Nick und seine Kollegen und diese Jungen, sondern etwas Größeres, etwas, von dem die Zeitungen schreiben und über das die Politiker lamentieren, hier muß es geschehen ... Diese Schlägerei ist nicht einfach eine Schlägerei, sie ist Mord. Nicht, daß irgend jemand stirbt, aber es ist mörderisch gemeint und muß so sein. Und wenn er sich windet und schnauft und naß ist, nicht nur vom Regen, sondern vom eigenen Blut; wenn er mehr gegeben hat als er kann, den Dreck herausgeschlagen, den Emigranten neue Tricks beigebracht hat, wenn sein Herz schlägt und seine Lunge ihm weh tut, dann ist sein Kopf in einer höheren Sphäre des Glücks – höher als die Phantasien, die er über die Damen hinter den Türen hat, wo er die Post jeweils abliefern muß.

Nun jagt er den letzten, völlig verängstigten Jugendlichen in eine Ecke des Parks. Er fühlt die weiche Leber, als er ihm eines mit seinem Schuh gibt. Er sieht die Tränen in den Augen des jungen Mannes. Zwei Zähne spuckt er aus, ein gebrochener Knochen sticht durch die Hosen. Wenn er fertig ist, seinen Haß aus sich herausgeschlagen und keine Energie mehr hat, dann läßt er den Knaben noch einen Moment verschnaufen. Anschließend schlägt er, schlägt und schlägt wieder und murmelt für sich ›du Scheißkerl, du Scheißkerl, du Scheißkerl!‹ Seine Schläge lösen in ihm ungeahnte Glücksgefühle aus, mehr als eigentlich nötig ist – eine Macht von außen hat ihn gepackt und läßt ihn das ganze Erlebnis von außen beobachten, er spürt den Schmerz, schmeckt das Erbrochene und genießt das Leiden des Knaben – in ihm herrscht Friede.«[4]

Solche mythischen Kernereignisse, wie sie Stuart bei Nick beschreibt, erleben Männer oft durch Kriege. Es berührt eigenartig, wenn man hört, wie Veteranen des Zweiten Weltkrieges, die an der Ostfront kämpften, in Gefangenschaft gerieten, verletzt wurden und gräßlichste Erlebnisse hatten, nachträglich ihren Kriegsdienst als die schönste Zeit in ihrem Leben bezeichnen. So pervers dies klingen mag: Der Krieg war für sie eine Möglichkeit, sich einer unpersönlichen Auseinandersetzung zu stellen und an mythischen Kräften teilzuhaben.

Prahlerei und Spontanreden vor imaginärem Publikum

Prahlerei und Spontanreden sind weitere wichtige Elemente der männlichen Therapie. Unter Prahlerei verstehe ich die überhöhte Darstellung der eigenen Leistungen und Fähigkeiten, unter einer Spontanrede einen längeren Monolog über ein Thema, das einem wichtig ist. Prahlen geschieht durch das Erzählen von *Geschichten* und *dramatischen Erlebnissen*.[5] Ferienerlebnisse, Anekdoten oder Ereignisse in der Arbeit werden zum besten gegeben. Geschichten, die sonst im Kreis von Freunden, im Verein, in der Kneipe, Arbeitskollegen, der Partnerin oder der versammelten Familie erzählt werden. Geschichten, die Männer anderen Menschen gefragt oder ungefragt aufdrängen.

»Es war absolut windstill. Wir saßen auf dem Deck des Schiffes, genossen die Abendstimmung und unser Fischgericht. Plötzlich ertönte eine Stimme auf Kanal 18, der für besondere Mitteilungen reserviert bleibt: höchste Alarmstufe! Ein Orkan war im Anmarsch. In der Ferne erblickten wir tatsächlich ein schwarzes Wolkenband. Nur dank immenser körperlicher Anstrengungen und des Geschicks unseres Kapitäns gelang es uns, aus der Gefahrenzone zu fahren.«

Bei solchen Erzählungen darf der Zuhörer staunen, erschrecken, sich mitfreuen oder hie und da nicken. Bei solchen Prahlakten zeigen Männer oft eine erstaunliche Sicherheit. Auch wenn sie sich im persönlichen Kontakt linkisch, unbeholfen oder verlegen verhalten, durch das Prahlen oder die Spontanreden ändert sich das Bild. Wenn die Zunge sich lockert und die Umwelt von sportlichen Aktivitäten, einer ausgefallenen Freizeitbeschäftigung, der Lektüre eines Buches, von Erlebnissen im Militär, den Herausforderungen im Geschäft, den Ferienplänen oder politischen Ansichten hören darf, werden neue Kräfte im Mann geweckt. Dieses Erzählen von Erlebnissen und Ideen beseelt. Viele Männer plazieren ihr Bedürfnis nach Prahlerei im Beruf: die eigene Firma ist großartig oder der persönliche Einsatz außergewöhnlich.

Prahlerei und Reden sind der Versuch, den Kontakt zu entpersönlichen. Wenn Männer solche Geschichten preisgeben, wird nicht der Dialog mit den anderen gesucht, sondern die Kommunikation bleibt einseitig. Das Gesprächsthema wird durch den großen Wurf oder das Sachthema des Redners bestimmt. Diese großartige Rede darf nicht durch die Psychologie des Gegenübers gestört werden. Darum wird der Klient, wenn er seine Worte spezifisch an den Therapeuten richtet, sie ihm anpassen. Der Betreffende präsentiert dann seine Geschichte entsprechend den bewußten oder unbewußten Wünschen oder Erwartungen des Gegenübers. Die Psychologie dieser Zweiersituation dringt durch. Zwei Menschen begegnen sich in ihrer Individualität. In einer männlichen Therapie darf beim Prahlen und bei Spontanreden nicht der Therapeut im Vordergrund stehen, sondern *eine imaginäre Zuhörerschaft*: ein Freundeskreis, die Vorfahren, die Nation, die Menschen der Heimatregion oder die Kollegenschar. Der Patient setzt zu einer Rede an, seinen Blick nicht auf den Therapeuten gerichtet, sondern auf die mythischen Gestalten.

Auf diese Weise wird es dem Mann möglich, seine *mythische Partizipation* aufleben zu lassen. Wenn er prahlt und Reden hält, dann tastet er sich an die großen Weltbezüge und seine ursprünglichen existentiellen Herausforderungen heran, seine Sehnsucht nach Grandiosität schimmert durch. Sie verrät seinen Traum, endlich einmal etwas Entscheidendes, Umwerfendes zu erleben oder zu tun. Prahlen und Redenhalten kann als eine Form der Selbstverzauberung gesehen werden, um der Banalität des Alltags zu entweichen und wieder die ursprünglichen existentiellen Herausforderungen zu spüren. Durch den Prahlakt oder die Spontanrede besetzt der Mann sich wieder mit mythischer Substanz. Aus meiner

Sicht sind Prahlerei und Reden Wiederbelebungsversuche des eigenen mythischen Kanons. Der Mann will seine *Basismythen* wiederentdecken und seinen mythischen Bezug zur Welt erleben. Dem mythischen Urgrund der eigenen Persönlichkeit soll Leben eingehaucht werden.

Was ein Mann bei dieser Art der Rede mitteilt, darf darum nicht persönlich, sondern soll mythologisch interpretiert werden. Wenn er über seinen »overnight« (die Nacht durcharbeiten) klagt, seinen völlig ausgefüllten Terminkalender demonstriert, über absolut unzuverlässige Mitarbeiter wettert oder berichtet, wie es ihm nur dank größter Anstrengungen gelungen ist, einen Termin einzuhalten, so erzählt er einen Heldenmythos. Er ist müde, abgekämpft und hat eine Nachtmeerfahrt hinter sich. Die unzuverlässigen Mitarbeiter oder Zulieferer sind die Feinde. Er muß sie bekämpfen, austricksen und überwinden, damit er sein Ziel erreicht. Wir lauschen einer Heldengeschichte.

Fehlt die Fähigkeit zu dosiertem Prahlen, dann versuche ich als Therapeut, diese Eigenschaft zu wecken. Oft ist dies schwierig, da viele Männer von Selbstzweifeln geplagt werden und ihre Rolle im Geschäft, in der Familie oder Gesellschaft als unbedeutend betrachten.

Ein vierzigjähriger Mann litt bei der Arbeit unter Angstattacken. Wenn sein Chef ihm über die Schultern blickte, begann er zu zittern. Er fürchtete, auf die Straße gesetzt zu werden. Er fühlte sich minderwertig, da seine Kollegen eine normale Ausbildung absolviert hatten, er sich jedoch mit Hilfe von Abendkursen hochgearbeitet hatte. In der Therapie schilderte er seinen beruflichen Werdegang verlegen und zurückhaltend, als müsse er sich dafür entschuldigen. Das prahlerische Moment fehlte völlig. Aufgabe der Therapie war es nun, ihm zu helfen, seine Berufskarriere anders zu sehen: Sein ungewöhnlicher beruflicher Werdegang war kein Fehler, sondern eine grandiose Leistung. Als ungelernter Immigrant hatte er es geschafft, sich in einer ihm fremden Umgebung einen guten Posten zu erkämpfen. Die Rückbesinnung auf seine südländische Herkunft und die Mythen seiner Kindheit ermöglichte ihm schließlich, seinen Beruf prahlerischer darzustellen.

Der Therapeut als Advocatus diaboli

In der nächsten Phase der Therapie übernimmt der Therapeut die Rolle des Advocatus diaboli. Diese beginnt, sobald der Patient aufgrund der Mythographie über Prahlen, Klagen und Spontanreden Kontakt zu den für ihn bedeutsamen Mythen gefunden hat. Die eigentliche Auseinandersetzung mit dem persönlichen Mythos steht nun bevor. Die Reden und Prahlereien arten rasch in Selbstbeweihräucherungen oder hypochondrische Klagelieder aus, wenn der Therapeut nicht den Kampf mit dem jeweiligen Mythos aufnimmt, der sich durch seinen Klienten präsentiert. Ein Mythos kann einen Klienten einseitig erfassen, ohne daß andere Perspektiven geduldet würden. Diese einseitige Identifikation mit der hellen Seite des Mythos führt zu einer Inflation. Der Betreffende posaunt seine Philosophie in die Welt hinaus, glaubt, die Wahrheit und die Lösung aller Probleme gefunden zu haben, und merkt nicht, daß er abspaltet. Er betrachtet seinen Mythos als objektive Wahrheit und seine Erfahrungen als eine Legitimation seiner einseitigen Haltung, Kritik wird nicht registriert, da auch beim einseitig gelebten Mythos Subjekt und Objekt zusammenfallen.[6] Das Erklärungssystem, an dem er sich orientiert, wird als einzige Wirklichkeit angesehen.

Mythen sind jedoch durch eine *Gegensatzspannung* geprägt. Zwei Kräfte konkurrieren oder bekämpfen sich. Jeder Mythos hat deshalb *zwei Seiten*. Dem Fortschrittsmythos steht die Wertschätzung des Bewährten, der Tradition gegenüber, dem Glauben an die Technik jener an die Möglichkeiten der Natur und der Gesundheit die Bedeutung der Krankheit.[7] Mythen dienen uns als axiomatische Erklärungen, durch die wir existentielle Herausforderungen bewältigen. Wir müssen uns jedoch vor Einseitigkeiten hüten, wenn wir uns von einem Mythos erfassen lassen. Da Mythen immer polar sind, gibt es immer auch eine »Unterwelt«, einen negativen Gegenpol, der herausfordert, ärgert, verunsichert und den wir ablehnen. Wenn wir von einem Mythos erfaßt werden, neigen wir dazu, den Blick für diese Unterwelt zu verlieren. Wir werden verblendet und sehen nur eine Seite des Mythos: Die Technik löst alle Probleme, durch Ganzheit befreie ich mich von inneren Zwisten, oder durch mehr persönlichen Kontakt gibt es keine Spannungen mehr. Wenn wir uns nur auf eine Seite des Mythos konzentrieren, droht sich der andere Pol abzuspalten. Das Gegenteil konstelliert sich dann im Unbewußten.[8] Die Dämonen versammeln sich in der Unterwelt und planen ihren nächsten Auftritt. Zum Mythos der Technik gehören jedoch die chaotischen Naturgewalten, zum Mythos des Helden das feige Muttersöhnchen und zum Mythos des begnadeten Lehrers der machtgierige Besserwisser. Der Therapeut hat die Aufgabe, durch seine Stimme diesem Gegenpol Ausdruck zu verleihen. Im Gegensatz zur weiblich ausgerichteten Therapie, wo der Therapeut versucht, seinen Klienten von innen heraus zu verstehen, seine Biographie studiert und die Komplexe ergründet, ist der Therapeut in einer mythologisch ausgerichteten Therapie der Vertreter der Unterwelt. Er läßt sich durch die Mythen leiten, die im Konsultationszimmer auftauchen, versucht jedoch immer auch die Gegenpositionen herauszuspüren. Sein Blick ist auf den Schatten der hehren Position gerichtet.

Ein vierzigjähriger Leiter eines kleinen Industriebetriebes berichtet mir, wie für ihn Mitarbeiterförderung oberste Priorität habe. Er praktiziere »management by going around«

und wolle über alle Sorgen und Anliegen seiner Angestellten informiert werden. Statt seine Angestellten zu sich kommen zu lassen, sucht er sie spontan an ihren Arbeitsplätzen auf und stellt dann auch persönliche Fragen. Ich höre mir diese Beschreibung an, die wunderbar klingt, bis mir ein bißchen mulmig wird. Ich stelle mir vor, wie es für mich wäre, wenn ich immer wieder durch meinen Chef gestört würde und er sich erlaubte, mir unvermittelt persönliche Fragen zu stellen. Wahrscheinlich wäre ich irritiert und hätte Angst vor Willkür. Als ich meinen Eindruck meinem Klienten mitteile, ist er erbost. »Auf keinen Fall trifft dies auf mich zu!« hält er mir entgegen und ist beleidigt, daß ich überhaupt solche Gedanken äußere. In der folgenden Stunde kommt er jedoch auf meine Bemerkung zurück und meint, vielleicht müsse er bei diesem Punkt ein bißchen aufpassen.

Aus der Sicht des Klienten stellt der Therapeut mühsame Zwischenfragen, ist ein Pessimist, Stänkerer oder aber naiver Optimist; aus mythologischer Perspektive nimmt der Therapeut die Rolle des Advocatus diaboli ein, der verhindert, daß Saturiertheit und seelische Öde sich ausbreiten. Der Therapeut hört mit kritischem Sinn den Reden, Prahlereien oder Klagen zu, richtet seinen Blick jedoch auf die andere Seite. Nicht höriger Applaus, wie in einer Parteiversammlung der chinesischen KP, erwartet den Patienten, sondern eine unbequeme Gegenstimme, wie im englischen Parlament. Der Therapeut übernimmt die Rolle des Ketzers.

In einer männlichen Therapie muß der Therapeut Einseitigkeiten verhindern. Nicht damit sein Patient schließlich zu einer ausgewogeneren Position findet, sondern weil die Konfrontation mit dem Gegenteil, den Dämonen der Unterwelt, ihm hilft, den Mythos weiterhin lebendig zu halten. Der Therapeut konfrontiert seinen Klienten, damit er die existentielle Herausforderung weiterhin spürt und sich durch den entsprechenden Mythos beseelen läßt.

Durch diese ketzerische Haltung entwickelt sich die Therapie zu einem *rituellen Kampf*. Der Therapeut hinterfragt die Grundwahrheiten seines Gegenübers. Er mißt sich mit seinem Klienten. Wichtig ist natürlich, daß dieser rituelle Kampf offen deklariert wird. Der Klient weiß, was ihn erwartet, und versteht die Kritik als einen Teil des therapeutischen Ansatzes. Die Kritik ist nicht persönlich, destruktiv oder absolut, sondern Teil der therapeutischen Auseinandersetzung. Voraussetzung ist das Vertrauen des Klienten in seinen Therapeuten. Der Klient weiß, daß die Kritik im therapeutischen Raum abgehandelt wird und nicht ein Zeichen bösen Willens ist.

Die Idee dieser konfrontativen Technik ist, die mythischen Basissätze zu beleben. Der Klient findet zu den Mythen zurück, ohne sich einseitig mit ihnen zu identifizieren. Die Hoffnung ist, daß er dadurch von seiner Indifferenz, seinem Leiden oder seiner Depression befreit wird und wieder in Kontakt mit seinen seelischen Grundlagen kommt, ohne einer Heilslehre zu verfallen. Der Glaube ans Leben wird geweckt, wenn der Therapeut die Dämonen der Unterwelt auftreten läßt. Der Dissens weckt neue seelische Energien. In dieser Spannung konstelliert sich der Mythos. Die ursprüngliche existentielle Herausforderung wird im therapeutischen Raum spürbar. Der männliche, mythenbildende Geist wird aktiviert. Der ketzerische Widerspruchsgeist des Therapeuten dient der paradoxen Wiederbelebung und als Versuch, eine allzu grandiose, einseitige Identifikation mit einem Mythos zu relativieren. Der Patient wird im Rahmen des rituellen Kampfes irritiert, erschreckt, erregt oder verärgert und mobilisiert dadurch neue Kräfte, durch die er sich selber neu in die Welt und seine Arbeit einbringen kann.

Existentielle Herausforderungen

Ziel des Prahlens, der Spontanreden und der Konfrontation mit den Inhalten der Unterwelt ist, den Mann wieder an seine existentiellen Herausforderungen heranzuführen. Was will die Welt von ihm? Welche Aufgaben muß er erfüllen? Meist erleben Männer diese existentiellen Herausforderungen im Beruf. Sie sehen Aufgaben, denen sie sich nicht entziehen können: Die Reorganisation der Firma, der Vortrag über das neue Tierschutzgesetz oder die Basisversammlung des Vereins gegen neue Autobahngebühren hat höchste Priorität. Solche Aufgaben vermitteln den Männern das Gefühl, nötig zu sein. Jedoch auch Aufgaben im persönlichen, privaten Bereich können als existentielle, mythische Herausforderung verstanden werden »Die Welt muß bevölkert werden!«[9] verkündet Benedict in Shakespeares »Viel Lärm um nichts« II, 2, als er sich entschließt, um Beatrix zu buhlen. Die Seele des Mannes verlangt nach einer existentiellen Herausforderung, in deren Dienst sie sich stellen kann. Sie sieht darin eine Gelegenheit, an einem größeren Ganzen zu partizipieren oder sich einer Sache hinzugeben. Nicht immer stehen das persönliche Wohl oder Machtbedürfnisse im Zentrum, sondern oft die kollektive Aufgabe. Diese Herausforderungen werden darum von vielen Männern nicht nur als persönliche Bereicherung oder Gelegenheit zur Selbstverwirklichung erlebt, sondern als Dienst: »Die Arbeit im Kinderhilfswerk ist mir wichtig, da ich nur so etwas gegen die Not der Millionen Kinder auf dieser Welt tun kann.« Die Begründung erfolgt *von der Sache her* und wird nicht von der eigenen Person abgeleitet. Zur Persönlichkeit des Mannes gehört, daß er sich über eine existentielle Aufgabe definieren will. Der weiblichen, psychologischen Sicht ist diese Akzentuierung fremd. Dem Persönlichen gebührt Priorität, die Arbeit, ein intensives Hobby oder eine Leidenschaft ist Mittel zum Zweck. Bei diesem Punkt prallen verschiedene Auffassungen aufeinander. Aus diesem Grund braucht es neben der psychologischen Therapie auch die männliche, mythologische Variante. Über die Mythographie, die Reden und den rituellen Kampf soll der Mann zu jener Aufgabe finden, die aus seiner Perspektive von ihm verlangt wird und ihm Sicherheit gibt.

Wichtig bei einer mythisch orientierten Therapie ist zudem, daß nicht in Lösungen gedacht wird. Das Ziel ist die Heranführung an die existentiellen Herausforderungen. Dies kann zu einer *Problematisierung* des Lebens führen. Der Betreffende spürt eine Aufgabe, will sich ihr stellen und meint nicht, er habe bereits die Lösung im Sack. Der Gedanke der Lösung entstammt der Psychologie, wo Spannungen abgebaut, Streit geschlichtet und Diskrepanzen eliminiert werden sollen. Der Problemlösungsglaube ist in einer mythisch orientierten Therapie schädlich.

Männergruppen

»Gar nichts haben Sie begriffen!« schreit mich der distinguierte Herr mit grauem Jackett an. Ich reagiere ebenso vehement. Zwei andere Männer melden sich und wenden ein, daß die Diskussion auf der falschen Ebene geführt wird, Applaus von der linken Seite, Gelächter von rechts ... Ich leite einen Wochenend-Kurs für geschiedene Väter. Die Atmosphäre ist so, wie ich es in gemischten oder Frauengruppen nie erlebe: derb, gespannt, aggressiv, doch gleichzeitig sachbezogen, respektvoll und konzentriert. Ich spüre, wie mir die Art dieser Gruppe gefällt. Ich spüre eine Kraft in mir, die bereit ist, die Auseinandersetzung mit diesen Männern aufzunehmen, und gewillt ist, sich dem gemeinsamen Thema zu stellen.

Vorausgesetzt die Männer sind nicht verunsichert oder verpsychologisiert, dann kann in Männergruppen eine solche Stimmung entstehen. Es konstelliert sich eine Mischung aus dosierter Aggressivität, gegenseitigem Respekt, Hingabe an die Sache und anarchischer Wildheit. Ich erinnere mich an Männercliquen während der Studienzeit, wo wir wilde Partys veranstalteten, mit unseren Motorrädern durch die Straßen jagten, Streiche spielten, Lehrer austricksten und bei jeder sich bietenden Gelegenheit den Aufstand übten. Unangenehme Erinnerungen tauchen auch auf, wenn wir zu weit gingen, eine Kommilitonin gegen ihren Willen unter die Dusche stellten, pöbelten, Betten aus dem Fenster stießen, übermäßig tranken oder in Restaurants grölten. Heute bin ich ein bißchen zivilisierter und selten ausschließlich unter Männern. In einer Diskussionsgruppe debattiere ich aber regelmäßig mit Männern über kulturelle oder politische Themen, die uns am Herzen liegen. Hie und da dringt da die alte Wildheit auch bei uns gestandenen Herren durch. Wir schreien uns gegenseitig an, attackieren uns verbal und nehmen uns gegenseitig hoch – erstaunlicherweise gehen wir jedoch auch nach dem größten Krach wieder friedlich auseinander, als wäre nichts geschehen.

Durch solche Gruppen können Männer sich vor übermäßiger Zivilisierung schützen und eine wohltuende Wildheit erleben. In ihnen finden sie zu ihren Mythen: Die Spannungen, die in solchen Gruppen entstehen, lassen die existentiellen Herausforderungen spüren, die die Quelle unserer Mythen sind. Gruppentherapien oder Männergruppen helfen Männern daher, ihren mythischen Persönlichkeitsteil zu erleben. Robert Bly[10] hat auf die Bedeutung der Männergruppen hingewiesen. Bei seinen Gruppen schließen sich Männer zusammen, ziehen sich in die Einsamkeit zurück, rezitieren griechische Mythen und versuchen »den wilden Mann« in sich zu entdecken. Wie im Buch »Eisenhans« beschrieben, gilt es, den ursprünglichen, archaischen Mann in sich zu erfahren.

Der Mann braucht mythische, männliche Bilder, damit er sich entwickeln kann. Diese Leerstelle in ihm gilt es auszufüllen. Das Märchen »Eisenhans« dient Bly als Beispiel für den Kampf, den der Mann führen muß, damit er wieder seine Männlichkeit findet. Bly verweist auf ein wichtiges seelisches Bedürfnis des Mannes.

Ich bin jedoch der Ansicht, daß die archaische Wildheit der Männergruppen nicht nur gefunden wird, wenn wir in den Wäldern trommeln und Gedichte rezitieren, sondern über Mythen, die heute aktuell sind. Die romantische Rückschau auf vergangene Mythologien muß ergänzt werden durch eine Betrachtung heute aktueller Mythen. Da sich die Gesichter, die Temenoi der Mythen immer wieder ändern, ist dies jedoch nicht einfach. Wir brauchen Eisenhans als Einstieg, doch anschließend müssen wir uns den versteckten mythischen Bildern in unserer Arbeitswelt, im Familienleben und in der Öffentlichkeit zuwenden. In Männergruppen muß also auch darüber reflektiert werden, welche Mythen sich in der Arbeit darstellen und wo wir von einem Mythos berührt werden. Die Stimmung, die Aggressivität in Männergruppen hilft, die eigene Mythographie oder die Mythen, an denen man sich durch den Beruf oder das Privatleben beteiligt, zu erfassen.

Männergruppen brauchen das Element der *existentiellen Herausforderung*. Nur wenn das Gefühl nacherlebt wird, daß man gefordert wird, gegen das Schreckliche kämpft, besteht die Hoffnung, daß der eigene Mythos wach wird. Eine solche Herausforderung stärkt das Ich und macht es fähiger, sich kritisch mit den Mythen auseinanderzusetzen. Die Gefahr, daß man einem Mythos verfällt, wie das beim Nationalsozialismus oder bei linksradikalen Ideologien geschehen ist, ist kleiner, wenn der Mann sich bewußt den Mythen seiner Zeit stellt.

Es gibt verschiedene Möglichkeiten, wie Männer zum Gruppenerlebnis kommen. Der Sport ist ein wichtiger

Bereich, wo Männer herausgefordert werden und sich als Mitglieder einer Gruppe erleben. Die Tatsache, daß Männer eher zu Gruppensport neigen, weist darauf hin, daß sie dort ihr Bedürfnis nach einer Männergruppe plazieren. Zwar bieten sportliche Tätigkeiten wie Fußball, Eishockey oder Handball Männern eine Möglichkeit zu gezähmter Aggressivität und ritualisierter Austragung von Spannungen, doch fehlen mentale Vorstellungen, mit denen diese Aktivitäten assoziiert werden. Sie werden nicht durch einen Mythos getragen. Notwendig sind darum Männergruppen, in denen auch aktuelle Mythen inszeniert und konfrontiert werden.

Ein Beispiel sind vielleicht die Gotcha[11]-Spiele. Bei diesem in Hallen oder im Freien inszenierten Kriegsspiel stürmen zwei Mannschaften aufeinander los. Sie tragen eine Kampfmontur und sind mit speziellen Luftdruckgewehren ausgerüstet, durch die sie sich gegenseitig mit Farbkugeln beschießen. Der Farbfleck markiert, wo man getroffen wurde. Wird dieses Spiel draußen inszeniert, dann geht es darum, die gegnerische Flagge zu erobern. Wird es in der Halle gespielt, muß ein Knopf gedrückt werden, damit eine Glocke ertönt.

Das Gotcha-Spiel erinnert natürlich an die diversen gräßlichen Bürgerkriege, von denen wir durch die Medien hören und sehen. Wenn ein Gotcha-Spieler in seiner Kriegsmontur vor uns steht, dann denken wir an Sarajevo, Abchasien oder Nordirland. Wir reagieren mit Entrüstung oder sind befremdet. Wie kann man nur an einem solch perversen Kriegsspiel Freude finden?

Aus mythologischer Perspektive verhält es sich jedoch anders. Dieses Spiel lebt vom Mythos des Dschungelkämpfers, des Kriegers, der sich zusammen mit Kameraden in einer unwirtlichen Umgebung durchschießen muß. Es ist ein Bild, das in Tausenden von Männerköpfen eine große Attraktivität genießt. In ihm lebt die alte Sehnsucht der Befreiung von zivilisatorischen Zwängen auf. Viele junge Männer phantasieren sich als Straßenkämpfer im Großstadtdschungel. Gott sei Dank wird dieser Wunsch unterdrückt. Gewalt wird abgelehnt und die Idee des Straßenkämpfers nur als Phantasie zugelassen. Es braucht jedoch nur eine Ideologie, die diese Form der Auseinandersetzung erlaubt, und die Dschungelkämpfer strömen wieder auf die Straße: eine »berechtigte« Häuserbesetzung, ein aus der Sicht der Gruppe legitimer Brandanschlag oder eine notwendige Demonstration. Das häßliche Gesicht der realen Gewalt schlägt uns dann entgegen.

Damit es nicht soweit kommt, sondern der frei flottierende Dschungelkämpfer-Mythos anders ausgelebt wird, braucht es sportliche Tätigkeiten wie das Gotcha-Spiel. Gruppenziele, in denen dieser aktuelle, beängstigende Mythos auflebt, jedoch gleichzeitig klar in gewisse Schranken gewiesen wird. Im Gotcha-Spiel spürt der junge Mann die Spannung, Faszination und Furcht, die dieser Mythos ausstrahlt, doch kann er einen anderen Weg wählen, um mit ihm in Berührung zu kommen. Wenn wir wollen, daß sich Gewalt nicht effektiv auf den Straßen ausbreitet, dann gilt es, solche und ähnliche Spiele zu fördern. Spiele, die sich an einem aktuellen Mythos orientieren, in denen das Schreckliche und die existentielle Herausforderung durchschimmern, ohne destruktiv zu werden. Wenn wir jedoch den Mythos des Dschungelkämpfers unterdrücken, wird die Rache gewiß sein: Der Dschungelkämpfer-Mythos inszeniert sich tatsächlich.

Männergruppen leben von aktuellen Mythen. Bei einer Gruppentherapie mit Männern gilt es, solche Mythen aufleben zu lassen, seien es Mythen um das Geld, die Karriere, die Familie, die Wirtschaft oder die Politik. Gemeinsam kann sich die Gruppe ihnen konfrontieren und dann gemeinsam mit ihnen auseinandersetzen. Männergruppen sollten nicht nur im luftleeren Raum durchgeführt werden, sondern ihre Energie von den Mythen beziehen, die in unserer Gesellschaft präsent sind. Sie helfen den Männern, ihr kämpferisches Potential zu wecken und positiv, kreativ in die Gesellschaft einzubringen.

Die Grenze zwischen Psychologie und Mythologie

Zum Schluß möchte ich noch erwähnen, daß eine Therapie auf mythischer Grundlage kein Ersatz für eine psychologische Therapie sein soll. Wenn in einer entspannten, privaten, vertrauenerweckenden Atmosphäre nach Lösungen für persönliche Lebensprobleme gerungen wird, dann wird eine andere seelische Seite des Menschen angesprochen: der oder die Betreffende erlebt sich als psychologisches Wesen. Durch die Mythographie, das Prahlen, die Reden und die konfrontative Technik wird der Mann in seiner mythischen Seite angesprochen; eine Qualität seiner Seele, die in einer psychologischen Therapie, so wie wir sie definieren, oft noch nicht angetastet wird. Er unterhält sich mit seinem Therapeuten über seine Familie, seine Ängste, seine Vergangenheit und Beziehungen, läßt jedoch die Mythen, an denen er sich im Leben draußen orientiert, vor dem Sprechzimmer. Er betrachtet seine Ideologien, seine Glaubenssätze, Erfahrungen und Lebenseinstellungen als objektive Tatsachen. Die mythische Seelensubstanz, die sich darin verbirgt, wird nicht erkannt.

Oft zeigt sich ein eklatanter Unterschied zwischen der eigenen Psychologie und den Mythen, an denen man sich sonst im Leben orientiert.

Ein fünfzigjähriger Mann stürmt in das Konsultationszimmer eines Psychotherapeuten. Er fühlt sich elend und einsam. Niemand hört ihm zu. Er hat das Gefühl, unter einer Glocke, in völliger Isolation zu leben. Sein Leben betrachtet er als sinnlos und vertan. Ein gescheiterter Mann, denkt sich der Therapeut. Zu seinem Erstaunen findet er jedoch heraus, daß dieser Mann Direktor eines der führenden Wirtschaftsunternehmen der Bundesrepublik ist und über zehntausend Angestellte von ihm abhängig sind.

Dieser Mann beginnt sich seiner Psychologie bewußt zu werden. Er beginnt in sich selber hineinzuschauen. Eine solche therapeutische Arbeit ist wertvoll und kann ihm weiterhelfen. Ob jedoch auch sein mythischer Persönlichkeitsteil analysiert wird, ist völlig offen. Die mythische Substanz, seine Teilhabe an einer kollektiven Geschichte hat noch nicht die Ebene des Bewußtseins erreicht. Er trennt zwischen den persönlichen Fragen und Themen, über die er sich im Sprechzimmer des Therapeuten äußert, und jenen Ereignissen, an denen er durch seine Arbeitswelt partizipiert. Letztere sind nach seinen Vorstellungen nicht für das Ohr des Therapeuten bestimmt. Er präsentiert sich in diesem Kontext so, wie es von ihm erwartet wird, zelebriert Regression, überdenkt seine Beziehungen, sucht Harmonie und Lösungen, um anschließend wieder die Spannungen und Herausforderungen seines Schlachtfeldes zu suchen. Meistens handelt es sich um differenzierte, bewußte Männer, die bereit sind, sich einer solchen Analyse ihres Lebens zu unterziehen. Oft wird jedoch die mythische Verbundenheit des Mannes zu wenig bedacht. Denkbar ist nämlich auch, daß sich in den Sinnlosigkeitsgefühlen des obigen Patienten nicht seine Psychologie ausdrückt, sondern ein mythisches Problem. Vielleicht hat er sich in seiner Arbeit mit dem Mythos des Machers, des Königs identifiziert. Er sitzt auf dem Thron, gibt Befehle, ist aktiv, denkt voraus und sorgt sich um die Probleme seiner Mitarbeiter. Er ist von einem Mythos durchdrungen. Die völlige Identifikation ist jedoch schwierig. Er opfert sich einem Mythos und hat den Kontakt zur Quelle seines Seins verloren. Eine mythologisch orientierte Therapie gäbe ihm vielleicht die Kraft, sich von diesem Mythos zu distanzieren oder ihn zu überdenken. Vielleicht würden die Spannung, der Kampfgeist und die Angst wieder aufleben, durch die er ursprünglich den Anschluß an seinen jetzigen Mythos fand, oder aber er wird sich einem neuen Mythos anschließen.

7. Kapitel

Die Fremdheit zwischen Mann und Frau

Geschlechterkampf

Die Zusammenarbeit zwischen den Geschlechtern muß auf eine neue Ebene gestellt werden. Anstatt von der hehren Vorstellung der Gleichheit auszugehen, bedarf es Formen der Auseinandersetzung, die die Verschiedenheit der Geschlechter berücksichtigen. Frauen brauchen eine andere Sprache, setzen andere Akzente, wenn sie handeln oder wahrnehmen. Während für sie Betroffenheit und Authentizität wichtig sind, ist für die Männer die mythische Korrektheit entscheidend. Diese grundlegenden Verschiedenheiten haben zur Folge, daß sie den öffentlichen und privaten Raum anders erleben. Es gilt Wege aufzuzeigen, wie Männer und Frauen zusammenfinden, sich streiten und zusammenarbeiten können, ohne daß sich ein Geschlecht verleugnen muß oder die Macht an sich reißt.

In den bisherigen Kapiteln versuchte ich darzustellen, inwiefern Männer und Frauen sich nicht nur biologisch, sondern auch seelisch unterscheiden. Männer und Frauen sind einander fremde Wesen, auch wenn die Gemeinsamkeiten die Verschiedenheiten bei weitem übertreffen. In diesem Kapitel will ich der Frage nachgehen, wie die Beziehung zwischen Männern und Frauen gestaltet werden soll. Ist es möglich, daß sich Männer und Frauen einigen, auch wenn sie sich im Denken, der Wahrnehmung und in dem, was sie im Leben als zentral betrachten, unterscheiden? Wenn die Seele der Männer nach Mythen dürstet, Frauen sich jedoch eher nach der Beziehungspsychologie richten, wie sieht dann das gemeinsame Leben aus? Wer soll sich um den öffentlichen und wer um den privaten Bereich kümmern? Droht mit solchen Überlegungen nicht ein Rückschritt in die Zeit, wo die Frau an Haus und Herd verbannt wurde, während die gloriosen Männer in der Außenwelt ihre Machtdomänen aufbauten? In diesem Kapitel will ich zeigen, daß für die Beziehungen der Geschlechter eine neue Phase begonnen hat. Die Gleichberechtigung und Emanzipation der Frauen wird und soll sich im öffentlichen Bereich fortsetzen, ohne daß sich Frauen dem männlichen Denken unterordnen oder anpassen müssen. Mann und Frau sollten ritualisierte Formen der Auseinandersetzung entwickeln, durch die es möglich wird, die jeweiligen Unterschiede ins Leben einzubringen. Vielleicht wird es so möglich, daß wir unser Leben sowohl nach der Psychologie als auch nach den Mythen richten.

»Schau diesen Prospekt an! Ich finde, daß wir dieses Jahr mit den Kindern wieder nach Venedig fahren sollten.«

»Zweimal in die gleiche Stadt! Mir scheint dies wenig sinnvoll!«

»... dann organisiere gefälligst selber die nächsten Ferien!«

Bei diesem kleinen Dialog werden verschiedene Botschaften gegeben. Die Aufforderung der Frau zielt in Richtung Beziehungsbestätigung. Sie will insgeheim hören, daß die letzten Ferien in Venedig ein Erfolg waren. Die Vorstellung gemeinsamer Ferien steht im Zentrum, eine Gelegenheit der Beziehungsgestaltung. Der Mann hört jedoch nicht diese Botschaft heraus, sondern bezieht sich auf den Inhalt der Mitteilung. Zweimal die gleiche Stadt zu besuchen scheint ihm wenig sinnvoll. Er versachlicht die Mitteilung seiner Frau und ist taub für die psychische Aussage. In ihm wird die Vorstellung des Reisens an sich wach, fremde Städte kennenlernen, unbekannte Gegenden erforschen, im Kanu den Orinoko hinunter oder im Jeep durch die Sahara fahren. Der Mann reagiert hier nicht aus böser Absicht scheinbar verständnislos, sondern seine seelische Grundeinstellung interpretiert die Frage anders. Er denkt mythisch und identifiziert die Aussage sogleich mit einem Mythos, der ihm wichtig ist. Solche Mißverständnisse stellen sich in der Kommunikation zwischen Männern und Frauen immer wieder ein[1] und führen zu gegenseitiger Irritation.

Unterschiedliche Wahrnehmung

Frauen nehmen die Welt über die Psychologie wahr. Das Individuelle, der jeweilige Mensch steht im Zentrum der Aufmerksamkeit. Sie hören auf die Beziehungsebene und senden Signale aus, die Ausdruck ihrer Person sind. Die verbale Kommunikation dient dazu, den Mitmenschen zu spüren, sich nach seiner Befindlichkeit zu erkundigen, ihn zu ärgern, zu intrigieren oder als Mensch zu erfassen. Bei einer Abendunterhaltung mit einem Gast, der von seiner Südafrika-Reise berichtet, wird eine Frau sich nicht nur auf den Inhalt konzentrieren, sondern überlegen, wieso ihr Gesprächspartner schwitzt und nervös an seinem Ärmel zupft, während er von seinen Erlebnissen prahlt, wie die Beziehung zu seiner Frau aussehen mag, und ob er wohl während seiner Reise einen Seitensprung beging. Assoziationen steigen auf, zu denen Männer weniger neigen. Sie wird ihren Gesprächspartner ganzheitlicher wahrnehmen als ihr Mann, der womöglich vom Thema Südafrika weggetragen wurde und abends im Bett seiner Frau lange erklären will, welches seine Sicht der politischen Lage in diesem Land ist. Er tauchte ins Thema ein, der Gesprächspartner wurde abstrahiert.

Weibliche, psychologische Wahrnehmung umfaßt den ganzen Menschen, sein Äußeres, sein Gebaren, seine Kleidung, seine Diktion, seinen Gang und seine Mimik. Die verbale Mitteilung ist nur ein Element von dem, was eine Frau registriert. Die psychologische Ausrichtung der Frau hat auch zur Folge, daß sie ihr Leben aus dem privaten Lebensraum heraus definiert. Unabhängig davon, ob sie als Geschäftsfrau, als Politikerin, als Hausfrau, als Akademikerin oder Busfahrerin arbeitet: Das private Beziehungsnetz und die persönliche Begegnung mit Mitmenschen sind wichtig. Die Gedanken kreisen um Fragen wie die, ob es dem Partner gutgeht, was die anderen von ihr denken, was die Kinder tun, wieso eine Kollegin glaubt, daß zuviel Eigentum schädlich sei, und wie sie ihre Ansicht vertreten kann, ohne einen Kollegen zu beleidigen. Fragen der Befindlichkeit stehen im Zentrum.

In den Köpfen der Männer sieht es anders aus: Gewinnt der FC Basel? Sollte man hier nicht eine zweite Bahnlinie errichten? Welche Arbeiten übergebe ich dem neuen Mitarbeiter? Wieso kostet der Joghurt in diesem Laden zwei Mark? Wie komme ich zu meiner wöchentlichen Trainingszeit auf dem Fahrrad?

Obwohl diese Beispiele überzeichnet sind, steht bei den Frauen oft das Private und Persönliche im Vordergrund, unabhängig davon, ob sie sich im öffentlichen oder im familiären Lebensumfeld bewegen. Bei solchen Themen wirken Männer hingegen rasch hilflos. Gefühle zu formulieren, die eine persönliche Begegnung auslöst, fällt ihnen schwer, und über die Qualität einer Beziehung zu reden scheint fast unmöglich. In der Psychologie sind Frauen den Männern überlegen. Entsprechend sind es die Frauen, die sich in einer Paartherapie als erste melden, das Wort ergreifen und die Beziehung klären wollen. Männer wirken oft ziemlich unbeholfen und drohen zu verstummen. Wie ich in den vorangegangenen Kapiteln darstellte, stehen für sie die Mythologien im Vordergrund. Ihre Seele wird von den Mythen berührt, die sich im öffentlichen oder kollektiven Raum manifestieren oder die Familie beherrschen. Sie werden daher aktiv und gesprächig, wenn von einem Sach- oder allgemeinen Thema die Rede ist, das den entsprechenden mythologischen Bezug ermöglicht. Ein Mann wird vielleicht seiner Frau lange erklären, wieso ein bestimmter Politiker zurücktreten sollte, daß sein Arbeitskollege nichts von den Marktverhältnissen wisse, wie das städtische Transportsystem organisiert werden sollte, und derweil den Hochzeitstag vergessen. Solche wortreichen Erklärungen langweilen Frauen oft, vor allem, wenn sie keinen persönlichen Bezug herstellen oder eine Beziehungsbotschaft heraushören können. Die Beseelung durch einen Mythos, der sich durch die Partizipation an einem Sachthema wie Sport, Vogelkunde, Architektur oder Technik äußert, ist aus weiblicher Perspektive nicht immer nachvollziehbar. Frauen erleben die Männer als leicht autistisch, beziehungsunfähig und oft auch wenig interessant. Die einseitige Vereinnahmung von einem Mythos – »er spricht immer nur über das Geschäft« – wird als lebensfeindlich und fremd wahrgenommen.

Da sich Frauen stärker als Männer an der Psychologie ausrichten, suchen sie den Konsens. Übereinstimmungen sind wichtig und vermitteln das Gefühl von Sicherheit und Akzeptanz. Im persönlichen Lebensbereich wird Harmonie angestrebt. Mit anderen Menschen die eigene Auffassung zu teilen hat eine große Bedeutung. Widerspruch wird als bedrohlich und feindlich erlebt. Männer setzen hier andere Akzente: Widerspruch und Spannungen gelten für sie als normal. Der Dissens ist eine Möglichkeit in ihrem mythischen Weltbild. Spannung, die jeder Mythos durch seine inhärente Polarität enthält, wird gesucht, und im entsprechenden Thema werden die Gegensätze aufgespürt. Entsprechend wird die Arbeit von Kollegen kritisiert, ein Theaterstück zerrissen oder die Äußerung eines Bekannten hinterfragt. Ungeteilte Zustimmung zu geben fällt manchen Männern schwer, weil sie sich dadurch vom Mythischen entfernen und langweilen. Männer wollen ihren Mythen nachgehen und sie im öffentlichen Raum aufspüren. Bei einem Besuch oder in einer Versammlung leben sie auf, wenn sie Monologe über ihre Hobbys oder Interessen halten dürfen. Der gleiche Mann kann zu Hause stundenlang wortfaul auf der Couch liegen. Während des Essens ziehen es viele Männer vor, in die Zeitung zu starren, und meiden das Gespräch mit der Ehefrau. Die Medien, in denen sich die aktuellen Mythen widerspiegeln, sind für sie interessant und die Äußerungen der Frau über ihre persönlichen Schwierigkeiten am Arbeitsplatz eher langweilig.

Die andersartige seelische Ausrichtung hat auch verschiedene Forderungen an die Umwelt zur Folge. Frauen fordern von ihren Mitmenschen *psychologische Authentizität*. Was jemand sagt, sollte auch mit seiner Persönlichkeit übereinstimmen. Richtet er auch wirklich sein Leben nach der Theorie, die er vertritt? Ein Pädagoge wie Jean Jacques Rousseau, der die Hinwendung zum Kind forderte, gleichzeitig seine eigenen Kinder Waisenhäusern übergab, überzeugt nicht. Was er schreibt, stimmt nicht mit seinem Leben überein. Die Forderung nach psychologischer Authentizität hat auch eine andere Beurteilung der Politik und des Geschäftslebens zur Folge. Das Privatleben wird mit der öffentlichen Rolle in Zusammenhang gebracht. Die Glaubwürdigkeit einer Aussage mißt sich an der Übereinstimmung zwischen dem privaten und dem öffentlichen Lebensbereich. Ein Politiker wird danach beurteilt, wie er als Mensch wirkt, wie er spricht, mit Frau und Kindern umgeht, und ob er zu Hause auch mithilft. Frauen fordern eine konsequente Haltung und lehnen die Trennung zwischen öffentlicher Rolle und privatem Sein ab. Der auf Seite 203 erwähnte John Wilkes hätte heute wahrscheinlich politisch keine Chance. Details, die nicht mit der eigentlichen Aufgabe zusammenhängen, sind aus weiblicher Sicht wichtig, da sich darin die Persönlichkeit verrät. Männer fordern diese Übereinstimmung mit dem privaten und persönlichen Lebensbereich weniger. Vielleicht wird am Rande registriert, daß er »zu Hause Schwierigkeiten hat« oder »charakterlich ein unmöglicher Typ ist«, doch diese Information dient selten als Grundlage der Beurteilung.

Die Bereitschaft der Männer, zwischen öffentlicher Rolle und persönlichem Lebensraum zu unterscheiden, nimmt oft groteske Ausmaße an. Von einem bekannten Psychiatrie-Professor und Leiter eines Psychotherapie-Instituts wurde bekannt, daß er schon mehrmals mit Patientinnen geschlafen und zudem die Arroganz hatte, diese Stunden mit der Krankenkasse abzurechnen. Als Politiker mit einem Mandat im Parlament setzte sich der gleiche Mann für rigorose ethische Richtlinien für Psychotherapeuten ein. Dieser Widerspruch erregte Männer weniger, auch wenn sie das Verhalten des Professors als untolerierbar betrachteten. Ein langjähriger Arbeitskollege meinte dazu lapidar: »Ja, ich weiß, hier hat er noch ein Problem ...«

Die Abspaltung des persönlichen, psychologischen Bereiches zeigt sich auch bei der Partnerwahl. Bei der Auswahl der Partnerin denken die meisten Männer erstaunlich unpsychologisch. Sie orientieren sich nicht an der Psychologie, sondern erheben einige oder mehrere Charakteristika der Frau zu den maßgebenden Kriterien der Entscheidung. Anstatt sich vom Gespür oder Gefühl leiten zu lassen, sind sie überzeugt, daß ihnen eine Luzerner Bauerntochter guttut, sie die Spontaneität der Partnerin brauchen, oder sie wählen eine Frau, weil sie intelligent oder schön ist, und beachten nicht den Charakter oder die Beziehungsdynamik. Bei der Partnerwahl zeigt sich das Referenzsystem, auf das sich Männer stützen. Sie projizieren ein bestimmtes mythisches Bild auf die betreffende Frau und vermeiden dadurch, sich mit ihrer Anima auseinanderzusetzen. Eine Frau, die sie aufregt, irritiert und heftige Gefühle in ihnen auslöst, wird oft nicht zur Partnerin gewählt. Da das Zusammenleben mit einer solchen Frau als zu bedrohlich empfunden wird, folgen sie den sicheren Pfaden der Mythen, die ihnen vertraut sind. Ob die Ehen dadurch besser oder schlechter werden, ist schwer zu sagen. Im Westen jedoch, wo die Ehe eine psychologische Beziehung sein soll und die Ehepartner sich nicht durch strikte Rollenteilung voneinander unterscheiden, hat dies zur Folge, daß nach der Eheschließung oft eine intensive Auseinandersetzung mit dem Ehepartner beginnt.

Unter Männern wird die Psychologie vernachlässigt und

bildet selten die Grundlage einer Beurteilung. Was jemand darstellt, leistet, repräsentiert und mitteilt, ist wichtig, ein Blick hinter die Fassade wäre indiskret. Paßt die Person ins mythische Vorbild, das man in sich trägt? Männer beurteilen sich gerne gegenseitig als Rollenträger oder Akteure im theatrum mundi. Der Mythos, der repräsentiert wird, ist von Interesse – nicht die private Situation und der Charakter. Diese Gewichtung erklärt auch, wie Männer jahrelang nebeneinander arbeiten können, ohne privat viel voneinander zu wissen oder persönlich in Kontakt zu treten. Im nachhinein oder über Klatsch erfahren sie, daß der Kollege die Scheidung einreichen mußte oder seine Frau schwanger ist. Männer beurteilen ihre Mitmenschen nach deren Rolle im öffentlichen, mythischen Raum. Sie suchen nach dem Mythos, den der Betreffende darstellt. Ein Kollege wird als typischer Spiegel-Leser identifiziert, der sich hyperkritisch gibt, ohne in die Tiefe zu gehen, oder als intellektueller Zeit-Leser, der Mühe hat, einen Standpunkt zu beziehen. Die Mythen dienen als Beurteilungsraster, die Psychologie wird ausgeblendet. Für Männer ist aus diesem Grund *mythologische Korrektheit* wichtig. Stimmt der Ausdruck und das Rollenverhalten mit dem Mythos überein, den der Betreffende ausdrücken soll? Benimmt er sich wirklich als Schriftsteller, Psychologe, Musiker oder Hausmann? Die *psychologische Authentizität*, die Übereinstimmung mit dem Verhalten im privaten Lebensraum und der Persönlichkeit, empfinden sie als Nebensache.

Verschiedene Motivationen

Die psychologische Ausrichtung der Frauen hat auch zur Folge, daß *persönliche Betroffenheit* zu einem wichtigen Argument wird. Die Legitimation, sich für eine Sache einzusetzen, im Geschäft oder in der Politik Änderungen zu fordern, wird im persönlichen Erlebnis gesehen. Ob sie mit dem entsprechenden Problem im privaten Lebensraum, in der eigenen Biographie oder im persönlichen Beziehungsfeld konfrontiert wird, entscheidet über ihren Einsatz. Gegen ein Autobahnprojekt wird gekämpft, weil sie am eigenen Wohnort erlebte, was es heißt, wenn eine Dorfgemeinschaft durch eine Autobahntrasse zerschnitten wird. Für bessere Schulen setzt sie sich ein, weil das eigene Patenkind unter schlechtem Schulunterricht leidet. Ein Thema im persönlichen Lebensbereich als Herausforderung oder Problem zu erleben motiviert. »Ich weiß, was es heißt, sexuell belästigt zu werden!« wurde von einer Frau als Begründung angegeben, als sie in einer Demonstration gegen die Massenvergewaltigungen in Bosnien mitmarschierte.

Bei Männern spielt die Betroffenheit als Motivation eine weniger große Rolle. Vordergründig wird Objektivität verlangt. Die unpersönliche, nüchterne Darstellung des Problems ist wichtig, persönliche Betroffenheit führt nach dieser Sicht zu einer einseitigen und wenig besonnenen Haltung. Betroffenheit ist entweder unwichtig oder wird bei der Auseinandersetzung mit der betreffenden Frage als ein Hindernis empfunden. Nicht die persönliche Betroffenheit soll wegleitend sein, sondern die objektive Beurteilung. Aus diesem Grund erfolgt der häufige Vorwurf von Männern an Frauen, sie seien zu gefühlsbetont, nicht objektiv und könnten nicht logisch denken.

Hinter dieser Objektivität versteckt sich jedoch meistens ein bestimmter Mythos. Männer sprechen von objektiver Betrachtungsweise, zitieren Fakten und berufen sich auf die Realität, auch wenn sie an einem Mythos partizipieren, der den betreffenden öffentlichen Raum besetzt. Nicht persönliche Erlebnisse, sondern die Mythen dienen als Referenz und Begründung für ihr Handeln. Eindrücklich ist dies in der wissenschaftlichen Psychologie zu beobachten. Indem sie die empirische Verifikation psychologischer Aussagen fordert und die Verallgemeinerung der Befunde anstrebt, vertritt sie eine der weiblichen Sicht konträre Haltung. Für die wissenschaftliche Psychologie dagegen bleibt es schleierhaft, was eine Psychologie, die auf der Einmaligkeit der Beziehungen gründet, das individuelle Erleben ins Zentrum stellt und mit Plausibilitäten argumentiert, mit dem Menschen zu tun hat. Die akademische »Psychologie« zelebriert einen naturwissenschaftlichen Mythos, wenn sie allgemeine Überprüfbarkeit, Wiederholung des Experiments und Objektivität fordert. Das psychologische Denken, wie ich es im ersten Kapitel beschrieben habe, wird ausgegrenzt, wenn von der Identität der Psyche mit der Materie ausgegangen wird. Wenn psychische Ereignisse bei gleichen äußeren Bedingungen reproduzierbar sein müssen, wird die Einmaligkeit des *individuellen Erlebens* negiert. Eine Psychologie, die mit Begriffen wie persönliche Betroffenheit und psychologische Authentizität operiert, hat keinen Platz. Diese Haltung drückt einerseits eine männliche Ablehnung der weiblichen Perspektive aus, andererseits langweilt sie durch die Fixierung auf einen einzigen Mythos. Wenn die seelische Einstellung, die eine Denkweise trägt, nicht diskutiert und als *eine Möglichkeit* innerhalb eines mythischen Kanons erkannt wird, entsteht geistige Öde. Die Befunde der wissenschaftlichen Psychologie berühren so lange nicht die Seele des Menschen, wie sie einem einzigen Mythos verhaftet bleiben, andere Mythen oder die weibliche, psychologische Perspektive ablehnen. Es wird weder Mythologie betrieben noch psychologisch geforscht, wenn nur der naturwissenschaftliche Mythos legitimiert. Auf die Psychologie übertragen, wäre das ungefähr so, als wenn *eine* Biographie für alle Menschen verwendet würde.

Bei Männern steht nicht Betroffenheit im Vordergrund, sondern die Frage, ob das entsprechende Thema oder Problem im mythischen Kanon, der den öffentlichen Raum besetzt, plaziert werden kann. Nicht ob sie dies auch erlebt und empfunden haben, ist entscheidend, sondern wo und wie diese Frage öffentlich debattiert wird. Kommt dabei einer der großen Mythen unserer Zeit ins Blickfeld, sei es der Fortschrittsmythos, der Mythos der Erlösung, der Gleichheitsmythos, der Mythos der ewigen Wiederkehr, der naturwissenschaftliche Mythos oder der Opfermythos, dann beginnen Männer, sich für das Thema zu interessieren. Das Thema Gewalt interessiert, wenn die Öffentlichkeit sich seiner annimmt und es als Gegenpol zum Mythos des friedlichen Menschen debattiert.

Die Ausrichtung auf die Mythen und das Fehlen der persönlichen Betroffenheit hat zur Folge, daß Männer neue Themen und Herausforderungen in ein mythisches Spannungsfeld einordnen. Das Thema wird, wenn es mythisch abgehandelt wird, in seiner Gegensätzlichkeit diskutiert. Sowohl die lichte wie auch die dunkle Seite des Mythos will betrachtet werden. Es geht nicht nur um das Durchsetzen einer Forderung, sondern um die Aufnahme eines Themas in den mythischen Kanon. Dieser Mechanismus löst bei Frauen oft Kopfschütteln oder Abwehr aus. Entweder wollen sie das Thema verdrängen und nicht darüber reden, oder sie reagieren mit Empörung: »Wie kann man nur über die Greueltaten in Ex-Jugoslawien reden, ohne auch etwas *zu tun*!« Im Gegensatz zum psychologischen Diskurs erlaubt die mythologische Diskussion Widersprüche und Gegensätze. Ein Thema kann vor dem Hintergrund eines Mythos in seiner Gegensätzlichkeit wahrgenommen und abgehandelt werden. Es geht nicht nur um ein Pro oder Contra, sondern ein Abwägen der Vor- und Nachteile. Die existentielle Gegensatzspannung, die jeden Mythos auszeichnet, schimmert durch und verleiht der Diskussion ihr spezifisches Gepräge.

Bei der Frage der Legalisierung der Abtreibung empfinden es viele Frauen als irritierend, wie nüchtern Männer die verschiedenen Aspekte des Themas diskutieren. Aus persönlicher Betroffenheit und da es sich um ein Frauenthema handelt, scheint es ihnen befremdend, auf diese distanzierte Art zu reden. Aus weiblicher Sicht ist man entweder dafür oder dagegen! In Männern konstellieren sich jedoch, ihrer mythischen Ausrichtung gemäß, die Gegensätze.

Gegensätzliche Lösungsvorschläge

Betroffenheit versus Objektivität im Lichte eines Mythos, psychologische Authentizität versus mythische Hingabe, Konsens versus Aufspüren der Dissonanzen: All diese Unterschiede der seelischen Ausrichtung von Mann und Frau haben zur Folge, daß sich die Geschlechter gar nicht verstehen können. Aufgrund ihres seelischen Habitus sind sie zu verschieden, als daß sie sich wirklich ineinander einfühlen könnten. Es bedarf gedanklicher Konstrukte, damit der oder die andere begriffen wird. Natürlich gibt es große Bereiche der Übereinstimmung und beglückende gemeinsame Erlebnisse, doch diese dürfen uns nicht darüber hinwegtäuschen, daß der Mann in der Frau, die Frau im Mann auch einem unbekannten, fremden Wesen begegnet.

Die Verschiedenheit von Mann und Frau hat auch zur Folge, daß gegensätzliche Lösungsvorschläge vorgebracht werden. Wie die Diskrepanzen überbrückt werden können, darüber entwickeln Männer und Frauen verschiedene Vorstellungen. Der weibliche Vorschlag zielt auf Gespräch, Kommunikation und vor allem Beziehungsaufnahme. In der Hoffnung, daß man durch vermehrten Kontakt zueinanderfindet und die Gegensätze abgebaut werden, wird auf die Begegnung von Mensch zu Mensch Wert gelegt. Das Losungswort heißt Beziehung.

Dieser Vorschlag stammt aus der Psychologie, ist also

nach unserer These einseitig. Das Gespräch ist wichtig, doch die mythischen Hintergründe werden dadurch nicht aus der Welt gezaubert. Durch Beziehung und Kontakt werden, aus männlicher Sicht, die Probleme nur zum Teil gelöst. In Israel wurde eine Frau von einem Palästinenser aus dem Gazastreifen umgebracht, als sie ihn zur Arbeit nach Tel Aviv fuhr. Die Frau hatte jahrelang in Rafiach im Gazastreifen unter den Arabern gelebt und unterstützte die palästinensischen Forderungen. Ihr persönlicher Einsatz und ihre Beziehungsaufnahme haben nicht verhindert, daß sie Opfer eines Anschlags wurde. Gegensätzliche nationale Mythen prallten aufeinander und konnten durch persönliche Beziehung nicht aus der Welt gezaubert werden. Beziehung verhindert leider Spannungen, Gewalt und Verzweiflung nicht. Die mythisch-menschlichen Abgründe eröffnen sich auch, wenn Menschen sich persönlich kennen. Wenn die mythische Denkweise überhandnimmt, kann es zu einer Entpersönlichung der Beziehung kommen. Der andere Mensch wird nicht mehr als individuelle Persönlichkeit erlebt, sondern als Symbol oder Ausdruck eines Mythos. Wie im Bürgerkrieg in Ex-Jugoslawien, wo Serben Moslems massakrieren, mit denen sie gemeinsam die Schulbank drückten, oder in Deutschland während der Nazizeit, als »gute« Nachbarn ihren bedrängten jüdischen Mitbürgern nicht beistanden. Leider feit die Tatsache, miteinander in Beziehung zu stehen, sich gut zu kennen, nicht vor solchen Greueltaten. Die Vorstellung, durch mehr Psychologie solche Verbrechen zu verhindern, berücksichtigt die mythische Seite des Menschen nicht. Natürlich sind Beziehungen wichtig, wir können ohne sie nicht leben, doch das Gespräch und das Sich-gegenseitig-Kennen sind nicht immer geeignete Mittel der Problemlösung. Männer lassen sich durch Beziehungen ansprechen, beeinflussen, doch ein Teil der männlichen Seele wird durch diesen Ansatz nicht berührt. In der Auseinandersetzung zwischen Männern und Frauen wie auch beim Versuch, Probleme im privaten und öffentlichen Bereich zu lösen, darf Psychologie nicht das einzige Mittel sein.

Vom männlichen Standpunkt wird ein anderer Vorschlag angeboten, um die grundsätzlichen Schwierigkeiten, die sich aus den Spannungen zwischen den Geschlechtern ergeben, zu bewältigen. Nicht durch mehr Beziehung, Nähe und Kontakt soll das Problem gelöst werden, sondern durch Objektivität. Eine klare, sachliche Analyse wird angestrebt, so daß *von der Sache her* entschieden werden kann. Das Persönliche wird vom Problem subtrahiert, um sich auf das, was als das eigentliche Problem betrachtet wird, zu konzentrieren. »Es geht jetzt nicht darum, was ich besser finde, sondern ob diese Maßnahme *für unsere Schule* richtig ist.« In Paartherapien fällt auf, wie Männer die materielle Frage, die Organisation, strukturelle Probleme oder den gesellschaftlichen Kontext ins Gespräch zu bringen versuchen. »Ja, wenn meine Frau so unzufrieden ist, dann hilft es vielleicht, wenn sie ihren Tag anders organisiert!« Das Problem ist jedoch, daß sich hinter dieser Objektivität oder Sache nur ein bestimmter Mythos versteckt. Wenn dieser nicht reflektiert, sondern als Wahrheit betrachtet wird, hat dies zur Folge, daß der betreffende Mann in einem zutiefst unbewußten Zustand verharrt. »Ich fände es gut, wenn wir jeden Samstag *gemeinsam* den Einkauf tätigen!« »Ich finde, es gehört nicht *zu den Aufgaben des Mannes*, daß er sich auch noch um den Einkauf sorgen muß! Ich verstehe deine Empfindlichkeit nicht.« In Auseinandersetzungen mit Frauen überhören Männer häufig die Beziehungsbotschaften und konzentrieren sich auf den Sachaspekt. Was in den Ohren der Frauen bezuglos klingt, empfinden Männer oft als logisch.

Natürlich suchen auch Männer das Gespräch, um einen Konflikt durch das Miteinanderreden zu bereinigen. Diese männlichen Gespräche haben jedoch eine andere Bedeutung. Das Gespräch, vom männlichen, mythologischen Standpunkt aus gesehen, unterscheidet sich von den Vorstellungen, die Frauen sich über die Natur eines Gespräches machen. Es geht weniger darum, einander kennenzulernen, seine Betroffenheit zu zeigen und die Psychologie des Gegenübers zu ergründen, sondern darum, Positionen, Meinungen, Interessen und Hierarchien festzusetzen. Es geht um eine Auseinandersetzung innerhalb eines Systems. Welche Stellung hat der andere im System inne? Bin ich besser oder schlechter positioniert? Die Hinwendung zur Sache oder zum gemeinsamen Mythos steht im Vordergrund, und nicht das Interesse an der Person. Die Sache, das Thema oder die Aufgabe dominiert aus der Sicht des Mannes; Frauen empfinden dieses Denken oft als störend und gefühllos. In der Betonung der Sache zeigt sich die mythische Ausrichtung des Mannes. Da sie immer wieder die Hingabe an einen der großen Mythen, die den öffentlichen Raum oder das Berufsfeld besetzen, suchen, brauchen sie die mythische Substanz, die durch die Auseinandersetzung mit dem betreffenden »heiligen Bezirk« auf sie übergeht. Sie sehen sich als ABB-Manager, als Siemens-Angestellter oder Mitglied der Gewerkschaftsbewegung. Männer bringen deutlich weniger Verständnis für die Psychologisierung eines Problems auf. »Was ich persönlich will, ist unwichtig, es geht um die Interessen der Arbeitgeber!« Die unterschiedliche Ausrichtung von Mann und Frau hat zur Folge, daß bei vielen aktuellen Fragen der Politik psychologische Vorstellungen auf mythologische Bilder prallen. Oft können sich die Geschlechter gar nicht verstehen. In vielen Ehen beschränkt sich das Gespräch auf die sieben Minuten pro Tag, die das durchschnittliche Ehepaar nach sechs Ehejahren miteinander redet. Nachdem das fremde Geschlecht ausgeforscht und »bekannt« ist, verschwinden die gemeinsamen Themen. Die Geschlechter stehen in ihrem eigentlichen Wesen einander gegenüber und merken, daß sie verschiedene Sprachen sprechen, andere Interessen pflegen und unterschiedliche Phantasien haben. Die Gefahr ist, daß die Verschiedenartigkeit geleugnet und statt dessen gegenseitig böser Wille unterschoben wird.

Wie erwähnt, wird in der analytischen Psychologie von Polaritäten gesprochen. Wir tragen, ob wir männlichen oder weiblichen Geschlechts sind, immer auch den geschlechtlichen Gegenpol in uns. Der Mann trägt seinen weiblichen Seelenteil, die Anima, in sich, die Frau verfügt mit ihrem Animus über einen entsprechenden männlichen Seelenteil. Das Männliche und Weibliche bilden zusammen eine Synthese, befruchten sich.

Diese Sichtweise ist psychologisch gesehen sicher richtig. Männliches und Weibliches können sich befruchten. Die Idee der »wechselnden Komplementaritäten«[2], bei der Mann und Frau sich ergänzen sollen, trifft jedoch nur einen Teil der seelischen Dynamik und Ausrichtung der Menschen. Nach diesem Modell übernimmt weder das Männliche noch das Weibliche die Führung, sondern durch die konstante, fruchtbare Auseinandersetzung bringen wir in jeder Situation sowohl das Männliche als auch das Weibliche ein. Diese Vorstellung betrachtet das Männliche und das Weibliche jedoch nicht als existentielle Daseinsformen, sondern sucht die Übereinstimmung. Das Männliche und das Weibliche sind jedoch grundsätzlich verschieden. Nicht alles läßt sich in die Yin-Yang-Polarität aufnehmen. Der Mann strebt nach Grandiosität innerhalb eines Mythos, die Frau sucht Bestätigung, Intimität und den Einsatz bei einem ihr persönlich wichtigen Thema. Wenn Männer sich mit Frauen auseinandersetzen, droht immer wieder ein breiter Graben aufzureißen. Können sie keine gemeinsame Ebene finden, beispielsweise durch ihre Intelligenz oder durch die Erotik, so droht entweder der Mann oder die Frau ins Abseits zu geraten.

Alte Rollenverteilung

Gesellschaftlich wurden die Unterschiede zwischen Mann und Frau aufgenommen, indem dem jeweiligen Geschlecht spezifische Herrschafts- und Wirkungsbereiche zugeteilt wurden. Eine Rollenverteilung wurde vorgenommen, die Frauen und Männern bestimmte Aufgaben zuschrieb. Nach dieser traditionellen und in vielen Kulturen gepflegten Aufteilung sind die Männer für den äußeren Raum, die Öffentlichkeit zuständig. Der klassische Patriarch ist Inhaber einer öffentlichen Rolle, während sich die Frau um den privaten Bereich kümmert. Er hat eine Funktion im öffentlichen Leben, sei es als Anwalt, Polizist, Verkäufer, Lehrer, Straßenarbeiter oder Betrüger. Die existentiellen Unterschiede begründeten die Zuweisung verschiedener Wirkungsbereiche. Oft versuchte der Mann die Frau auch im privaten Raum zu beherrschen. Daß der Mann gemäß dieser Rollenzuweisung jedoch im außerhäuslichen Bereich immer auch die machtvollere Position innehatte, beruht auf einem Mißverständnis. Wenn sich ein Mensch im Licht der Mythen, die den öffentlichen Raum besetzen, definiert, erscheint er mächtig oder schwach. Der öffentliche Raum operiert mit Begriffen wie »Stellung«, »Position«, »Ruhm«, »Ehre« oder »anerkannte Macht«. Die Funktion, die jemand im öffentlichen Raum einnimmt, wird identifiziert. Damit wird der Wirkungs- und Einflußbereich festgelegt. Der Bürgermeister gebietet über seine Beamtenschaft, der Chefarzt herrscht über seine Klinik, der Filialleiter über seinen Laden, doch außerhalb dieser Einflußbereiche hat der Betreffende nichts zu sagen. Im privaten Bereich überlappen sich die Einflußzonen und sind darum schwerer zu erkennen. Eine Mutter beeinflußt ihre Kinder, auch wenn diese Macht- und Positionsträger im öffentlichen Raum sind. Da im privaten Raum Macht über Beziehungen und Bekanntschaften ausgeübt wird, ist die Wirkungsweise schillernder und unfaßbarer. Meist fehlt die öffentliche Betitelung, da wir psychologische Einflußsphären gar nicht identifizieren und aussondern können. Der persönliche Einfluß bleibt unerkannt, während wir im öffentlichen Raum unsere Tätigkeit vom gesamtgesellschaftlichen Auftrag oder einer zugeschriebenen Position ableiten. Wenn sich ein Mann zum Familienoberhaupt deklariert, betont er dadurch seine Stellung im öffentlichen Raum. Doch auch wenn er sich als »Herr des Hauses« sieht, muß das nicht immer heißen, daß er die eigentliche Macht im privaten Bereich in Händen hält. Die Bezeichnung stammt aus der männlichen Perspektive, die in der Familie die »Keimzelle« des Staates sieht und Identifikationsgestalten für den öffentlichen Raum braucht. Die Bezeichnung »Familienoberhaupt« deutet auf einen kollektiven Familienmythos hin, ob das Oberhaupt jedoch wirklich die Psychologie der Familie bestimmt, ist damit nicht gesagt. Als »Familienoberhaupt« partizipiert der Betreffende an den Vorstellungen und Ideen, die der Staat oder die Gesellschaft auf die Familie projiziert, zu Hause hat er damit jedoch noch nicht das Sagen. Für das Beziehungsnetz innerhalb der Familie ist diese Rollenzuschreibung sogar weniger wichtig, da sich die Herrschaftsbereiche im privaten Bereich der öffentlichen Funktionszuschreibung entziehen.

Auch der öffentliche Raum kannte lange Zeit Bereiche, die dem Mann, und solche, die der Frau zugewiesen wurden. Restaurants und Bars waren Männern vorbehalten. Frauen pflegten soziale Kontakte in kulturellen oder karitativen Organisationen, im familiären Beziehungsnetz und wurden ins Haus verbannt. Auch die Berufswelten wurden nach Geschlechtern eingeteilt. Der Gang zur Arbeit war für die Männer gleichzeitig ein Eintritt in eine männliche Domäne. In ihrer Berufswelt zelebrierten sie ihre Grandiositäten und umgaben sich mit den nötigen Attributen. Das Berufsfeld bot die Gelegenheit, sich aus den Klauen der Psychologie zu befreien. In ihrer Vorstellung partizipierten diese Männer an der Welt der Mythen und glaubten, an der Lösung der großen Aufgaben unserer Zivilisation beteiligt zu sein. Hut, Kleidung, Büro oder Fahrzeug verrieten die eigene Position in diesem öffentlichen Lebensbereich. Die Zuweisung verschiedener Lebens- und Wirkungsbereiche für Männer und Frauen kennen wir auch aus der Ethnologie. Die meisten Kulturen kennen getrennte Arbeits- und Lebensbereiche. Frauen sind für das Sammeln von Holz zuständig, müssen das Feuer entfachen, Männer widmen sich der Jagd oder dem Hüttenbau.

Die moderne Durchmischung

Wir haben es uns zur Aufgabe gemacht, diese verschiedenen Wirkungs-, Arbeits- und Auftrittsbereiche aufzuheben. Es ist das Verdienst der Emanzipationsbewegung, daß unsere Gesellschaft weniger spezifische Territorien kennt, die einem Geschlecht vorbehalten sind. Es soll keine Domänen geben, die ausschließlich den Männern vorbehalten sind, und keine Tätigkeit, von der man aufgrund des Geschlechts ausgeschlossen wird. Die klassische Arbeitsteilung wurde aufgehoben. Frauen streben nach Selbstverwirklichung im Beruf und lassen sich nicht auf eine Rolle fixieren. Die ausgegrenzten Zonen, die den Männern vorbehalten waren, werden aufgehoben. Unser Ideal ist die Gesellschaft, in der alles allen offen und zugänglich ist. Das Geschlecht darf nicht diskriminieren und verhindern, daß ein Mensch sich nach seinen Interessen, seiner Berufung oder seiner Neigung entwickelt. Diese Gleichberechtigung betrifft natürlich auch die Politik, die klassische Männerdomäne. Frauen sollen politisch wirksam sein und leitende Stellungen im Staat anstreben. Die Wirtschaft soll sich den Frauen öffnen, indem kein

Arbeitsbereich oder keine Stellung nur einem Geschlecht zugänglich sein darf. Die Durchmischung wird gefordert, sei es in der Armee oder im oberen Management. Wir haben uns dazu entschlossen, die geteilte Gesellschaft zu überwinden, und streben nach einer Gesellschaft, in der es keine geschlechtlichen Schranken und Aufgabenteilungen mehr gibt. Männer und Frauen sollen gleichberechtigt sein.

Dieser Schritt in Richtung geschlechtsneutraler Gesellschaft ist richtig und mutig. Erst die Zerstörung von geschlechtsbezogenen Konventionen, Vorschriften und Rollenerwartungen ermöglicht es Männern wie Frauen, sich gemäß ihren Fähigkeiten und Neigungen eine Aufgabe im Leben zu suchen. Es geht nicht an, daß einer Frau eine Tätigkeit verboten wird.

Die Gegensätze bleiben

Wir müssen jedoch realisieren, daß die Aufhebung der geschlechtlichen Diskriminierung das Problem Mann – Frau nicht löst. Trotz der Öffnung der Männerdomänen für die Frauen, der Zulassung der Frauen im öffentlichen Bereich und der Männer im privaten, bleiben die Gegensätze bestehen. Auch wenn Männer sich der Erziehung und der Krankenpflege widmen und Frauen Politikerinnen, Soldatinnen oder Professorinnen werden, prallen die Unterschiede der Geschlechter aufeinander. Sie drücken sich jedoch anders aus. Auch wenn sich Männer und Frauen denselben Aufgaben zuwenden und in denselben Lebensbereichen bewegen, so stehen sich immer noch verschiedenartige Wesen gegenüber. Das Grunddilemma bleibt, auch wenn Frauen inzwischen als Pilotinnen, Kranführerinnen, Politikerinnen, Lokomotivführerinnen oder Bankangestellte tätig sind. Der Wesensunterschied zwischen Mann und Frau löst sich nicht in Luft auf, wenn beide das gleiche tun, er läßt sich nicht durch gesellschaftliche Maßnahmen wie Quotenregelungen aus der Welt zaubern. Durch den vermehrten Einbruch von Frauen in Männerberufe wird das weibliche Denken gegen das männliche prallen, weibliche Wahrnehmungen werden männlichen Eindrücken gegenüberstehen.

Die Auseinandersetzung zwischen Männlichem und Weiblichem ereignet sich heute im öffentlichen wie im privaten Raum. Die Unterschiede werden nicht mehr nur durch verschiedene Territorien und Wirkungsbereiche markiert, sondern manifestieren sich in allen Lebensbereichen. Männliches und weibliches Denken konkurrieren in Politik, Bildung, Familie und Wirtschaft. Da die Geschlechterapartheid aufgehoben ist, müssen sich heute Männer direkt mit weiblichem Denken auseinandersetzen und Frauen das männliche studieren. Vielleicht wird sich dadurch der Geschlechterkampf intensivieren und müssen neue Formen des Kampfes zwischen Männern und Frauen gefunden werden. Da sich zwei grundlegende Auffassungen gegenüberstehen, wird sich nicht immer eine Einigung zwischen den Geschlechtern finden lassen und ein gemeinsamer Weg beschritten werden können. Die verschiedenartigen seelischen Ausrichtungen werden um so deutlicher, je mehr es sich um existentiell wichtige Herausforderungen handelt. Die höfliche Distanz wird zusammenbrechen, und die Gleichheitsrhetorik wird vergessen, wenn ein Mann das Gefühl hat, durch eine Forderung werde an den Grundlagen des Staates gerüttelt, oder die Frau eine Auffassung eines Mannes als herzlos empfindet. Vielleicht fürchten sich Männer, wenn psychologische Authentizität und Betroffenheit zu entscheidenden politischen Kriterien werden und komplexe Fragen mit Hilfe von Metaphern aus dem persönlichen Leben erfaßt werden. Sie vermissen den Sinn für die großen Aufgaben der Zeit, die Begeisterung für grandiose Lösungen und den Mut zur Einseitigkeit. Frauen hingegen werden Sachzwänge und kühle

Analysen kritisieren. Da das männliche Denken dem weiblichen widerspricht, kommt es zu Auseinandersetzungen. Bis das hehre Ziel der *Durchmischung der beiden Positionen* möglich wird, muß ein langer, beschwerlicher Weg beschritten werden.

Frauen merken, daß ihnen verschiedene Bereiche des öffentlichen Lebens fremd sind. Sie mögen sich noch so sehr engagieren und Positionen anstreben, es bleibt das leise Gefühl, daß die Abläufe, der Denk- und Arbeitsstil ihnen nicht entsprechen. Sie bewegen sich in einem »fremden Territorium«[3]. Wieso verlaufen Sitzungen immer strikt nach den Traktanden? Es ist von Gleichberechtigung die Rede, doch der neue Raum bleibt ungemütlich. »Ich kann mich doch nicht in einer Arbeitsgruppe für ein Thema einsetzen, das mich nicht wirklich interessiert. Wieso muß ich mich entscheiden, wenn beide Positionen mich überzeugen?« Vielleicht wird sich das Gefühl von Langeweile und Entfremdung einschleichen. Die unterschiedliche seelische Ausrichtung bricht bei konkreten Fragen durch, bei der Erledigung von Aufgaben und Pflichten innerhalb eines Berufsfeldes. Die verbale Hochschätzung der Frauen, die Männer beteuern mögen, stellt sich als hohle Rhetorik heraus, wenn während einer Sitzung Frauen immer wieder unterbrochen und gewisse Argumente überhört werden. Im mythisch besetzten öffentlichen Bereich hat die Psychologie Schwierigkeiten, sich durchzusetzen. Versucht eine Frau im Parlament aus persönlicher Betroffenheit zu argumentieren, nennt Vorfälle aus dem eigenen, privaten Lebensbereich, so hören Männer bestenfalls freundlich zu, sie lassen sich jedoch durch solche Argumente kaum überzeugen: »zu persönlich«, »zu emotional«. Wenn Frau Thatcher die Staatsausgaben Großbritanniens mit Begriffen aus ihrem Haushaltsbudget zu erfassen suchte, wurde dies von verschiedenen »Fachmännern« als recht kurios empfunden. »Wie kann man ein so komplexes Gebilde wie den Staat mit der privaten Haushaltsführung vergleichen!« wurde moniert. Komplizierte Analysen, gespickt mit Zitaten von Autoritäten im entsprechenden Fachgebiet, wären ihnen lieber gewesen. Argumente aus dem privaten Lebensbereich lassen sich schwer einem Mythos zuordnen. Ist das nun marktwirtschaftlich, sozialistisch oder interventionistisch gedacht, wenn gefordert wird, daß nur gekauft werden soll, was man auch »in der Wohnung braucht«?

Die weibliche Neigung, Verständnis für beide Seiten zu zeigen, wird als Schwäche interpretiert. Für Ambivalenzen gibt es im öffentlichen Raum keinen Platz. Mythische Muster sollen zelebriert und nicht persönliche Prozesse dargestellt werden. Das Persönliche gilt es abzuspalten, damit der entsprechende Mythos die Führung übernimmt. Wir sprechen über die Bedeutung »der Mobilität«, die Notwendigkeit »des Moorschutzes« oder die Bedeutung »der Sexualität« und nicht darüber, ob ich ein Auto besitze, oder über das eigene Sexualleben. Männern fällt es gemäß ihrer mythischen Ausrichtung leichter, sich einem Thema hinzugeben, das Persönliche zurückzunehmen und innere Skepsis zu überwinden. Im öffentlichen Raum glauben Männer, »daß ihre Art, an die Dinge heranzugehen, nicht nur die richtige, sondern die einzige überhaupt ist«.[4] Objektive Argumente zählen, und Fakten werden zitiert. Im öffentlichen Raum imponieren die Männer oder Frauen, bei denen eine Position erkennbar ist und die sich ideologisch einordnen lassen. Männer identifizieren solche Gestalten mit den Mythen, die für sie gültig sind und mit denen sie den öffentlichen Raum besetzen. Für Frauen ist es aufgrund ihrer psychologischen Ausrichtung schwieriger, sich in diesem mythisch besetzten Raum durchzusetzen. Psychologie hat im Außenraum einen schweren Stand, da der männliche, mythische Diskurs dominiert. »Objektives« wird diskutiert, »persönliche Stellungnahmen« künden meistens den Rückzug aus dem öffentlichen Raum an.

Die Orientierung an der Psychologie macht es Frauen schwieriger, mit Kritik im öffentlichen Raum umzugehen. Werden sie, ihre Arbeit oder ihre Meinung kritisiert, so nehmen sie diese Angriffe durch das psychologische Raster wahr. Die Kritik wird als Angriff auf die eigene Person erlebt. Sie sind gekränkt und verletzt. Da die mythische Ausrichtung weniger ausgeprägt ist, wird die Auffassung des Gegners nicht als Kritik am Mythos verstanden, sondern als persönlicher Angriff. Frauen fühlen sich nicht als Repräsentantinnen eines Mythos, sondern haben das Gefühl, sich persönlich zu engagieren.

Die Äußerungen und Aktivitäten der Frauen im öffentlichen Raum lösen bei Männern oft Ärger aus. Zwar ist weibliches Denken durch die persönliche Färbung immer auch faszinierend und belebend, doch im öffentlichen Diskurs hat Persönliches keinen Platz. Die weibliche Position ist für viele Männer irritierend, da sie sich nicht an den abgesteckten Diskussionsrahmen des mythischen Kanons hält. »Wir diskutieren über Verkaufsstrategien, die sich in den Vereinigten Staaten bewährt haben, und nicht über die Erfahrungen eines Schwagers mit diesem Produkt!« Die persönlich gefärbten Stellungnahmen empfinden Männer rasch als irrelevant, obwohl diese Argumentationsweise an intellektueller Schärfe und geistiger Brillanz der männlichen Rede überlegen sein kann. Bei persönlichen Diskussionen vermissen Männer die Spannung, die durch das Reden über Mythen erfolgt. Unbewußt wollen sie, daß die Disjunktion auflebt. Sich gegenseitig zu kritisieren, Positionen zu beziehen, zu bewerten und anzugreifen ist nicht möglich, wenn jemand Argumente und Metaphern aus dem persönlichen Bereich bezieht und Kritik persönlich auffaßt. Für Männer ist weibliches Denken irritierend, da es nicht zu den großen Lösungen und Antworten zu führen scheint und keinen Platz für unpersönliche Kritik läßt. Sie haben das Gefühl, man bleibe in den Ambivalenzen stecken. Die Entscheidungsfreude und der Mut zur Einseitigkeit fehlen, wenn das Persönliche und die Harmoniesuche die Richtschnur sind.

Aus diesen Gründen sind auch Karrieren im öffentlichen Raum für Männer einfacher. Sie sind weniger durch Privates, durch die Psychologie gebunden, sondern sehen ihren Einsatz für das Ganze. Innerliche Skrupel wegen der Familie, den Kollegen am Arbeitsplatz oder der persönlichen Motivation kennen sie weniger. Da eine Karriere eine versteckte Hingabe und Unterordnung an einen bestimmten Mythos sein kann, fällt es Frauen schwerer, den Sinn solcher Anstrengungen einzusehen. Wieso soll ich mein Leben der Maschinenfabrik opfern? Wieso soll ich meinen jetzigen Arbeitsplatz, wo ich mich wohl fühle und nette Kollegen habe, gegen eine höhere Position eintauschen, durch die mein Partner und meine Familie zu kurz kommen? Der menschliche Faktor hat ein stärkeres Gewicht.[5] Die Ausrichtung auf Beziehungen hat zur Folge, daß psychologische Implikationen bei Karriereschritten ein Hindernis sein können. Es wäre ihr unwohl, wegen des Karrieresprungs ein anderes Speiserestaurant besuchen oder ein Büro in einer anderer Etage beziehen zu müssen.[6] Eine Neu-Positionierung innerhalb der Firma bedeutet auch Veränderungen im persönlichen Beziehungsfeld. Während Männer sich von neuen, höheren Positionen neue Grandiosität erhoffen und vom Gefühl getragen werden, sich einer höheren Sache zu widmen und einen Schritt näher bei der Quelle des Mythos zu sein, stellt sich bei Frauen rasch das Gefühl der Anmaßung ein und die Angst vor Veränderungen im persönlichen Beziehungsnetz: »Was werden meine Kollegen von mir denken?«

In einer Abteilung einer größeren Firma wurde eine Mitarbeiterin von der Firmenleitung als Abteilungschefin empfohlen. Die Frau bat um Bedenkzeit, während der sie mit allen Mitarbeitern ein persönliches Gespräch führte, um zu erfahren, was es für die anderen bedeutet, wenn sie die Chefin wird. Dieses Verhalten wurde von der Firmenleitung prompt als »Führungsschwäche« ausgelegt. Auch die Bundesrätin Ruth Dreyfuß suchte als erstes den Kontakt zu ihren Mitarbeitern, als sie ihr Ressort übernahm. Es war ihr wichtig, die Abteilungsleiter, die Sub-Chefs und Angestellten bis zum Putzpersonal kennenzulernen. Sie betrachtete den Dialog und die Beziehung zu ihnen als Grundlage ihrer Arbeit. Etliche dieser Bundesangestellten waren erstaunt und positiv überrascht über diesen Schritt, hatten sie doch bisher unter diversen Ministern gearbeitet, ohne sie je persönlich zu Gesicht zu bekommen.

Durch die Emanzipation der Frauen verändert sich der öffentliche Raum. Ins mythische Umfeld dringt psychologisches Denken. Neue Metaphern aus dem privaten Raum werden eingeführt. Man spricht von Authentizität, Betroffenheit, Beziehung und bedient sich der Argumente aus dem persönlichen Lebensraum. Diese Durchmischung zweier vormals getrennter seelischer Positionen führt zu Mißverständnissen und Schwierigkeiten, kann jedoch auch als Chance verstanden werden. »Weibliches Management«, das weniger hierarchisch, sondern teamorientiert vorgeht, ist in den Vereinigten Staaten ein anerkanntes Führungsmodell. Das gleiche gilt für den privaten Raum. Änderungen ergeben sich, wenn männliches Denken diesen Raum beeinflußt. Ein Haushalt, der von einem Mann geführt wird, sieht anders aus als der einer Frau. Männer organisieren die Arbeit anders, reagieren anders auf die Kinder und gestalten den Tagesablauf anders. Oft bereitet es ihnen Schwierigkeiten, all die tausend Details des Haushaltes seelisch zu besetzen, ihnen Bedeutung zu geben. Während für die Frau der private, unmittelbare Lebensbereich als Symbol für das eigene weibliche Zentrum erlebt wird, will der Mann sich auch hier mythisch inszenieren. Er will sich nicht den Details des Haushaltes oder den Notwendigkeiten des Tagesablaufes widmen, sondern diese Dinge haben sich ihm zu fügen. Die Idee, das Projekt oder der eigene Plan steht im Vordergrund,

und nicht die konkreten Notwendigkeiten des Haushaltes oder der Familienpflege. Er sucht Spannung und existentielle Herausforderungen. Ein chinesisches Essen zuzubereiten begeistert ihn, tagtäglich das Chaos in der Küche aufzuräumen macht ihm dagegen Mühe, wenn es aus einer persönlichen Motivation heraus erfolgen soll. Natürlich sind die tagtäglichen Arbeiten und Pflichten im Haushalt für jeden Menschen lästig und langweilig. Niemand putzt gerne immer wieder die Wohnung oder sorgt tagtäglich für den Einkauf. Hier soll nicht behauptet werden, daß ein Geschlecht für solche mühsamen Arbeiten prädestiniert sei. Männer packen solche Arbeiten jedoch grundsätzlich mit einer anderen Einstellung an. Wenn Männer den privaten Raum gestalten, verändert er sich. Nicht die Detailpflege und die Freude an der Gestaltung des persönlichen Umfeldes stehen im Vordergrund, sondern die mythische Gegensatzspannung will erlebt werden. Sie tasten den Haushalt nach Herausforderungen ab, für die sie all ihre Kräfte und Phantasie mobilisieren müssen. Frauen ärgern sich, vermuten eine böse Absicht, wenn der Partner, statt das Geschirr in die Küche zu tragen, eine Pergola installiert, statt im Wohnzimmer staubzusaugen, den Weinkeller einrichtet oder mit der Tochter über ihre Berufsmöglichkeiten als Lehrerin spricht, statt mit ihr die Hausaufgaben zu erledigen. Wenn Männer sich dem privaten Bereich widmen, wollen sie ihn gemäß ihrer mythischen Einstellung gestalten. Positionen werden markiert, Regeln eingeführt, Aufgaben und Pflichten verteilt. Männer suchen die Auseinandersetzung, durch die sie ihr Tun in einem größeren Kontext erleben.

Die Durchmischung der Lebensräume, die geschlechtsneutrale Gestaltung des persönlichen und öffentlichen Lebensraumes, bringt Probleme mit sich. Dies heißt nicht, daß wir zur Geschlechterapartheid zurückkehren sollen. Wir müssen uns jedoch überlegen, wie der Geschlechterkampf, die Auseinandersetzung zwischen psychologischer und mythologischer Position, zivilisiert ausgetragen werden kann, ohne daß eine Einstellung unterdrückt wird.

Schlußfolgerungen: neue Rituale

Die erste Konsequenz betrifft die Haltung, die die Geschlechter zueinander einnehmen. Die Andersartigkeit der Geschlechter muß erkannt und respektiert werden. Natürlich ist der Bereich der Übereinstimmung zwischen den Geschlechtern riesig, doch gleichzeitig begegnen sich zwei fremde Wesen. Wenn die Geschlechter einander begegnen, nehmen sie an einer anderen Wahrnehmung der Umwelt teil. Die Ausrichtung auf das Privat-Selbst ist für Männer nicht immer nachvollziehbar, doch gilt es, diese Gewichtung zu respektieren. Vielleicht könnten sie versuchen, aus ihrer weniger entwickelten weiblichen Seite heraus die Frauen zu verstehen, indem sie ihrer eigenen Betroffenheit oder persönlichen Biographie nachgehen. Von Männern wird ein erhöhtes Sensorium für persönliche Befindlichkeiten und Respekt vor weiblichem Kommunikationsverhalten verlangt, wenn Frauen in Männerdomänen eindringen. Die größere Dialog- und Beziehungsbereitschaft darf von den Männern nicht als Unsicherheit oder mangelhafte Überzeugung abgetan werden, sondern als spezifische Form weiblichen Verhaltens.

Für Frauen ist es wichtig, die männliche Art des Denkens und der Wahrnehmung zu erkennen. Viele Frauen neigen dazu, insgeheim zu missionieren. Sie glauben nicht, daß ein Mann anders empfinden, wahrnehmen und denken kann. Sie sind überzeugt, daß er sich ihnen anpassen könnte, wenn er nur wollte, und versuchen, ihm die weibliche Einstellung aufzudrängen. Anstatt Männern Dogmatismus, Einseitigkeit, Dominanzstreben, aggressives Verhalten oder Verständnislosigkeit vorzuwerfen, wenn sie sich im öffentlichen Diskurs und privat mit ihnen auseinandersetzen, gilt es, sie als Mythenerzähler zu betrachten. Es sind meistens nicht sie persönlich, die reden, sondern ein Mythos hat sich ihrer bedient. Die Forderung nach psychologischer Authentizität und persönlicher Betroffenheit ist im mythischen Kontext zweitrangig. Männern muß das Recht zugestanden werden, sich von ihrem Privat-Selbst zu distanzieren und als öffentliche Größe zu inszenieren. Sie wollen sich dem Mythos, einer Sache, einer Leidenschaft, einem Thema hingeben und den persönlichen, privaten Beziehungsraum vergessen. Die Forderung nach Authentizität und persönlichem Bezug nimmt Männern oft die Kraft und den Willen, sich für etwas einzusetzen. Das Leben wird für sie sinnlos, wenn sie ihr Leben ausschließlich aus dem privaten Lebensraum heraus gestalten sollen. Vielleicht hilft es bereits, wenn Frauen die Gegensatzspannung, die Suche nach Dissens als grundlegende männliche Eigenschaft akzeptieren und versuchen, sie auszuhalten. Wenn der Partner die Welt einteilt, über die »bornierten Sozis«, die »machthungrigen Bürgerlichen« oder »die faulen Staatsbeamten« schimpft, so meint er nicht den netten Sozialdemokraten, der nebenan wohnt, sondern er zitiert Metaphern, Bilder aus dem öffentlichen Raum, um die mythische Gegensatzspannung zu erleben.

Die zweite Konsequenz betrifft die Lebensräume. Sowohl Männer wie Frauen brauchen Territorien, die männliche oder weibliche Qualitäten vermitteln. Sie benötigen Rückzugsmöglichkeiten, um sich als Frau oder Mann zu regenerieren. Die Frau braucht den persönlichen, psychologischen Raum, um ihre Weiblichkeit zu spüren, der Mann sein Territorium, um sich als Mann zu erleben. Diese Rückzugszonen können konkret vorhanden sein – Begegnungszentren für Frauen, Frauenbars oder Frauengruppen, Männergruppen, Fußball, Eishockey, Militär oder Jass[7] – oder aber durch Regelungen im privaten und öffentlichen Leben berücksichtigt werden: Nach einem Abendessen teilen sich Männer wie Frauen für kurze Zeit in zwei Gruppen auf. Die Frauen bleiben unter sich, während die Männer in einem anderen Raum debattieren. In England ziehen sich die Frauen nach dem Essen für kurze Zeit in den »Powderroom«[8] zurück. Für Männer wie für Frauen mag es wichtig sein, von Zeit zu Zeit allein zu verreisen und sich nicht um die Ansprüche und Forderungen des anderen Geschlechts kümmern zu müssen. Bei Männern wird dieses Bedürfnis oft durch Geschäftsreisen abgedeckt, während viele Hausfrauen einen weiblich geprägten Alltag erleben. Je stärker sich die gesellschaftlichen Bereiche vermischen, desto häufiger werden Forderungen nach reinen Männer- und reinen Frauenzonen erhoben. Es braucht Zonen, in denen sich Männer gemäß ihrer mythischen Ausrichtung inszenieren können. Ich denke dabei nicht nur an Männergruppen, die sich in der Wildnis Mythen anhören und den »wilden Mann« wachrufen oder in Gesprächen versuchen, ihrer männlichen Seite gewahr zu werden, sondern an Zonen, die in unsere Zivilisation integriert sind. Auch die Koedukation muß wieder Räume für Mädchen und Knaben aussondern.

Die dritte Konsequenz betrifft die Hinwendung zur seelischen Einstellung des anderen Geschlechts. Durch die Frauen erfahren Männer Psychologie, Männer weihen Frauen in Mythologien ein. Frauen spüren die Macht der Mythen »dort draußen« über die Beziehung zu einem Mann, sei es der eigene Vater, Bruder oder der Partner. Durch die persönliche Auseinandersetzung mit dem Vater oder Partner entdecken sie selber die Mythen. Sie definieren sich über eine persönliche Beziehung mythologisch. Der Mythos, an dem der Partner oder Freund partizipiert, ist oft sogar ein Kriterium bei der Frage der Beziehungsaufnahme.

»Als ich meinen Mann zum ersten Mal traf, war er soeben aus Afrika zurückgekehrt. Er hat in Tansania an einem Entwicklungshilfeprojekt mitgearbeitet und nebenbei das Verhalten von Affen studiert. Mich faszinierten seine Erzählungen, durch ihn eröffneten sich mir neue Möglichkeiten, ich spürte in mir den Wunsch, mit ihm in diese Welten aufzubrechen.«

So wie Frauen über Männer zu den Mythen finden, erfahren Männer über Frauen den Wert der Psychologie. Nur die Psychologie befreit den Mann aus seinen jeweiligen Einseitigkeiten. Der Mann muß darum den Wert der Beziehungen, der persönlichen Biographie, des persönlichen Lebensraumes wie auch der Authentizität entdecken, ohne sich aufzugeben oder zu verleugnen. Meist geschieht dies in einer Begegnung mit einer Frau. Die Gefahr dabei ist jedoch, daß das Persönliche anschließend an die Partnerin, Ehefrau oder Freundin delegiert und nur in Auseinandersetzung mit dieser Frau zugelassen wird.

Oft finden Männer auch über persönliche Krisen, Krankheiten, Traumata oder die Abhängigkeit von einer Frau zur Psychologie. Es bedarf eines solchen Vorfalls, damit der Mann realisiert, daß die Welt auch von der Psychologie regiert wird. Durch eine öffentliche Niederlage oder die Trennung von der Partnerin dringt Psychologie ins Leben eines Mannes ein. Das Privat-Selbst erscheint und fordert, daß es auch berücksichtigt wird. Einen solchen Tiefpunkt gilt es als Chance wahrzunehmen, die eigene Psychologie zu entdekken. Viele differenzierte Männer haben diesen Schritt getan, lassen sich nicht nur durch die grandiosen Mythen, an denen sie partizipieren, blenden, sondern versuchen auch den psychologischen Gegenpol zu beachten.

»Ich fuhr mit meinem Wagen von Stuttgart nach Frankfurt. Plötzlich fühlte ich mich in meiner Haut nicht mehr sicher. Ich glaubte mich außerhalb meines Körpers. Angst stieg in mir auf, ich zitterte und mußte bei der nächsten Ausfahrt anhalten. Ich realisierte nach diesem Erlebnis, daß ich mich innerlich verloren hatte. Ich war der Arbeitswut verfallen, hatte nur noch mein Geschäft im Kopf und alles Persönliche, Private vernachlässigt.«

Die vierte Konsequenz betrifft die Rituale, die entwickelt werden müssen, damit eine Auseinandersetzung zwischen den Geschlechtern möglich wird, soziale Verhaltensmuster, dank derer sich Männer und Frauen gegenseitig anhören und intellektuell verstehen lernen. Diese Rituale dürfen jedoch nicht zu eng verstanden werden, sondern eher als Vorhaben, die die Auseinandersetzung erleichtern. Da bei der direkten Konfrontation die Gefahr besteht, daß die Geschlechter sich mißverstehen und gegenseitig beschuldigen, sollten diese Begegnungen über ein *Drittes* erfolgen. Männer und Frauen versuchen über eine gemeinsame Tätigkeit, ein gemeinsames Thema oder Erlebnis zueinanderzufinden. Eine langdauernde, direkte Auseinandersetzung überfordert die Geschlechter. Entfremdungsgefühle, Haß oder Widerstände brechen auf, wenn die primäre Faszination verflogen ist oder die erotische Anziehungskraft schwächer wird. Angesichts der Banalität des Alltags reduziert sich die Kommunikation auf den bekannten Sieben-Minuten-Durchschnitt. Frauen und Männer müssen sich gemeinsam Herausforderungen stellen, damit sie sich gegenseitig verstehen. Die Frau wird das entsprechende Thema weiblich interpretieren, während der Mann es mythisch zu erfassen sucht. Das Ausgerichtetsein auf das gleiche Objekt, die gleiche Aufgabe oder das gleiche Thema ermöglicht jedoch eine gemeinsame Lösung, vorausgesetzt, daß die Andersartigkeit des Gegenübers respektiert wird. Auf diese Weise ist eine gemeinsame Gestaltung des persönlichen Bereiches wie auch des öffentlichen Umfeldes möglich.

Wenn in einer Kommission der Schulbehörde über den Bau eines Schulhauses entschieden werden soll, dürfen nicht nur Pläne studiert, über die Vor- und Nachteile des Air-Conditioners oder eines großen Rasens debattiert werden, sondern wichtig wäre der gemeinsame Besuch von Schulhäusern, die Besinnung auf die eigene Erfahrung als Schulkind und die Berücksichtigung der Meinungen und Erfahrungen der eigenen schulpflichtigen Töchter und Söhne. Nicht nur aufgrund theoretischer Exkurse und des Aktenstudiums, sondern auch aufgrund der Reflexion persönlicher Erfahrungen sollte entschieden werden. Das Persönliche, Psychologische muß neben dem öffentlichen, mythologischen Denken Platz haben. In die Debatten soll weibliches und männliches Denken einfließen und als solches identifiziert werden. Respekt und Höflichkeit sind Werte, die hier unentbehrlich sind. Durch solche Auseinandersetzungen erhöht sich die Chance des *gemeinsamen Wollens*.

Die Zusammenarbeit zwischen Männern und Frauen kann auf die Rituale zurückgreifen, die unsere Kultur bereits entwickelt hat, um Gegensätze zu überwinden: das gemeinsame Mahl, bei dem sich ein Raum konstelliert, wo Verschiedenheiten zugelassen werden. Der Wein, die Tischsitten und das Essen vermitteln die Chance, sich als Mann bzw. Frau vor dem anderen Geschlecht darzustellen. In den westlichen Kulturen, wo Männer und Frauen nicht getrennt essen, hat sich das Mahl als Zusammenführungsritual etabliert. Zwei fremde Wesen können zueinanderfinden und sich studieren. Ein weiteres Ritual, in dem Annäherung gelebt werden kann, ist das Reisen. Auslandsreisen gehören zu den Hauptbeschäftigungen während der freien drei oder vier Wochen im Jahr. Durch eine Reise in die Fremde entfernt man sich sowohl vom persönlichen Umfeld als auch vom mythischen Raum, in dem man sich sonst bewegt. Der Reisende begibt sich in die seelische Isolation, auch wenn er von der fremden Kultur, Landschaft oder den fremden Lebenssitten fasziniert ist. Diese seelische Einsamkeit in der Fremde ist eine Chance, wie Männer zur Psychologie, Frauen zur Mythologie finden. Das gemeinsame Reisen ermöglicht eine vertiefte Auseinandersetzung zwischen den Geschlechtern. Das fremde Umfeld ermöglicht Männern wie Frauen, sich gemäß ihrer seelischen Ausrichtung darzustellen. Vordergründig widmet sich das Paar der fremden Kultur, in Wirklichkeit wird diese benützt, um die eigenen seelischen Bilder zu plazieren. In der unbekannten, unheimlichen oder faszinierenden Umwelt präsentiert sich ein Gefäß, das sowohl mythologisch wie auch psychologisch gefüllt werden kann.

Weitere Rituale, die einen zivilisierten Geschlechterkampf ermöglichen, müssen entwickelt werden. Die Frage nach den notwendigen Veränderungen unserer politischen Kultur, des Parlamentarismus, des Regierungs- und Wirtschaftssystems stellt sich. In die Politik muß eine andere Sprache einkehren, Entscheidungen müssen anders gefällt und die Strukturen verändert werden, damit der männliche und weibliche Diskurs möglich wird. Im Management, in der Politik wie auch der Wissenschaft werden neue Formen des Denkens und der rituellen Auseinandersetzung der Geschlechter entstehen müssen, damit der Gegensatz der Geschlechter ausgetragen wird, ohne daß es wieder zu einer Geschlechterapartheid, zur Rollenzuweisung nach Geschlecht oder zur Privilegierung eines Geschlechts kommt.

Anmerkungen

Der Mann – ein Defizitwesen?

1 Gambaroff 1989, p. 81
2 Kloehn 1981, p. 115
3 Wieck 1988, p. 61
4 Glogger 1992, p. 14
5 Wieck 1988, p. 64/65
6 Gysling 1993, p. 141ff
7 Lauster 1990
8 Zinkin 1992, p. 122
9 siehe Lauster 1990
10 Aussage einer Frau in Gambaroff 1989, p. 77
11 Kneissler 1984
12 Meth/Pasick p. 82
13 Freud & Breuer 1895
14 Freud, Sexualtheorien, p. 167
15 ebenda p. 167
16 ebenda p. 168
17 Freud 1925, p. 30
18 Drei Abhandlungen zur Sexualtheorie, 1904-1905
19 Totem und Tabu, 1913
20 Rhode-Dachser 1991
21 Vogt 1986, p. 29
22 Jung, GW 7, p. 226
23 Jung, GW 6, p. 507
24 Jung, GW 12, p. 75
25 ebenda p. 79
26 ebenda p. 93
27 Hillman 1985, Samuels 1989,
28 Samuels 1989
29 Zinkin 1992, p. 123
30 Jung, GW 9/1, p. 16

Vom Mythos erfaßt in Nation, Kultur, Berufswelt und Familie

[1] A. Miller 1980, p. 169ff
[2] U. Wirtz 1989
[3] R. Lempp 1984
[4] M. Klein 1932
[5] A. Miller 1980
[6] J. Bowlby 1975
[7] H. Kohut 1973
[8] R. Spitz 1967
[9] J. Hillman 1986
[10] 1977, p. 242, deutsch: Autor
[11] K. Hübner 1989, p. 33
[12] H. Zimmer 1981, p. 94ff
[13] A. Rosenberg 1930
[14] Krockow 1990, p. 189
[15] Cesana 1991, p. 42
[16] ebenda p. 45
[17] Marquard 1981 p. 83
[18] Drewermann 1992, p. 48
[19] Jung, GW 9/1, p. 168
[20] Aborigines in Flinders Ranes, Südaustralien
[21] Cowan 1992, p. 72ff
[22] K. Jaspers 1981
[23] K. Hübner 1985
[24] Cowan 1992, p. 57
[25] zit. nach P. Hollander 1981, p. 138
[26] Kirk 1970, p. 8
[27] A.S. Neil 1969, p. 115
[28] Geo-Special, Nr 6/1991, p. 103
[29] Henning 1987, p. 55
[30] A. Guggenbühl 1991
[31] Krockow 1990, p. 120
[32] zit. nach Krockow 1990, p. 182
[33] ebenda p. 162
[34] Shoham 1982
[35] der schöne Prinz
[36] Mackie 1964, p. 274f
[37] Ure 1988
[38] Haferbrei
[39] Englert-Faye 1967, p. 151
[40] Widmer 1971, p. 67
[41] Englert-Faye 1967, p. 151

42 Englert-Faye 1967, p. 45
43 Englert-Faye 1967, p. 261
44 Englert-Faye 1967, p. 99ff; siehe auch Guggenbühl-Huber, 1967 p. 57 ff
45 Guggenbühl-Craig 1992, p. 103ff
46 Hollenweger 1982, p. 68f
47 Lukas 16,19
48 siehe auch Kadinsky 1969
49 Schwarzenau 1984
50 ebenda p. 23
51 Kay 1902, p. 110
52 Rousseau 1985, p. 9
53 Neil 1970
54 Mallet 1987
55 Miller 1980
56 Guggenbühl 1993
57 unter anderem Friedrich Glauser, Meret Oppenheimer, Alois Cariget, Wolfgang Pauli, Paul Hartmann
58 Ralph Glasser 1986
59 Hübner 1985, p. 159
60 Waters 1975, p. 194f
61 Bericht des Rolling-Stone-Magazin vom 20. September 1969
62 Thomas Hämmerli in NZZ Folio 7, Juli 1993
63 Leonardo da Vinci
64 Hillman 1990
65 siehe Eliade 1989, p. 475f

Banden, Gewalt und Sehnsüchte

1 siehe Grabrucker 1987
2 Ausubel 1974, p. 401
3 Hagemann-White 1984
4 Grabrucker 1987
5 Grabrucker 1987
6 Degenhardt 1980 p. 396ff
7 Moir / Jessel 1990, p. 84–85
8 so in der Stadt Zürich 1992
9 Moir / Jessel 1990 p. 78ff
10 Gilligan 1982
11 Chodorow 1985
12 Grabrucker 1987, p. 249
13 Allemann-Tschopp 1979

14 Konner 1983
15 Durden-Smith et de Simone 1983
16 Schnack & Neutzeing 1992, p. 104ff
17 Enders-Dragässer 1989
18 Jung, GW 10, p. 353
19 Jung, GW 8, p. 367f
20 Eva Stäbler 1987, p. 103
21 ebenda p. 106
22 H. Kohut 1973, p. 226
23 Gilmore 1991, p. 242
24 ebenda p. 243
25 ebenda p. 118
26 Gennep 1981, p. 78
27 ebenda p. 79
28 Campbell 1983, p. 138ff
29 Büttner & Dittmann 1992
30 Guggenbühl 1991, 1992 & 1993
31 Morris 1988
32 von Homeless Boy: ein Kind, das ohne elterliche Betreuung in einem Ghetto aufwächst und sich mit anderen zu einer Bande zusammenschließt
33 Minderung des Bewußtseins
34 Kloehn 1981, p. 63
35 siehe Guggenbühl 1993
36 Enders-Dragässer & Fuchs 1989
37 Wawrzyniak 1959
38 Frasch & Wager 1982

Die Grandiosität des Mannes

1 »The anatomy of myth is the anatomy of the men who believed in it and suffered by it«
2 »A prelude of our time«, 1955
3 Schneider, W. 1992, p. 156
4 ebenda p. 290
5 Bleuler 1979, p. 53
6 Tölle 1982, p. 166
7 Brugg 1952, p. 304
8 zit. nach Schneider, W. 1992, p. 227
9 »...a man has to guard himself against taking a thing in general.« Samuel Johnson in Boswell 1980, p. 723

[10] 22. Oktober 1992, DRS 1
[11] Guggenbühl 1990
[12] Prittie, 1973, p. 49
[13] Klostermeier 1968, p. 28f
[14] Davies 1977, p. 51
[15] Wenner 1972, p. 100f
[16] Newsweek, 1980, p. 76
[17] Playboy, Januar 1981, p. 105, Übersetzung: Autor
[18] Benard & Schlaffer 1988
[19] Schneider 1990, p. 126
[20] Hübner 1985, p. 95
[21] siehe ebenda p. 95–105
[22] Cline & Spender 1987
[23] Schneider, W. 1992, p. 158
[24] Gilmore 1991, p. 155
[25] Gilmore 1991, p. 159–160
[26] Moore u. a. 1991, p. 24
[27] Der Tod des Sokrates, CD 38626 Edition Louberg 1992
[28] Dambmann 1990, p. 6
[29] ebenda p. 72
[30] Schneider, W. 1992, p. 18
[31] ebenda p. 17
[32] »A man who has no office to go – I don't care who he is – is a trial of which you can have no conception«
[33] The Irrational Knot (1885–87), p. 18
[34] Dambmann 1990, p. 64
[35] ebenda p. 76
[36] Grasdorf 1987
[37] Gilmore 1991, p. 123
[38] Sekeran 1986
[39] Schneider, S. 1990, p. 130
[40] Kress 1988, p. 51f
[41] siehe Meth/Pasick 1992
[42] Farrell 1975, Goldberg 1976, Meth/Pasick 1992
[43] Dambmann 1990, p. 87
[44] ebenda p. 97
[45] Miles 1991, p. 199f
[46] Pleck & Lang 1978
[47] Storr 1989, p. 36
[48] Storr 1989
[49] Playboy, Januar 1981 p. 101, Übersetzung : Autor, p. 54
[50] Hampl 1965, p. 69
[51] Cowles 1954, p. 397f
[52] Giegerich 1988, p. 75
[53] Hübner 1985, p. 266

Der Schatten der Grandiosität

1 Ariès & Duby 1990
2 Sennett 1983
3 Fischer-Fabian, zit. in Matussek 1993, p. 105
4 Matussek 1993, p. 105f
5 Diebstahl in einer Bankfiliale der Schweizerischen Bankgesellschaft in Chiasso, Schweiz, April 1993
6 Krockow 1993, p. 263
7 siehe: A. Miller 1980
8 Cath 1991
9 Hübner 1985, p. 57
10 Giegerich 1988, p. 33
11 ebenda p. 31
12 ebenda p. 37
13 zit. nach Giegerich 1988, p. 30
14 Gilmore 1991, p. 40
15 Matussek 1993, p. 128
16 Krockow 1991, p. 35
17 ebenda p. 58
18 Sennett 1986, p. 135
19 »Ich bin nicht wie die anderen«, Lied der englischen Rockgruppe The Kinks
20 Carte blanche DRS 1
21 der Kriminologe Robins in R. Miles 1992, p. 276
22 Gemäß Angaben der Bundesanwaltschaft in Bern (Schweiz) entfielen im Jahr 1992 83,1 Prozent der Delikte auf Männer
23 Farin & Seidel 1992, p. 21
24 Märchen aus Lettland, von Beit 1956, p. 463–464
25 von Beit 1952, p. 372–373
26 Krockow 1990, p. 255
27 ebenda p. 260
28 ebenda p. 96
29 Sennett 1983 p. 137
30 Eliade 1989, p. 484
31 Otto 1981
32 Matussek 1993
33 Gelder et. al. 1983, p. 273–274
34 u. a. Gysling 1992, Wieck 1988, Lauster 1990

Im Spannungsfeld zwischen archaischer Wildheit und Überzivilisierung

[1] Rudolf Steiner 1983, p. 7
[2] ebenda p. 9
[3] Alexander Stuart 1992
[4] ebenda p. 67, Übersetzung: Autor
[5] siehe Guggenbühl 1987
[6] Hübner 1985, p. 109f
[7] Ziegler 1979
[8] Jung, GW 18/2, p. 859
[9] The world must be peopled
[10] Robert Bly 1991
[11] aus dem amerikanischen: »Got you«: ich habe dich.

Die Fremdheit zwischen Mann und Frau

[1] siehe Tannen 1991
[2] Jallou in: Mann im Umbruch, p. 188
[3] Hennig & Jardim 1992
[4] ebenda p. 20
[5] Wiederkehr 1985
[6] Hennig & Jardim 1992
[7] populäres schweizerisches Kartenspiel
[8] Bly 1991

Literaturverzeichnis

Allemann-Tschopp, A. **Geschlechtsrollen**, Bern 1979

Ariès, P. & Duby, G. **Geschichte des privaten Lebens**, Frankfurt a. M. 1990

Ausubel, David u.a. **Das Kindesalter**, München 1974

Beit, Hedwig von **Gegensatz und Erneuerung im Märchen**, Bern 1956

Beit, Hedwig von **Symbole des Märchens**, Bern 1952, 7. Auflage 1986

Benard, Cheryl & Schlaffer, Edit **Männer. Eine Gebrauchsanweisung für Frauen**, Reinbek 1988

Bleuler, E. & M. **Lehrbuch der Psychiatrie**, Heidelberg 1979

Bly, Robert **Eisenhans**, München 1991

Boswell, James **Life of Johnson**, Oxford 1980

Bowlby, J. **Bindung**, München 1975

Brugg, Elmar **Spießbürger gegen Genie**, Baden 1952

Büttner, Ch. & Dittmann, M. (Hrsg.) **Brave Mädchen, böse Buben?**, Weinheim 1992

Campbell, Joseph **The way of the animal powers**, Vol. 1, London 1983

Cath, Stanley **Vatersein von der Kindheit bis ins Alter**. In: Friedman, R.M. (Hrsg.) Zur Psychoanalyse des Mannes, Berlin 1991

Cesana, Andreas **Die philosophische Auseinandersetzung mit dem Mythos**. In: Graf, Fritz (Hrsg.) Spiegelungen des Mythos, Seminar für klassische Philologie, 1991, p. 39–50

Chodorow, Nancy **Das Erbe der Mütter**, München 1985

Cowan, James **The aborigine tradition**, Shaftesbury 1992

Cowles, Virginia **Winston Churchill**, München 1953

Cline, S. & Spender, D. **Reflecting Men**, London 1987

Dambmann, Ulrike **Männer fühlen anders**, München 1990

Davies, Hunter **Die Geschichte der Beatles**, München 1977

Degenhardt, Annette **»Über die Genese psychischer Geschlechtsunterschiede«** in: Spiel, W. (Hrsg.), Die Psychologie des 20. Jahrhunderts, Bd.XI. p. 380 – 400, Zürich 1980

Degenhardt, Annette **Der Mann im Umbruch**, Hrsg. Peter Michael Pflüger, Olten 1989^2

Drewermann, E. & Neuhaus, I. **Frau Holle**, Olten 1992

Durden-Smith, J. & de Simone, D. **Sex and the Brain**, London 1983

Eliade, Mircea **Die Religionen und das Heilige**, Salzburg 1989

Enders-Dragässer, U. & Fuchs, C. **Interaktion der Geschlechter**, Weinheim 1989

Englert-Faye, C. **Vom Mythos zur Idee der Schweiz**, Basel 1967

Farin, K. & Seidel-Pielen, E. **Rechts-Ruck, Rassismus im Neuen Deutschland**, Berlin 1992

Farrell, W. **The liberated man**, New York 1974

Faulstich-Wieland, H. **Koedukation - Enttäuschte Hoffnungen?**, Darmstadt 1991

Frasch, H. & Wagner, A.C. **»Auf Jungen achtet man einfach mehr...«** In: Brehmer, I. (Hrsg.) Sexismus in der Schule, Weinheim 1982

Freud, Sigmund **Drei Abhandlungen zur Sexualtheorie**, Wien 1905

Freud, Sigmund **Die psychischen Folgen des anatomischen Geschlechtsunterschieds**, Wien 1925

Freud, Sigmund **Der Untergang des Ödipuskomplexes**, Wien 1924

Freud, Sigmund **Totem und Tabu**, Wien 1913

Freud, S. & Breuer, J. **Studien über Hysterie**, Wien 1895

Gambaroff, Marina **Der Mann im Übergang**. In: Pflüger (Hrsg.) Der Mann im Umbruch, Olten 1989, p. 77–91

Gelder, M. et al. **Oxford Textbook of Psychiatry**, Oxford University Press, Oxford 1983

Gennep, van A. **Übergangsriten**, Frankfurt 1986

Giegerich, Wolfgang **Die Atombombe als seelische Wirklichkeit**, Zürich 1988

Gilligan, C. **Die andere Stimme**, Köln 1984

Gilmore, David D. **Mythos Mann**, Müchen 1991

Glasser, Ralph **Growing up in the Gorbals**, London 1986

Glogger, Helmut-Maria **Der sprachlose Mann**, München 1992

Goldberg, H. **The hazards of being a male**, New York 1976

Grabrucker, Marianne **Typisch Mädchen**, Frankfurt 1987

Grasdorf, Erich **Frau und Karriere**, Hamburg 1987

Guggenbühl, Allan **Der Gymnasiallehrer - Schamane, Zeremonienmeister oder Wissenspauker?** In: Anregung, Zeitschrift für Gymnasialpädagogik, Heft 36, 1990, p. 44–53

Guggenbühl, Allan **Der persönliche Mythos**. In: Graf, F. (Hrsg.) Spiegelungen des Mythos, Seminar für Klassische Philologie, Basel 1991, p. 26–37

Guggenbühl, Allan **Wenn der Teufel los ist** Zürich, NZZ 277, 28. November 1991

Guggenbühl, Allan **Mythenschau oder Tatbestand**. In: Gruppenpsychotherapie und Gruppendynamik, Bd. 26, Heft 4, Februar 1991, p. 329–339

Guggenbühl, Allan **Skateboard, Breakdance und rohe Gewalt**, Zürich, NZZ 145, 25. Juni 1992

Guggenbühl, Allan **Die unheimliche Faszination der Gewalt**, Zürich 1993

Guggenbühl, Allan und Kunz, Martin (Hrsg.) **Prahlerei, Lug und Trug** Zürich 1987

Guggenbühl-Craig, Adolf **Die närrischen Alten**, Zürich 1993

Guggenbühl-Huber, Adolf **Die Schweizer sind anders**, Zürich 1967

Gysling, Andrea **Der grenzenlose Mann**, Zürich 1993

Hagemann-White, C. **Sozialisation: männlich – weiblich?**, Leverkusen 1984

Hampl, Franz **Alexander der Große**, Göttingen 1965

Henning, Günther **Sigmund Freud**, Köln 1987

Hennig, M. & Jardim, A. **Der neue Faktor auf den Chefetagen**. In: NZZ Folio, März 1992, p. 16–20

Hillman, James **Anima, an Anatomy of a Personified Notion**, Dallas 1985

Hillman, James **Mars oder die Liebe zum Krieg und im Krieg**. In: Guggenbühl, A. & Kunz, M. (Hrsg.) Das Schreckliche, Zürich 1990, p. 259 – 286

Hillman, James **Die Heilung erfinden**, Zürich 1986

Hollander, Paul **Political Pilgrims**, Oxford 1981

Hollenweger, W. J. **Umgang mit Mythen**, München 1982

Hübner, Kurt **Die Wahrheit des Mythos**, München 1985

Jaspers, Karl **K. Jasper – R. Bultmann. Die Frage der Entmythologisierung**, München 1981

Jung, C. G. **Symbole der Wandlung**, GW 6

Jung, C. G. **Zwei Schriften über analytische Psychologie**, GW 7

Jung, C. G. **Die Archetypen und das kollektive Unbewußte**, GW 9/I

Jung, C. G. **Die Dynamik des Unbewußten**, GW 8, Olten 1974

Jung, C. G. **Zivilisation im Übergang**, GW 10, Olten 1974

Jung, C. G. **Psychologie und Alchemie**, GW 12, Olten 1974

Jung, C. G. **Das symbolische Leben**, Bad.2, GW 18, Olten 1974

Kadinsky, David **Der Mythos der Maschine**, Stuttgart 1969

Kay, Ellen **Das Jahrhundert des Kindes**, Berlin 1902

Kirk, G. S. **Myth, it's meaning and functions in ancient and other cultures**, Cambridge 1970

Klein, Melanie **Die Psyche des Kindes**, Wien 1932

Kloehn, E. **Typisch weiblich**, Hamburg 1979

Klostermeier, Klaus **Mahatma Gandhi, Freiheit ohne Gewalt**, Köln 1968

Kneissler, Michael **Das Anima-Prinzip**, München 1984

Kohut, Heinz **Narzißmus**, Frankfurt 1973

Konner, Melvin **Die unvollkommene Gattung**, Basel 1963

Kress, Brigitta **Der neue und der alte Mann**. In: Fuchs, Gotthard (Hrsg.) Männer, Düsseldorf 1988, p. 36–52

Krockow, C. von **Die Deutschen in ihrem Jahrhundert 1890–1990**, Bonn 1991

Lauster, Peter **Die sieben Irrtümer der Männer**, Düsseldorf 1990

Lempp, Reinhard **Hilflose Eltern geschiedener Kinder**. In: Schultz, H. J. (Hrsg.) Trennung, Stuttgart 1984, p. 98–109

Lennon, John **Playboy Interview**, Januar 1981

Lennon, John **Newsweek Interview**, 29. September 1980

Mackie, J. D. **A history of Scotland**, London 1964

Mallet, Carl-Heinz **Untertan Kind**, München 1987

Marquard, Odo **Abschied vom Prinzipiellen**, Ditzingen, 1981

Matussek, Paul **Analytische Psychosentherapie**, Berlin 1993

Meth, Richard L. & Pasick, Robert S. **Mut zur Veränderung**. Männer in der Therapie, Mainz 1992

Miles, Rosalind **The Rites of Man**, London 1991

Miller, Alice **Am Anfang war Erziehung**, Frankfurt 1980

Moir, A. & Jessel, D. **Brainsex. Der wahre Unterschied zwischen Mann und Frau**, Düsseldorf 1990

Moore, R. & Gillette, D. **König, Krieger, Magier, Liebhaber**, München 1992

Morris, Desmond **Horde Mensch**, München 1988

Neil, A.S. **Theorie und Praxis der antiautoritären Erziehung**, Hamburg 1969

Neruda, Pablo **Memoirs**, New York 1977

Otto, Walter F. **Dionysus, Myth and Cult**, Dallas 1981

Pleck, J. & Lang **Men's family role**, Wellesley MA 1978

Prittie, Terence **Willy Brandt. Biographie**, Frankfurt a. M. 1973

Rhode-Dachser, C. **Expedition in den dunklen Kontinent**, Berlin 1991

Rosenberg, Alfred **Der Mythus des zwanzigsten Jahrhunderts**, München 1930

Rousseau, J.-J. **Emil oder Über die Erziehung**, Paderborn 1985

Samuels, Andrew **The Plural Psyche**, London 1989

Schnack, D. & Neutzling, R. **Kleine Helden in Not**, Reinbek 1990

Schneider, Sylvia **Männer Leben**, München 1990

Schneider, Wolf **Die Sieger**, Hamburg 1992

Schwarzenau, Paul **Das göttliche Kind**, Stuttgart 1984

Sekeran, U. **Self-esteem and sense of competence and moderators of job satisfaction of professionals in dual career families**. In: Journal of Occupational Behaviour 7 (4), 341, 1986

Sennett, Richard **Verfall und Ende des öffentlichen Lebens**, Frankfurt 1983

Shoham, S. Giora **Verbrechen als Heilsweg**, Zürich 1982

Spitz, René **Vom Säugling zum Kleinkind**, Stuttgart 1967

Stäbler, Eva **Kindheitserinnerungen. Spielend zum Mann werden**. In: Männersache, Bilder, Welten, Objekte, Museumpädag. Dienst der Kulturbehörde Hamburg (Hrsg.), Hamburg 1987, p. 100–111

Steiner, Rudolf **Mein Lebensgang**, Dornach 1983

Storr, Anthony **Churchill's Black Dog**, London 1989

Stuart, Alexander **Tribes**, London 1992

Tannen, Deborah **Du kannst mich einfach nicht verstehen. Warum Männer und Frauen aneinander vorbeireden**, Hamburg 1991

Tölle, R. **Psychiatrie**, Heidelberg 1982

Ure, John **A Bird on the Wing**. Bonnie Prince Charlie's flight from Culloden retraced, Constable, London 1988

Vogt, Rolf **Psychoanalyse zwischen Mythos und Aufklärung**, Frankfurt 1986

Waters, Frank **Mexico Mystique**, Chicago 1975

Wawrzyniak, K. **Grundfragen der Koedukation**, München 1959

Wenner, Jan **Lennon Remembers**, New York 1972

Widmer, Sigmund **Illustrierte Geschichte der Schweiz**, Zürich 1971

Wieck, Wilfried **Männer lassen lieben**. Zur Psychoanalyse des Mannes in der Liebe. In: Fuchs, Gottfried (Hrsg.) Männer, Düsseldorf 1988, p. 53–79

Wiederkehr, K. **Unterschiedliche Weltsicht von Frau und Mann als Chance**. In: NZZ 14./15. September 1985

Wirtz, Ursula **Seelenmord**, Zürich 1989

Ziegler, Alfred **Morbismus - von der besten aller Gesundheiten**, Zürich 1979

Zimmer, Heinrich **Indische Mythen und Symbole**, Düsseldorf 1981

Zinkin, Louis **Anima and Animus: An interpersonal view**. In: Schwartz, N. & Stein, M., Gender and Soul in Psychotherapy, Willmette, Illinois p. 111–149